本书由武汉大学“双一流”建设项目
“中国式现代化与中国人权发展道路”
资助出版

生命历程

老年法研究的新视角

刘　远 / 著

The Life Course

A New Perspective for Elder Law Studies

法律出版社
LAW PRESS · CHINA
北京

图书在版编目（CIP）数据

生命历程：老年法研究的新视角 / 刘远著.
北京：法律出版社，2025. -- ISBN 978-7-5197-9937-3

Ⅰ. D922.74

中国国家版本馆 CIP 数据核字第 2025PX3081 号

生命历程：老年法研究的新视角
SHENGMING LICHENG: LAONIANFA YANJIU DE XINSHIJIAO

刘 远 著

策划编辑 陈 睿
责任编辑 陈 睿
装帧设计 汪奇峰

出版发行 法律出版社
编辑统筹 法律出版社
责任校对 王晓萍
责任印制 胡晓雅
经　　销 新华书店

开本 710 毫米×1000 毫米 1/16
印张 15.5 **字数** 244 千
版本 2025 年 3 月第 1 版
印次 2025 年 3 月第 1 次印刷
印刷 北京建宏印刷有限公司

地址：北京市丰台区莲花池西里 7 号(100073)
网址：www.lawpress.com.cn
投稿邮箱：info@lawpress.com.cn
举报盗版邮箱：jbwq@lawpress.com.cn

销售电话：010-83938349
客服电话：010-83938350
咨询电话：010-63939796

书号：ISBN 978-7-5197-9937-3
定价：68.00 元

凡购买本社图书，如有印装错误，我社负责退换。电话：010-83938349

自　序

经过近三年的蹉跎，本人的首部学术著作《生命历程：老年法研究的新视角》不久就将付梓。正如其名称所示，该书是在本人同名博士学位论文的基础上修改完善而成。相较于博士学位论文，出版的书稿不仅修正了行文仓促所致的歧义与粗疏之处、修改了部分章节编排和论述方式，并将银发经济、延迟退休等近年来老龄事业发展的新动向和新热点融入其中。更重要的是，本人在取得博士学位后继续从事特定群体权利与老年法研究的一些新体会和新看法也不可避免地被融入书稿修改过程中。

本人博士期间老年法研究的出发点在于构建“以人权为基础的老年法”或者“老年人的人权法”，其要旨在于发现并解决年龄较大的社会成员在平等享有和实现人权方面的规范差距：老年社会成员因“老化(aging)效应”而陷入权利困境、处于弱势或者受到脆弱性的威胁，需要额外的规范、机制和实践来保障其法定权利能落到实处。在这个问题上，人权法学者的主要工作便是运用多学科的研究成果来总结老年人个体或群体的脆弱、困境和需要并将其表达为权利主张，再围绕权利保障的法理来构建专门的老年法制度体系。这正是我博士学位论文的基本逻辑。我将目前流行的老年学理论和积极老龄化观念加工为一种“以人权为基础”的理想的老龄化图景，即每个人能够在必然的老化过程中维持或促进所有人权的充分享有，而该目标的实现自然离不开法治的引领、规范和保障。同时，类似于从残疾到残障、从生理性别到社会性别的理论发展，当代老年学理论同样强调个人老化过程的互动特点和老年人身份的构建属性：老年人的能力、选择、偏好等状态并非某种绝对确定的必然，而是个人命运与社会环境交互而产生的多样化结果。二者结合便形成了我所说的“全生命历程的法律规制”。具体而言,老年法治的底层逻辑在于规制每个社会成员在逐渐老化的生命历程中与国家、家庭和社会等关键机制的互动过程,从而为个人追求积极老龄化和享有人权提供制度保障。

具体而言,生命历程视角下的权利主体是一种“时间性存在”,即所有权利主体都处于不断流逝的时间之流,而且此种时间之流形成了起点确定、长度有限、前后相继且单向流动的生命历程。比如,关于老年妇女贫困处境的权利叙事既包含其未能从义务主体处获得充足的生活支助,又可以诉诸其在生命历程的早期阶段未能充分实现其就业、社会保障相关权利的事实。相较而言,目前特定群体人权理论所描述的是社会横截面意义上的人。具有特定性别、残障、年龄、种族等特质的个人或人群或是在相对意义上无法达到某种社会成员的一般标准,或是无法实现道德或法律所要求的基本处境,故而有权向义务/责任主体提出主张以纠正或扭转其处境。就老年人的情况而言,个人因为年龄和老化过程而产生与更年轻的成年人不同的利益诉求。若此种诉求得不到保障,会导致通常意义上的“老年弱势群体”的产生。然而相较于其他人权特定主体的处境,老年人权利表现出更为鲜明的“面向未来”的特点。若回顾世界范围内各类老龄社会计划的话语表达和发展历史,我们会发现“代际团结”“世代共融”的表达往往占据重要地位,其中老年人权利和老年法所追求的并不全然是对历史和现实中的歧视、压迫和不公正的抗争(当然其不可避免地包含相关内容),相反在很大程度上指向社会成员在现有代际合作秩序可能走向崩溃的前景下寻求和解与变革的共同努力。老年法治最重要的使命和功能在于用权利、义务和责任等概念确认表达老中青等不同世代社会成员的利益主张,运用法治手段平衡和化解因人口年龄结构变化而可能日益加剧的世代冲突。以此为目标的战略、政策与实践超越了弱者倾斜保护和支助的范围,甚至在某种程度上需要老年人利益和权利方面的“让步”。

人权的主体是处于单向流动之生命历程中的个人,追求和享有权利的实践和叙事也应当承认和回应此种动态有限生命的固有人性。老年人权利的主体事实上指向所有社会成员，不仅包括“已经是”老年人的个体，还包括“未来将成为”老年人的个体。在传统的语境下，人们将大量的资源、机会与心血倾注于对下一代家庭成员的生养抚育，借由世代接续的繁盛家族追求生命晚期的天伦之乐。在现代社会环境中，人们通过法律、市场等机制合作构建由“教育—就业—退休”定义的生命历程，想象并追求健康、活跃但不那么具有竞争性的退休生活。在这个意义上，老年人权利的理论探讨和实践行动所关注的是所有社会成员对于必将到来的老年生活的想象和追求。我在本书中将人们有意无意地安排和追求老年生活之预期利益的努力表达为“老化的权利”(the right to aging)，并试图将其分解为三个部分：平等权利和尊严不因年龄而遭受歧视的权利；通过平等、安全和自主的社会合作实现资源、机会的全生命周期规划的权利；在整个生命周期内建立维系有意义的社会联系的权利。

必须承认的是，无论是博士论文还是出版书稿，都只是提出了一个略显粗糙的框架，尚未能全面系统地阐明上述权利的价值依归、独特内涵和实践机制。这也是我选择将其命名为老年法研究的“新视角”而非“新理论”的缘故。我相信，有志于从事老年法研习的读者，也能从本书所汇总梳理的老年法规范和权利保障实践中有所收获。本书或许无法为高龄少子化背景下的人口发展、养老保障等现实问题提供直接的解决方案，但确实揭示了许多经典老年法命题中超越老年人福祉的新面貌，并且带来了更多值得探讨的问题。衰老与老年并非特定时代背景下部分人群的“例外”情况，而是每个人作为人所必须面对的共同命运，那么人权的话语和实践又该如何表达和实现老年之应然呢？

刘　远

2025 年乙巳蛇年元宵节

目录
Contents

绪　论

一、本书的写作背景

世界人口老龄化是21世纪最引人注目的人口结构变化趋势，也是最具冲击性和矛盾意味的社会议题。一方面，老年人口比例的增长将导致社会劳动力的相对萎缩，代际关系的深刻变化以及公共服务供给的巨大压力，进而产生多方面的社会问题。另一方面，人口老龄化本身是社会发展的成就，同时蕴含着可遇而不可求的社会转型机遇。[①] 医学进步和生活水平改善带来人均预期寿命的增长，也预示着更为健康、活跃的老年生命阶段，人类实现自身发展并为社会发展作出贡献的潜能也将得到更加全面的开发。越来越多的人开始认识到，老年生命阶段不仅仅是年龄机械增长、身躯日渐衰朽或远离社会生活，也可以由活力、健康、参与等更加积极的要素来定义。正如我国学者指出，“新时期的老年人群身上存在着强烈的发展性需求和价值性需求，满足这些需求是开启成功老龄化社会大门的一把金钥匙”。创造有利的社会环境，支持每个社会成员在不可避免的老年生命阶段维持身心健康、发展自身能力和实现积极参与，是即将到来的老龄社会最重要的命题。

衰老是每个人都无法避免的自然过程。人类也在千百年的历史进程中形成了各种应对衰老之影响与挑战的“养老”机制。古代社会中人们依据血缘、信仰、行会成员等身份纽带形成了各具特色的“养老”机制。随着现代化进程中经济生产方式、家庭结构和社会组织方式、文化氛围的剧烈变化，以“身份”为纽带的传统“养老”机制逐步解体，社会保险、公共福利、消费市场和金融工具等基于“契约”的社会机制为人们规划老年生活并应对过程中的各种挑战提供了新的机会

---

① 参见穆光宗：《银发中国：从全面二孩到成功老龄化》，中国民主法制出版社2016年版，第212页。

与可能,也侧面凸显了老年法治的重要性。新中国成立后,党和国家以实现人的全面发展的价值目标为立足点,继承和发扬中华民族“尊老敬老”的优秀传统,扬弃家庭养老、社会助老的传统实践经验,吸收借鉴社会化养老的域外治理经验,逐步构建以宪法为统领、以《老年人权益保障法》为核心的老年法律规范体系。

党的二十大报告强调要“实施积极应对人口老龄化国家战略,发展养老事业和养老产业,优化孤寡老人服务,推动实现全体老年人享有基本养老服务”。针对“未富先老”、“未备先老”和“高龄少子化”等人口国情带来的治理挑战,2019年《国家积极应对人口老龄化中长期规划》便提出实施积极应对人口老龄化的战略方针,并强调要“强化应对人口老龄化的法治环境,保障老年人合法权益”。人权是法治的内在精神和价值追求,老年人享有所有人权也是其实现全面发展和参与社会发展的集中展现。积极应对人口老龄化的法治环境,应当吸收和融合积极老龄观、健康老龄化的理念,营造促进所有社会成员在整个生命历程内享有所有人权的制度环境、实践机制和社会氛围,为中国人民追求和实现老年生命阶段的权利、实现全生命历程的自由全面发展提供完善的制度保障。

二、本书的核心命题

本书的核心问题在于,积极应对人口老龄化的法治体系,应当如何真正吸纳积极老龄观、健康老龄化理念并实现人口老龄化态势下的社会可持续发展以及老年人享有所有人权的目标。为此,本书主张当代中国的老年法研究与实践,应当吸收借鉴生命历程研究的视角和范式,从“老化的个人”角度定义老年法律主体,明确老年法治不仅在于为老年人的权益提供保障,更需规制每个社会成员应对老龄化生命过程的实践活动,创造和谐有序的环境,推动以积极老龄化为标的的社会合作。

就吸收借鉴生命历程研究的视角和范式而言,本书首先对衰老与老龄化的社会学理论进行综述性质的介绍。消极的老龄观认为年龄增长会不可避免地带来疾病风险、身体衰弱、社会能力缺失、社会地位边缘化等问题,老龄化是“消极”的生命过程。而积极老龄观实现了两个方面的视角转换。一方面,积极老龄观认为老龄化的过程并非必定是消极的。支持性的社会环境可以使每个人都能在老年生命阶段最大限度地参与和推动社会发展并享受社会发展的成果。另一方面,积极老龄观要求从动态的生命历程的视角来理解老年和老年人。老年生命阶段不是割裂于其他生命阶段的孤立存在，而是深受前期生命体验的形塑，因此，个人层面的不同生命阶段以及社会层面的不同世代之需求和利益可以实现有机结合。两方面的视角相互依存、互为表里。只有以动态的生命历程视角审视个人的老龄化过程，才能真正把握老龄化一般规律和不同生命历程下异质性的平衡，掌握使老年生命阶段变得“健康”和“积极”的法门；只有以积极、能动的态度审视生命历程的每个阶段，才能正确认识每个生命阶段的意义与价值，从而有动力去细致地观察和发现个人在老化过程中的动态变化和可能性。

就“老年法是规制人类应对老龄化影响之实践活动的法律体系”而言，本书以生命历程和积极老龄化的视角回顾老年法制的发展历史，发现自古以来人们在面对不可避免的老龄化带来的脆弱性时并非坐以待毙，而是通过家庭、行会、市场、社会等各种社会机制为老年生命阶段的各种挑战进行规划和准备。从这个意义理解，老年人能否充分地享有其权利，不仅取决于老年期所能实际享有各项权利保障措施的结果，也取决于其在成年之后的生命历程中如何规划和实施老龄化应对方案。由此，老年法的实质便在于规制老龄化应对过程中所形成的社会关系，平衡机制参与者的利益与需求，维系老龄化应对机制的运作和发展，以实现参与者所期待的老年生活。以 1949 年以来的老年法律制度为例，笔者发现中国的老年法律制度可以解释为关于两种老龄化应对机制的法。一方面，家庭是中华文化语境下的传统老龄化应对机制。当代老年家庭法律制度将传统的家庭生活规则转化为法定的权利与义务，致力于建立和谐与互助的家庭代际合作秩序。另一方面，政府、市场和社会组织各司其职，协力形成现代社会的老龄化应对机制。当代老年社会法律制度在借鉴域外经验的基础上确定各方行为主体的权利与义务，致力于建立公平有序的社会合作秩序。

三、核心命题相关的国内外研究成果述评

老年（old age）和老龄化（aging）①首先是一种生物现象：关于人类身体衰老的机理的医学研究将其阐释为随年龄增长而发生的持续普遍且有害的变化。20

① 老年学研究中的“aging”有多种翻译，其中“老化”多指人类个体随年龄增长发生的变化，而“老龄化”多用来指代社会人口结构中老年人口比例增加的现象。为了与“健康老龄化”（healthy aging）、“积极老龄化”（active aging）等官方表述对应，本书亦用“老龄化”指代个人层面的年龄增长以及相关变化。

世纪以来,关于伴随生理老龄化而发生的心理状态、身份地位和社会关系变化的社会学、人口学、心理学研究蓬勃发展,不仅孕育了老年学的专门研究领域,也形成了撤退理论、活跃理论、社会交换理论、连续性理论、标签理论等丰富多样的理论成果。

与此同时,关乎"年龄"与"老年"的法律现象引起法学研究者的关注。从现实的角度来看,日历年龄——人类个体于世界存续时间的自然增长,具有显而易见的法律意义。在很长的历史时期内,年龄往往是担任公职、享有投票权甚至自身事务决定权利的法定条件。以年龄为依据的"赡养"合同在经济史和社会保障史中屡见不鲜。[①] 20 世纪以来,各类与年龄要素高度关联的照护服务、金融理财、社保福利法律实践蓬勃发展,系统化的老年法研究于律师执业活动、法律诊所教学实践中兴起,并呈现出鲜明的实践导向和专题化趋势。[②] 大致来看,这些研究成果可以分为两个方面:综合现有法学理论和法律工具对涉老法律现象进行解释、分析并为社会问题提供法律方案;基于"年龄"和"老年"概念构建"老年法学"理论框架的学术努力。

(一)欧美主要老年法学理论述评

1. 欧美老年法学的理论进路梳理

欧美法学家、法律从业者们围绕"老龄与法律"议题进行了长期的研究,从具体的涉老法律议题出发,构建起老年法学的理论框架。我们可以从"老年人"主体的意涵流变体察其学术脉络。最开始,老年人是拥有"特殊而确定"的法律服务需求的客户群体,其因为"衰老"的事实而呈现出某种共同的特殊性。随后,年龄歧视概念的诞生孕育了"平等权受威胁"的老年人主体。最后,"人权主流化"的浪潮将作为人权主体的老年人推到学术研究的最前沿。人权的概念和话语是调和老年法研究"家长主义"和"个人自治"的二元迷思的绝佳工具,人权标准和实施机制亦蕴含着改革老年法的巨大潜力。[③]

---

① 参见俞金尧:《中世纪晚期和近代早期的欧洲老人及其赡养》,载《史学集刊》2014 年第 5 期;徐浩:《中世纪欧洲的老年群体与养老模式》,载《经济社会史评论》2020 年第 1 期。

② See Israel Doron, *Jurisprudential Gerontology*: *Theorizing the Relationships between Law and Aging*, in Vern L. Bengtson, Daphna Gans, Norella M. Putney and Merril Silverstein, eds., Handbook of Theories of Aging, London: Springer, 2009, p. 644 – 658.

③ 关于欧美老年法研究的理论梳理和评价,请参见张万洪、刘远:《晚近欧美老年法研究的理论嬗变及启示》,载《国外社会科学》2022 年第 6 期。

(1)作为老年生活法律规划的老年法

在很大程度上依赖法律运行的现代社会,老年与法律史无前例地交织起来。人们越来越依赖保险、社会救济、监护、代理、信托、服务合同等制度工具规划生活和满足各方面的需求。从学术发展的角度来看,构建老年法学科领域的构想起源于为老年客户服务的执业律师、法律顾问和公益法律机构的工作。正如美国老年法学者劳伦斯·佛罗里克(Lawrence A. Frolik)教授指出,老年法是法律职业和法学教育向日渐专业化方向发展与日益增长的老年人法律服务需求相结合的产物。[①] 此种导向的老年法学研究具有鲜明的"职业化"和"专题化"色彩,往往基于实践中的具体法律现象展开,有着不同的理论导向和现实关切,未能形成一以贯之的理论进路。[②] 有评论者指出,老年法学研究更像是一系列具体的社会问题或个人法律问题对策性研究的集合,缺少能够覆盖整个学科领域用以描述和解释其知识内容的理论框架和理论工具。[③]

佛罗里克对界定老年法学的研究范围进行了最初的探索。他在关注老年与法律的专题刊物《老年法杂志》(*the Elder Law Journal*)创刊号的致辞中,将老年法学的研究对象定义为"影响特定年龄的老年人的法律实践",但同时指出是"律师工作的性质"而非"客户的年龄"决定了何为老年法律实践,即特定的法律制度或现象对于"老年人"存在特别的意义,而且这些制度或现象遵循关涉"老年"概念的一致性逻辑。基于对美国老年法律实践的经验梳理,佛罗里克提出了几个关键的领域:护理和居住条件、财产管理、晚年医疗自主决定权、长期照护服务与保险、监护与代理、晚期财产与遗产规划、退休与养老金规划。他在一篇2002年回顾性的文章中结合对上述领域的观察,将老年法的本质总结为"在身心不可避免地衰退的情况下的晚年生活进行法律规划(later life planning)"[④]。

---

① See Lawrence A. Frolik, *The Developing Field of Elder Law: A Historical Perspective*, University of Illinois Elder Law Journal, Vol. 1, p. 1(1993).

② See Israel Doron, *Jurisprudential Gerontology: Theorizing the Relationships between Law and Aging*, in Vern L. Bengtson, Daphna Gans, Norella M. Putney and Merril Silverstein, eds., Handbook of Theories of Aging, Springer, 2009, p. 644.

③ See Israel Doron, *Elder Law: Current Issues and Future Frontiers*, European Journal on Ageing, Vol. 3, p. 60(2006).

④ Lawrence A. Frolik, *The Developing Field of Elder Law Redux: Ten Years after*, The Elder Law Journal, Vol. 10, p. 14(2002).

不同领域的老年法律实践有着内在统一的前提预设:老年意味着不可避免的身体机能衰退。衰退的事实已经得到老年医学发现的证实,而该前提的意义在于:对于身心衰退的老年人而言,法律具有支持其处理事务、规划生活和保障各项权益的工具性价值。或许个人不会因为此种衰退而丧失全部行为能力,身体衰退也不能直接构成干预个人行为与决策的正当理由,但伴随年龄增长而发生的衰退事实上使个人不得不更加依赖他人。佛罗里克对于法律实务的观察和研究揭示了法律机制对于塑造更加适应老年人生活的社会环境的潜力:老年人可以借由监护、信托、保险、诉讼等法律工具为自己的晚年生活做好准备,妥善地规避或者减小衰老过程中不可避免的身心衰退的负面影响。因此,老年法研究的要旨包括:提高法律服务者的效率,为每个老年个体提供个性化、专业化的法律服务;结合实务为晚年生活相关法律制度变革提出建议,以覆盖更广泛的老年生活需求。

明显的是,以法律服务需求为导向的"晚年生活规划"进路建立在消极老龄观的基础上。在其论述中,"老龄化"被等同于走向"残疾"、"失能"与"依赖"的过程;以财产管理和利用定义的"晚年生活规划"似乎蕴含着"在逐渐拉长的老年生命阶段运用有限的财产"的意涵,预示着某种走向匮乏的命运。诚然,老龄化过程与机能衰退、疾病和残疾风险的联系已经得到医学研究的证实,但其并非完全等同于"脆弱"与"依赖"。此外,法律服务需求导向的老年法某种程度上反映了老年个体需求的高度差异和动态变化的可能,以及将其需求抽象化和系统化所面临的困难。个人之生命历程具有多样性,人生经历、财富状况、身体条件、家庭关系等因素的差别可能导致客户在法律决策方面截然不同的偏好和倾向,其对于晚年生活的期待也会存在巨大差异。可能的例子包括富有的老年人会更关注遗嘱、遗产税等事务,而处于贫困境地的老年人则更需要社会救济方面的咨询。可见,"晚年生活规划"的概念看似统合了不同领域的研究主题,但其所构建的联系是松散和不确定的,不同研究所采取的视角、方法也各不相同。从这个意义上讲,作为晚年生活法律规划的老年法研究虽然确定了老年法研究的大致范围,但依然需要进一步发展才能构建起老年法的知识体系。

(2)法经济学视角下的老年法研究

提及法经济学视角下的老年法研究,就不能不提到久负盛名的理查德·A.波斯纳(Richard Posner)的著作——《衰老与老龄》。他在经济学家加里·贝克尔（Gary Becker）、爱德华·拉策尔（Edward P. Lazear）等人的研究成果的基础上，从人力资本投资与回报的角度解释关于衰老的行为变化，以及反就业歧视、社会保障、老年虐待和安乐死等领域的法律问题。从经济学的角度来看，人力资本是相对于物质资本而言的概念，主要表征发展人的知识、技能所进行的投资，或人参加劳动所可能带来的经济收益，能够影响甚至决定雇员和雇主对于个人职业生涯工资、升职、培训等方面的行为决策。由于生理老龄化的影响，人力资本会在年龄增长到特定节点后开始贬值，而新的人力资本投资往往因为寿命限制的有限回报周期而不那么符合经济效率。故而，老年人在劳动力市场上往往面临工资收入下降和机会损失。① 这种分析方法不仅可以运用于劳动力市场，而且可用于解释老年人学习新知识、建立人际关系方面的行为，分析法律制度对于老年受害人的损害赔偿确定、老年人量刑乃至安乐死的态度。其结论在于，关于老年人的法律制度与实践应当关注老龄化过程背后的经济逻辑，以最低的制度成本达到所期许的目标。

波斯纳宣称“与生物学、心理学、社会学、哲学或其他任何单一的自然和社会科学相比，经济学能更好地解释与衰老相关的态度和行为，更好地解决衰老带来的政策问题”。② 法经济学方法确实提供了考察不同社会主体对待老龄化之生理、心理表现的态度与行为的可靠方案。但正如美国伊利诺伊大学教授理查德·卡普兰（Richard Kaplan）指出，无论是“完全理性”还是“有限理性”，法经济学分析都建立在行为主体部分或全部的自主性的假设的基础上。然而，由于生理老龄化的影响，老年主体能够多大程度地按照理性人的假设回应相关制度与政策，有赖于进一步研究推敲。

（3）平等权利视角下的老年法研究

随着老年法律实践的发展，年龄已经成为重要的社会分层标准。针对老年人的法律制度和政策实践，推进了个人在老龄化过程中的权利得到尊重和妥善对待。但随着人口老龄化的发展以及老年社会学探索的深入——特别是年龄歧视概念和理论的发展，许多学者开始从年龄歧视的角度审视现有法律制度，考察其是否隐含关于老年生命阶段的刻板印象，要求改革那些不必要的限制老年人

---

① 参见［美］理查德·A. 波斯纳：《衰老与老龄》，周云译，中国政法大学出版社2002年版，第60~65页。

② ［美］理查德·A. 波斯纳：《衰老与老龄》，周云译，中国政法大学出版社2002年版，第1页。

自主权的“家长式”的法律制度与司法判决。

①治疗法学进路

马修·卡帕(Marshall Kapp)运用以老年人心理和情感体验为中心的评估方法——治疗法学对关涉老年生命阶段的法律制度进行了分析。他指出,虽然大多数相关法律制度都声称其出于老年人群体的福祉,但缺乏对其实际效果的评估。特别是对于那些具有“强制性”特征的法律制度,应当充分考虑其对预期受益人(老年人)的负担以及是否存在效率更高的可替代性策略。他在对监护、照护机构等老龄服务业监管,晚期医疗决策等领域的法律规制进行了评估后指出,现有的法律制度隐含着“将老年人视为脆弱、可悲的受害者而非自主主体的年龄歧视态度”①。而尊重老年个体自主意愿和选择权利的法律,比如允许自主选择的医疗保险计划、更具参与性的长期照护模式等,对于个人在老年生命阶段的身心健康具有更为积极的作用。

②脆弱性分析框架

玛格丽特·霍尔(Margaret Hall)质疑单纯根据年龄认定老年人并为其提供法律方面的特殊待遇的传统观念,并提炼出了与之相对的双层次的“脆弱性”(vulnerability)概念,排斥和其他社会态度造成的社会/构建脆弱性,以及随着老龄化进程而产生的个人/生理脆弱性,这两种脆弱性源于个体与社会/他人的互动过程。霍尔以老年人的意思能力为例对这种脆弱性的产生进行说明:个人的决策能力和行为能力会因为年龄增长过程中发生的各种事件(如认知、表达方面的机能衰退)而受到损害,从而面临更大来自他人与社会之侵害的可能性。个人可能并未因老龄化而丧失独立决策和表达自己意愿的能力,但身体和心灵的衰退将会带来不安全感,增加其对于他人的生理或心理的依赖,从而增加个人的脆弱性(依赖性),而不安全感和依赖会因环境态度和制度因素的影响而增加或减少,从而形成社会脆弱性。比如,个人在老龄化过程中面临着自然的失能/半失能风险,由此产生个人脆弱性,而如果相关法律制度将其置于照护机构、监护者等主体的掌控和“保护”下,或是无视其主体地位“代替”其决定生活事务,就会反过来进一步限制主体相关能力的维持与发挥,强化自我否定倾向和对于潜在

① Marshall Kapp, *Patient Autonomy in the Age of Consumer-Driven Health Care: Informed Consent and Informed Choice*, Journal of Health & Biomedical Law, Vol. 2, p. 1 – 32 (2006).

侵害的恐惧,增加其社会脆弱性。从这个意义上讲,良好的法律制度应当尊重主体意愿与能动性,最大限度地支持主体能力的维持、发展与发挥,以减少两个层次的脆弱性。出于保障自主性这个关键法律价值的目的,应当不问年龄为真正缺乏能力者提供法律保护,而除此之外老年人应获得与其他成年人相同的法律与政策待遇。[①] 就具体情况而言,脆弱性的来源与表现是多样化的,但是我们也可以从不同个体的生活状况中总结出若干趋势,如家庭成员和同龄人之间的联系日渐减少,因就业和抚养子女产生的社会联系逐渐消失,身体机能衰减带来沮丧和恐惧,难以适应新的社会生活方式,等等。因此,目前的法律改革应该致力于强化其社会参与的能力并提供机会,加强老龄化个人与家庭成员、同龄人和其他社会成员的联系。

③公民权进路

妮娜·科恩(Nina A. Kohn)教授关注社会成员在认知能力下降情况下的公民权利问题,老年人的平等、自由和人格尊严权的法律保障。她提出了老年法研究的公民权利进路,即从纷繁复杂的老年法议题中标识出权利焦点,以公民权利的话语和标准评估立法和司法行动对于老年个体权利的实际影响,以此推动法律改革。

虽然老年法学研究已经对老年个体面临的许多关涉权利的问题开展了充分的研究,但老年人的利益却并没有得到权利话语的表达。尽管老年人受社会中普遍持续存在的显性或隐性的年龄歧视影响,但到目前为止还没有基于老年人权利的集体行动。由于相关理论研究和政策倡导活动主要是由法律服务提供者和专业从业者领导的,故而其主要聚焦社会福利和司法进程,而未能建立老年个体所拥有的相对于服务提供者的消极自由和权利体系。[②] 缺乏权利视角的相关讨论往往聚焦于从效率等角度分析制度本身的"功能"或是道德伦理方面的辩论,无法真切地描述法律实践对个人权利所产生的影响,从而要么陷入道德方面的无止境论证,要么缺乏力量而难以产生现实的改革进程。

---

① See Margaret Hall, *Equity Theory*: *Responding to the Material Exploitation of the Vulnerable but Capable*, in Israel Doron, eds., Theories on Law and Ageing: The Jurisprudence of Elder Law, Springer, 2009, p. 107 – 120.

② See Nina A. Kohn, *The Lawyer's Role in Fostering an Elder Rights Movement*, William Mitchell Law Review, Vol. 37, p. 58 – 59(2010).

科恩教授还指出,运用权利的棱镜来考量老年人在社会生活中所面临的种种困境至少存在三个方面的理论与实践价值。

首先,基于权利视角的分析能够直接揭示政策和法律实践与同样受到法律保护的权利之间的冲突,从而对损害老年人公民权利的法律规范提出有力挑战,推动构建更加有利于老年人的法律制度体系。正如德沃金等学者指出,如果个人的自由利益上升到权利的层面,就意味着"值得为社会政策或效率的增加付出代价"①。这种表达可以这样理解,立法者在决策过程中可能需考虑彼此冲突的不同的价值或利益主张,而如果其中关涉老年人利益的主张被确认为权利,那么其他的主张就必须提供更加具有说服力的理由才能证成对于权利的削弱或克减。科恩教授以美国强制报告制度为例,指出虽然以年龄为直接或者间接标准的强制报告制度受到了广泛的批评,但是这些评论大多数围绕道德伦理(如年龄歧视、自主地位等)方面的价值展开,不仅未能全面揭示强制报告制度对于老年个体的负面影响,而且难以形成压倒性的结论。如果从权利的视角来审视,批评者可以清晰地发现此类制度可能侵犯美国宪法保护的隐私权并违反美国宪法第十四修正案所规定的法律的平等保护原则,从而援引违宪审查机制形成更具力量的政治表达。②

其次,基于权利视角的分析还能够塑造法律之外的政治权力,从而推动构建更加有利于老年人的社会环境。从美国社会的发展历程来看,基于宪法的权利表达在政治和社会运动中拥有强大的力量。更具普遍意义的是,即使在基于权利的法律挑战不成功的情况下,以权利话语构建的论点也具备社会政治价值。从个人自由和权利的角度讨论政策,不仅本身构成对政策的评估,还会产生"权利意识"从而促使个体和群体根据"没有得到执行或者正式承认的权利来想象和行动"③。因此,从权利的角度审视老年与法律问题,不仅能推动法律变革,同时对社会公众进行老年权利教育,也能鼓励其他社会成员更尊重和支持老年人

---

① Nina A. Kohn, *A Civil Rights Approach to Elder Law*, in Israel Doron, Ann M. Soden, eds., Beyond Elder Law: New Directions in Law and Aging, Springer, 2012, p. 22.

② See further Nina A. Kohn, *Rethinking the Constitutionality of Age Discrimination: A Challenge to a Decades-Old Consensus*, UC Davis Law Review, Vol. 44, p. 213 (2010); Nina A. Kohn, *Outliving Civil Rights*, Washington University Law Review, Vol. 86, p. 1055 (2009).

③ Nina A. Kohn, *A Civil Rights Approach to Elder Law*, in Israel Doron, Ann M. Soden, eds., Beyond Elder Law: New Directions in Law and Aging, Springer, 2012, p. 22.

权利。

最后,基于权利视角的分析还有助于培养共同利益和认同感,促使老年人更加了解他们的共同利益和共同威胁,鼓励围绕老龄化和老年问题的社会组织的发展,增加老年人作为群体维护自己利益的能力。老年权利方面的法律改革和权利倡导运动所面临的重要理论与实践困惑便在于老年群体的高度分化性。老年个体很难形成“我们属于同个群体”的观念,即使形成了这种认同,也会被其他的基于家庭、宗教、职业等方面的身份认同所掩盖。用权利话语来描述老年人面临的问题可以培养老年群体的共同利益和认同感,将老年人塑造为拥有共同权利考量的群体,鼓励和动员老年人运用与权利相关的手段维护自身的利益,促进相关社会组织和社会活动的发展;而与权利相关联的社会运动又会反过来推动权利讨论、研究的发展,塑造更具说服力和全面性的老年权利体系。

因此,公民权利进路的核心观点在于运用宪法所载的平等、自由、非歧视的公民权利原则和标准对各个领域关于老年的法律实践进行审视、反思和批评,并提出改革建议。许多研究者进行了类似的努力,对现有法律制度和司法实践中关于“年龄”的论断进行分析,考察其是否蕴含针对老年生命阶段的刻板印象。正如琳达·惠顿(Linda S. Whitton)教授在其文章中指出,若立法或司法程序所确定的法律规则单纯以“年龄”作为判断个人能力和处境的依据,而无法给出任何客观证明的话,那么该规则就可能涉嫌年龄歧视。①

(4)个人—社会二元框架的老年法研究

①脆弱性理论及其老年法应用

脆弱性是一个在社会学领域广泛应用的概念,艾莫里大学教授玛莎·艾伯森·法曼(Martha Albertson Fineman)从另一个角度定义脆弱性。她在反思、质疑与批判自由主义理论中“自主、自由和独立”主体假定的基础之上提出,脆弱性是基于人类境遇而潜在的、持续的不可避免地遭受损害、受伤和不幸的可能性。②脆弱性是普遍的和不可避免的,每个人在一定程度上都需要依赖来自他人以及社会的支持来应对不可避免的脆弱性。因为个体实际状况和生命历程的差异

---

① See Linda S. Whitton, *Ageism: Paternalism and Prejudice*, Depaul Law Review, Vol. 46, p. 453 - 482(1997).

② See Martha Albertson Fineman, *The Vulnerable Subject: Anchoring Equality in the Human Condition*, Yale Journal of Law and Feminism, Vol. 20, p. 9 - 10(2008).

性,每个人的脆弱性表现和由此产生的依赖性也是动态发展和彼此不同的。脆弱性理论的要义在于探讨政治和法律实践如何为贯穿生命历程的脆弱性及与其相伴而生的依赖性承担社会责任,即建立更为积极的"回应性国家"来强化每个社会成员应对脆弱性的"韧性"。

法曼的脆弱性理论并不是专门为老年人群体而设计,但不可避免的生理老龄化可谓其普遍的脆弱性的绝佳例证。脆弱性虽然会带来损害等不为人所期望的后果,但也因此奠定了团结合作的基础,正确的态度是正视脆弱性必然存在的事实,通过团结互助的方式培育韧性。"如果能够正视脆弱性所具有的催生功能和积极方面,我们就能更加清晰地认识到许多老年人所面临的孤独与排斥处境,也就能够找到破解此种障碍的方法。"①后者的结论即要通过构建更加积极的回应性国家(responsible state)来应对普遍的脆弱性。其重点在于"以脆弱性作为相关责任和政策分析的中心","充分关注个人在社会、经济、政治等机制网络中的位置",即以应对脆弱性为目标,以围绕个人的社会网络为着力点,构建以韧性强化为中心的社会合作机制。②

安·努豪森-亨宁(Ann Numhauser-Henning)和蒂蒂·马特森(Titti Mattsson)领导的瑞典隆德大学诺玛老年法研究群组(Norma Elder Law Research Environment)立足欧洲联盟(以下简称欧盟)的老年法律实践,深入运用前文提及的法曼的脆弱性理论和安娜·克里斯滕森(Anna Christensen)所提出的将法律作为规范领域中的规范模型分析方法,构造老年法学研究的理论框架。如前文所述,脆弱性理论的核心在于基于人类境遇而普遍存在不可避免地遭受损害、不幸和伤害的脆弱性,以及因此而产生的对于他人以及各种机构的依赖性。③ 人人皆负脆弱性,但具体表现和由此产生的依赖性却会因不同的人生阶段而呈现出相异的样态,故而需要借由国家、社区、家庭等机构赋予所需之资源来强化抵御此种脆弱性的"韧性"(resilience)。

---

① Marth Albertson Fineman, *Elderly as Vulnerable*: *Rethinking the Nature of Individual and Societal Responsibility*, Elder Law Journal, Vol. 20, p. 96(2012).

② See Marth Albertson Fineman, *Elderly as Vulnerable*: *Rethinking the Nature of Individual and Societal Responsibility*, Elder Law Journal, Vol. 20, p. 100(2012).

③ See Martha Albertson Fineman, *The Vulnerable Subject*: *Anchoring Equality in the Human Condition*, Yale Journal of Law and Feminism, Vol. 20, p. 9 – 10(2008).

基于脆弱性的老年法理论是从“社会分工—个人自治”的二元视角审视老年法律制度与相关法律实践。“二战”后,各个发达国家逐步建立起多方位的社会保障体系,基于实质正义、社会保障权等理论,运用保险、财政、税收政策工具为各个社会语境下的老年人提供金钱、服务和其他生活资源方面的倾斜性给付。倾斜性的保护为老年群体提供了切实的福祉,但又因其“家长主义意蕴”和“年龄歧视意味”,甚至被认为本身“证实了针对老年人的刻板印象”。[①] 比如,倾斜性保护的事实依据在于个体因生理衰老而发生的衰退现象,而此种刻板的“弱者”主体形象则往往导向强制退休、机构照护的制度安排,反而构成对老年人的歧视和权利剥夺。但是,个人随着年龄增长又确实表现出独特的“脆弱性”,需要来自社会的系统性支持来追求自己在老年生命阶段的权利。这便形成“社会分工—个人自治”的二元对立:一方面,平等保障与人格尊严的原则要求个人免受基于年龄的刻板印象的评价,能够在平等的基础上参与社会和追求自己的权利。另一方面,个人需要参与并凭借各种社会机制来应对年龄增长带来的各种挑战,而这些社会机制在运行过程又要求个人承担特定的义务或让渡部分权利,比如老年社会保障往往以筹资义务和定年退休为前提,监护制度在提供保护的同时也会损害自主性。可以说,“个人”与“社会”的平衡构成审视、评估老年法律制度的关键维度。

为了提出改良方案,诺玛老年法研究群组提出了情景化的老年主体构造模型。情境化的老年主体构造主张通过“外部化”和“情境化”的视角考察作为权利主体的老年人,以回应对于基于年龄的老年主体之批判。[②] 这种主体构建不同于基于固定静态的要素的构造老年主体(无论这种标准表现为生理年龄、社会年龄还是其他因素),充分考虑到老年权利需求和资源禀赋的个体差异性。其意味着在讨论老年权利问题时要先确定社会环境下关涉老年人权利的制度(如退休、养老金、医疗服务等),然后对社会成员与相关制度的互动机理进行情境化的分

---

① See Margaret Hall, *Equity Theory: Responding to the Material Exploitation of the Vulnerable but Capable*, in Israel Doron, eds., Theories on Law and Ageing: The Jurisprudence of Elder Law, Springer, 1998, p. 107; Israel Doron, *A Multi-Dimensional Model of Elder Law*, in Israel Doron, eds., Theories on Law and Ageing: The Jurisprudence of Elder Law, Springer, 2009, p. 64.

② See Ann Numhauser-Henning, *Elder Law and its Subject: The Contextualised Ageing Individual*, Ageing & Society, Vol. 41, p. 516 – 535 (2021).

析,并以此为基础构造老年法律主体以及围绕此类主体的规范。简单的应用实例是,在讨论就业权保障时的"老年人"标准总是随着特定社会退休制度的变化而变化,而且以法定的退休年龄为基准的构造往往难以满足那些虽然没有退休但因衰老而遭受年龄歧视的个体。而根据法律制度、社会文化和就业环境进行情景化分析后的"老年工人"会被赋予其他的属性和特征,比如老年生命阶段前的年龄界分、不同职业的特殊要求等,从而更能反映个体的现实权利状况和需求,避免粗暴和无意义的差别对待。

②老年法的五维模型

以色列海法大学以色列·多伦(Israel Doron)教授在多年研究成果的基础上提出了老年法的五维模型,用以解释不同国家的老年法律制度实践。作为老年法研究的整体性和概念导向的方法,该模型致力于全方位描述社会中老年人群的需求和利益,以及如何通过法律制度回应这些需求。具体而言,其理论模型中的五个维度包括:

第一,法律原则维度。该维度指向社会整个法律体系普遍适用的核心原则和价值观念,比如宪法中的禁止一切形式歧视、尊重和保障公民权利等规定。该维度是整个模型的核心,其他四个维度的法律制度均要符合基本法律原则的要求。

第二,保护性维度。该维度包括旨在为老年人群提供特殊保护以使其免受侵害的法律规范和法律制度,比如保护老年人免受虐待、忽视、家庭暴力等侵害的规范和制度。

第三,预防性维度。该维度旨在为老年人或即将步入老年阶段的个人提供法律工具,使他们能够自主地规划和掌控老年期乃至人生末期的生活。

第四,支持维度。该维度围绕老年人的生活环境展开,通过法律制度强化老年人周围的正式和非正式支持网络,老年人能够从相关主体处获得所需的医疗、照护和其他生活资料。

第五,赋权性维度。该维度旨在通过法律制度强化老年人作为权利主体的能力,以帮助其追求和实现其权利;或者直接帮助老年人实现其他维度的法律规范和制度赋予他们的权利。

在该模型中,法律原则维度是其他维度的基准与核心,其他四个维度的规范与制度均不能违背法律原则的要求。而其他四个维度则根据老年法的两对矛盾展开:家长主义和个人自治的矛盾,以及个人导向和社区导向的矛盾。家长主义面向意味着相关维度的法律制度强调老年人在心理、行动力方面更为衰弱的属性,侧重于为老年人提供特殊保护以使其免受侵害或促进其权利保障;个人自治面向强调老年人个人自身的自主性与能动性,强调保障老年人对于自身事务的自主安排和自身能力的建设。个人/社区导向则表示该法律制度作用的对象,个人导向的制度偏重为老年的个体提供直接的资源与机会,而社区导向则试图公共改善个体所处的社会环境和强化支持性的社会网络,以优化个体与环境的互动方式,促进其权利实现。当然,多伦强调,该模型并非封闭的清单,而是包含各种基本要素的开放框架。①

(5)人权进路的老年法研究

21 世纪以来关于老龄化议题的国际讨论与行动越来越重视人权话语和人权标准的应用。《联合国老年人原则》《马德里老龄问题国际行动计划》等被认为是世界范围内老年人权利保障的"软法"文件,世界卫生组织提出的积极老龄化鲜明地表明了其人权立场。② 联合国大会于 2012 年发布决议,要以整体性的人权方法,探索"订立一项全面综合的国际法律文书以促进和保护老年人权利与尊严"③。2013 年 9 月,联合国大会第 68 届会议决议任命一名"老年人享有所有人权问题的独立专家",授权其"评估与老年人有关的现有国际文书的执行情况,同时查明在执行有关增进和保护老年人权利的现行法律方面的最佳做法和在执行现行法律方面的漏洞"④。虽然世界各国远没有就制定《老年人权利公约》达成共识,但以人权视角和标准考察老年人的社会处境,审视、反思和构建老年法律制度,已经成为理论研究者和相关社会组织的广泛共识,也成为许多国家老年法律制度发展的重要方向。

①国际人权法与老年人权利

迭戈 · 罗德里格斯 · 平松(Diego Rodriguez-Pinzon)和克劳迪娅 · 马汀

---

① See Israel Doron, *Jurisprudential Gerontology: Theorizing the Relationships between Law and Aging*, in Vern L. Bengtson, Daphna Gans, Norella M. Putney and Merril Silverstein, eds., Handbook of Theories of Aging, Springer, 2009, p. 644.

② 参见世界卫生组织编:《积极老龄化:政策框架》,中国老龄协会译,华龄出版社 2003 年版,第 11 页。

③ 联合国大会决议:《订立一项全面综合国际法律文书以促进和保护老年人权利与尊严》,A/RES/67/139。

④ 联合国大会:《人权理事会的报告》,A/68/53/ADD. 1, p. 52。

(Claudia Martin)率领的团队在《马德里老龄问题国际行动计划》通过后对当时世界范围内关于老年人权利保障国际和区域机制进行了广泛调查,指出:"无论是在全球还是区域层面都缺少制定综合性老年人权利文书的战略……没有专门关注老年人权利的国际组织,也没有老年人权利公约。老年人是唯一没有综合性或有约束力的权利保障文件的弱势人群(vulnerable population)。"[①]两位教授带领美国大学华盛顿大学法学院的研究团队对与老年人权利相关的国际和区域层面的法律和政策框架进行了长期的研究,并在2015年的总结性著作中指出,"老年法方面的范式转变包括了向以权利为基础的老龄化方案的发展……老年人权利框架正在生成"。然而,目前的老年人权利保障机制却是"失败的"。该著作指出,"老年人在日常生活、地方司法和国家立法中面临歧视……全世界数亿老年人没有能够在国家或国际层面主张(规定于人权文书中的)普遍权利。尽管全世界都有记录在案的、持续不断的和系统性的侵权行为,但情况仍然如此"[②]。这种失败的权利保障机制背后隐含的原因是"软法"性质的人权文书遭到系统性忽视,而专门机制的缺乏使得老年人只能依赖其他权利保障机制的"拼接式"覆盖,难免落入权利保障的盲区。弗里德里克·梅格雷特(Frédéric Mégret)同样分析了"碎片化"主体构造下老年人权利保障所面临的困境。他指出,老年人权利存在主体构建和权利保障焦点方面的两难困惑,也就是说,老年群体的高度分化性使得他们更像是个体的单纯聚集(a category of population)而非有着共同利益和需求的群体(constituted group)。[③] 这一事实使人们难以找到老年人的共同需求从而构建起抽象化的权利,也给现实中的权利保护带来了许多困难。

可以注意到的是,人权法视角下关于老年人权利与老年法的研究始终绕不开对于老年人权利专门性人权文书的呼吁。许多学者围绕这一议题展开了专门性的研究。比如邓广良(Kwong-Leung Tang)和李翊骏(Jik-Joen Lee)指出,"构建承认所有老年人具体权利并明确适用于缔约国公民的老年人权利国际公约,

---

① Diego Rodriguez-Pinzon & Claudia Martin, *The International Human Rights Status of Elderly Persons*, American University International Law Review, Vol. 18, p. 915 – 1000 (2003).

② Claudia Martin, Diego Rodríguez-Pinzón & Bethany Brown, *Human Rights of Older People: Universal and Regional Legal Perspectives*, Springer, 2015, p. 2.

③ See Frédéric Mégret, *The Human Rights of Older Persons: A Growing Challenge*, Human Rights Law Review, Vol. 11, p. 37 – 66 (2011).

对于老年人在国家层面维护其权利至关重要”①。多伦亦通过系列文章尝试证成权利公约的必要性。② 事实上,多伦更进一步地尝试设计世界首个老年人权利的测量指标体系——国际老年人权指数(the International Older Persons Human Rights Index,IOPHRI)。③

②交叉视角下的老年权利

在现代社会中,老年人概念的社会构建远比儿童、残疾人、女性等类似概念要复杂和模糊得多。④《老年人权利公约》的酝酿可能需要更为复杂的过程。因此,许多人尝试通过现有的包括《经济、社会及文化权利国际公约》《残疾人权利公约》《消除对妇女一切形式歧视公约》等人权公约的内容,来探讨老年人权利的内涵、表现以及可靠经验。澳大利亚昆士兰科技大学学者布里吉特·李维斯(Bridget Lewis)根据现有国际人权公约文本和欧盟、北美地区的区域立法范例,结合澳大利亚老年法律关键议题,对人权进路的老年法进行了系统性的研究。她指出,人权方法和人权标准在解决老年人所面临的不同领域的交叉问题方面具有独特的价值——借由整体性的人权理论体系,财务安全、居住条件、健康服务、年龄歧视、能力主义和老年虐待等问题被纳入协调一致的政策框架,从而为不同价值、利益和原则的平衡奠定了基础。基于此种考量,她援引相关人权法律文件,对老年社会参与、年龄歧视、老年虐待、经济安全、居住条件、健康服务等关键领域的法律问题进行了系统性分析。⑤

加拿大残障法领域专家道格·萨提斯(Doug Surtees)梳理了残障权利发展

① Kwong-Leung Tang & Jik-Joen Lee, *Global Social Justice for Older People: The Case for an International Convention on the Rights of Older People*, The British Journal of Social Work, Vol. 36, p. 1135 – 1150(2006).

② See Israel Doron & Itai Apter, *International Rights of Older Persons: What Difference would A New Convention Make to the Lives of Older People?*, Marqutte Elder Advisor, Vol. 11, p. 366(2010); Israel Doron & Itai Apter, *The Debate around the Need for an International Convention on the Rights of Older Persons*, Gerontologist, Vol. 50, p. 588 – 589(2010); Israel Doron, *From National to International Elder Law*, Journal of International Aging Law, Vol. 1, p. 44(2005).

③ See Benny Spanier & Israel Doron, *From Well-Being to Rights: Creating an International Older Persons' Human Rights Index (IOPHRI)*, The Elder Law Journal, Vol. 24, p. 245(2017).

④ See Mary E. Kite & Lisa Smith Wagner, *Attitudes towards Older Adults*, in T. D. Nelson, ed., Ageism: Stereotyping and Prejudice against Older Persons, The MIT Press, 2004, p. 129 – 162.

⑤ See Bridget Lewis, Kelly Purser & Kirsty Mackie, *The Human Rights of Older Persons: A Human Rights-Based Approach to Elder Law*, Springer, 2020.

的历史并特别关注普遍主义（universalism）的概念和价值。他援引比肯巴赫（Bickenbach）等人的研究并指出，现有的公民权利进路的逻辑在于从复杂的社会生活中提炼各种免于歧视的理由，并通过为其中较为弱势的群体提供福利或者法律方面的特殊保护，来实现所有人的平等保护。而这种进路并不符合老年人的“权利历史”。① 因为老年人缺乏受到压迫和歧视的历史，老年人在历史上所受到的优待使许多国家的公众很难认同老年人“弱势”的观点。同时，每个老年个体都是从相对应的群体（较为年轻的成年人）中自然发展而来，也就是说，作为“弱势群体”的老年人是由作为“强势群体”的成年人自然发展而来。这种事实带来老年人“弱势群体权利”证成与其他类似群体截然不同的困难。为此，应该采用普遍主义的思路理解老年法实践，设计能够包容所有年龄段个体的政策方案，而非依据年龄分裂人群。②

美国雪城大学教授艾琳·坎特（Arlene Kanter）从国际法的角度对残障权利和老年人权利的发展历史进行了概括，梳理了当时国际法领域能够为老年人权利提供保障的相关机制，并特别强调《残疾人权利公约》对于国际和国内老年人权利倡导的意义。《残疾人权利公约》至今依然为缺少有约束力规定的老年人权利提供了某些方面的保护，特别是保护他们免受衰老过程中不可避免的身心衰退导致的歧视，以及在身心衰退的情况下作出关于切身事务的决定的权利。她断言《残疾人权利公约》的实质性条款将有力地扩大世界范围内老年人所能享有的权利的范围。③ 因此，《残疾人权利公约》及相关机制同样为老年人和老年权利倡导者提供了要求各国政府在人权准则范围内接受和履行其人权义务，并依此对其进行追责的工具。当然，坎特同样对新的关于老年人权利的专门公约持支持态度。她认为，《残疾人权利公约》的诞生过程为老年人权利专门公约的制定提供了新的模式。其关键在于，关于特定群体的公约应当超越以国家政府为中心的闭门造车式的谈判而转向吸引包括民间组织、团体代表等最广泛

① See Jerome Bickenbach, *Models of Disablement, Universalism and the International Classification of Impairments, Disabilities and Handicaps*, Social Science & Medicine, Vol. 48, p. 1173 – 1187 (1999).

② See Doug Surtees, *What can Elder Law Learn from Disability Law?*, in Israel Doron, eds., Theories on Law and Ageing: The Jurisprudence of Elder Law, Springer, 2009, p. 93 – 105.

③ See Arlene S. Kanter, *The United Nations Convention on the Rights of Persons with Disabilities and its Implications for the Rights of Elderly People Under International Law*, Georgia State University Law Review, Vol. 25, p. 527 – 573 (2009).

的利益相关者参与的模式。从2011年以来的老年人权利专门公约的协商进程来看,无论是联合国老龄问题不设名额工作组对于民间组织的广泛吸纳和动员,还是独立专家的设立和工作,都体现出对于《残疾人权利公约》缔约经验的吸纳和运用。

目前来看,残障权利无论在理论还是实践层面都取得了相当大的成就,尤其是《残疾人权利公约》这部伟大文件及其指导下的残障权利实践,对于权利视角下的老年法研究有着重要的参考价值。此外,正如相关研究者反复强调的那样,我们必须认识到残疾人和老年人本质上是两个不同的群体,二者在生命体验、权利需求等方面存在巨大的差异。只有建立在认识和尊重差异基础上的权利保障机制,才能回应人之为人所具有和表现出来的各种脆弱性,实现不分年龄的融合发展。

2. 欧美老年法学的发展趋势与潜力

感知、认知、行动等身体机能减退,衰老综合征等疾病发生风险增高,收入下降,社会联系中断以及机会与地位丧失,老龄化过程往往与一系列负面意义的生理、社会变化相联系。随着法治体系的发展,人们期待着便利可及的法律服务、安全可靠的金融工具和丰富多样的消费市场来支持他们规划生命历程内的财富、机会与资格,以便应对老龄化过程带来的挑战。于是,年龄成为法律实践以及相关法学探讨的关键要素。一方面,遗嘱公证、医疗规划、退休计划以及照护服务方面丰富的法律实践成为法学研究的“富矿”。法律从业者需要掌握关于“年龄”的多方面法律知识,以及与老年客户沟通的技能,从而为越来越多的老年人的生活困境提供法律解决方案。另一方面,高龄人群面临着共同的问题与挑战引发关于以年龄为标准的特别法律举措的讨论。许多老年人陷入贫困的境地,或是饱受疾病和孤独处境的折磨。以完善的法律制度为基础,借由公共资源的倾斜配置,为社会中的“长者”提供充足的医疗资源、社会服务和安适的生活环境,亦构成老年法研究的主线。

但问题随着人口老龄化进程的推进而变得复杂起来。部分欧美发达国家建立起覆盖生活各个领域的老年人福利体系,而该体系却越来越成为社会发展的可预期的沉重负担,引发严重的社会代际对立。老年人被视为占据社会资源和缺乏价值的“老害”,年龄歧视、老年虐待等社会现象也越发严重。与此同时,社会老年学的研究指出,年龄与老年人的地位、身份和社会处境间的关系并非一成不变,而是受到制度、文化、环境等因素的深刻影响。某种程度上“老年人”的身份便是由法律所形塑。[①] 生理和心理层面的老龄化过程如何与社会环境相互作用?此种作用的机理和结果是否合理?老年人的困境是源于年龄增长还是隐含歧视的社会结构?这些问题成为老年法学发展的核心问题。反思和批判针对老年人的福利制度乃至整个观念基础成为各个领域学者们关注的焦点。年龄歧视的概念得以形成并且用来描述和反思老年法律制度对老年人形象的形塑;健康老龄化、成功老龄化、生产力老龄化以及积极老龄化等老龄观形成并且日益进入政策制定者的视野。在这种情况下,平等和反歧视、个人自治和社会分工成为分析、评估老年法律制度的重要理论进路。关于反年龄歧视和特殊保护、个人自治和社会分工的论争中,人权话语和人权标准在整合不同利益、需求和价值方面表现出独特的意义,成为越来越受到认可的老年法学范式。随着美洲、非洲、欧盟等区域组织老年人权立法的推进,人权标准也成为相关国家老年法发展的重要指针。一个最显要的趋势是,学者们正在热烈讨论《老年人权利公约》的潜力和可能内容。

可见,老年法学研究是与时俱进的。当代中国的老年法学也应当及时吸纳积极老龄化、人权保障等新理念、新视角,完善和发展老年法学理论体系,审视现有的老年法律制度体系。应对人口老龄化的时代浪潮是全人类共同的使命,应借鉴、转化各国在促进积极老龄化和实现人权保障过程中所生成的优秀制度成果。同时,人权保障又是具体的、文化的,应关注中国文化语境下依靠家庭代际合作、民间互助等方式应对老龄化影响的优良传统。以全生命历程的人权保障为目标,融合传统与现代、国内与国外的制度经验,为老年法治如何促进积极应对人口老龄化战略实施提供策略方案。

(二)国内老年法学理论述评

1982 年中国老龄问题全国委员会的成立宣告中国老龄工作的正式展开,也预示着老年人开始作为特别的政策和法律主体进入理论研究者的视野。[②] 许多学者开始针对宪法、刑法、民法、社会保障法中的老年人法律问题进行探讨,产生

---

① See Ann Numhauser-Henning, *Elder Law and its Subject: The Contextualised Ageing Individual*, Ageing & Society, Vol. 41, p. 516 – 535(2021).

② 参见白桦主编,全国老龄工作委员会办公室、中国老龄协会编:《中国老龄工作年鉴(1982 ~ 2002)》,华龄出版社 2004 年版,前言。

了一批零散的研究成果。[①] 老年立法的发展,特别是《老年人权益保障法》的颁布极大地推动了以老年法律现象为对象的法学研究。围绕老年立法展开的中国老年法学研究呈现出“双向奔赴”的特征:一方面,相关学术研究表现为从《宪法》《老年人权益保障法》等规范文本出发,提炼和构建老年人权利的理论体系,阐释老年人权利保障的概念、原则、正当性、内容和法律方案,探讨如何完善相关法律制度以更加充分地阐释和保障老年人所享有的权利。另一方面,许多学术成果直接从家庭关系、社会保障、社会服务、宜居环境建设等老年人群实际面临的法律问题出发,探讨如何运用法治工具规范、促进老龄事业与老龄产业发展,为改善老年人生活和福祉、应对人口老龄化挑战创造良好的社会环境。出于本书之主旨和篇幅考虑,接下来将主要介绍“老年法学”理论的主要观点,即老年法是老年人权利的特别保障法。

1. 中国老年法学的主要观点

在中文学术语境下,老年法学的研究对象是老年法律现象,即关涉老年人的法律关系及相关法律体系。从历史的角度来看,当代中国法学界构建老年法学理论体系的尝试大体上开始于 2012 年《老年人权益保障法》的修法过程。[②] 肖金明主导的课题团队围绕该法的修订问题展开了大量的研究,对世界各国立法和我国地方立法进行了梳理,在此基础上阐释了中国老年法的性质、制度体系以及其在整个法律体系中的定位。[③] 曹健、王云斌对中国老年保障制度进行了梳理,并在制度比较的基础上提炼其价值导向和核心内容。[④] 汪地彻在梳理我国老龄规范、政策的基础上,尝试构建以权益保障为中心的老年法理论。[⑤] 肖辉、孙文胜

---

① 参见梁中堂、翟胜明:《试论老年人的合法权益问题》,载《理论探索》1995 年第 1 期;莫洪宪:《老年受害预防与权益保护》,载《法学评论》1994 年第 4 期。

② 参见曾庆敏:《〈老年人权益保障法〉应予以修正》,载《法学杂志》2004 年第 5 期;曾庆敏:《老年立法研究》,社会科学文献出版社 2011 年版;李志宏:《〈老年法〉修订研究》,载《前沿》2010 年第 22 期;仇丽:《浅议我国〈老年人权益保障法〉》,载《人权》2010 年第 5 期;邬沧萍、姜向群主编:《老年学概论》(第 3 版),中国人民大学出版社 2015 年版,第 150 ~ 160 页。

③ 参见肖金明:《关于中国老年人权益保障立法的若干问题》,载《中国法律》2011 年第 6 期;肖金明主编:《老年人权益保障立法研究》,山东大学出版社 2015 年版;肖金明主编:《积极老龄化法律对策与法制体系研究》,山东大学出版社 2015 年版。

④ 参见曹健、王云斌主编:《老年人权益保障法律制度比较研究》,中国政法大学出版社 2012 年版。

⑤ 参见汪地彻:《中国老龄法治研究》,华龄出版社 2017 年版;汪地彻:《中国老龄法体系构建论》,载《辽宁大学学报(哲学社会科学版)》2012 年第 6 期。

亦以规范为基础，对如何构建老年法学科体系和制度体系进行了初步的探索。[①]综合上述研究成果，“老年法是老年人权利保障的特别法”的提法便成为我国学界的最大理论共识。正是基于此种认识，老年法学研究以《老年人权益保障法》等法律规范为出发点，结合人权保障、社会正义等相关理论成果，论证权利保障的正当性、原则、权利内容以及相关主体的义务和法律责任，从而构建以“特定群体权利保障”为核心的老年法理论体系。其主要观点可梳理如下。

(1)以老年人权利特别保障法为主要定位

老年人是法律“特定”享受特别保障的权利主体。老年人是由年龄限定的个体和群体，其权利得到老年法的特别保障。我国《老年人权益保障法》第2条明确规定：“本法所称老年人是指六十周岁以上的公民。”老年人首先是以年龄为基础划分的社会群体，即出生年龄高于特定岁数(60岁)的个体及其集合。[②] 部分学者通过国别比较、立法背景探究等方式解释此种法律规定的原因。比如屈野、高小珺等人指出，发达国家一般以65岁作为判断老年人的标准，而发展中国家一般以60岁作为标准。[③] 也有不少学者对以年代年龄为基准的单一标准提出了疑问，如刘利君、何燕华介绍了世界卫生组织和外国学者提出的生理年龄、社会年龄的新标准，并提出应当构建弹性的、包容性的老年人界定标准。[④]

无论如何界定“老年人”的范围，老年人都因其弱势处境而受到法律的特别关注及保护。我国发布的人权白皮书中，老年人常常与妇女、儿童、残疾人、少数民族同为特定群体。[⑤] 老年人成为享受特别保障的特定群体，其理论基础在于现实层面的权利困境和特殊需求。正如学者指出，老年法治体系的建构应遵循老

---

① 参见肖辉、孙文胜：《构建我国老年法学学科和老年法体系初探》，载《河北法学》2017年第1期。

② 如曾庆敏认为，老年人是社会中达到一定年龄的自然人。参见曾庆敏：《老年立法研究》，社会科学文献出版社2011年版，第39页。

③ 参见屈野：《当代中国老年权益保障——老年法的理论与实践》，云南大学出版社2012年版，第73页。

④ 参见何燕华：《〈老年人权利公约〉理性构建研究》，法律出版社2017年版，第26页。此外相似的讨论可参见余少祥：《法律语境中弱势群体概念构建分析》，载《中国法学》2009年第3期；刘利君编：《老年人权益的法律保障》，北京大学出版社2013年版，第13页；汪地彻：《中国老龄法治研究》，华龄出版社2017年版，第2页。

⑤ 比如《平等、参与、共享：新中国残疾人权益保障70年》《平等　发展　共享：新中国70年妇女事业的发展与进步》等人权领域的政府白皮书亦将《老年人权益保障法》等作为相应特定群体权利保障的制度依据和法治化的重要成就。

年人的生理与身体必然衰弱的自然规律以及以老龄社会需要特殊关爱的普遍社会性需求为宗旨。[①] 肖辉、孙文胜在构建老年法学科体系和制度体系时指出,"从其理论基础上讲,老年人作为社会弱势群体的角色定位决定了老年法学的学科重心在于对老年人权益的维护和保障"[②]。法律出版社编写的《中华人民共和国老年人权益保障法注释本》强调,"老年人作为一个特殊群体,由于其生理和心理的特点,在现实生活中其合法权益容易受到不法侵害,应给予特殊保护"[③]。

在理论层面,我国学者多援引社会正义原则、人权保障原则等法理,证成为老年人提供特别保障的正当性。比如罗尔斯之"差别原则",要求为"实现最少受惠者利益最大化"。实证数据显示,中国的老年人群面临着健康寿命差、贫困发生率高、社会参与受限以及心理状况不佳等多方面的权利困境,而且此种困境将随着老龄化的发展进程越发严重。人权是具体的、现实的。为了确保老年人平等享有普遍的人权而制定特别的权利保障方案,是人权保障的基本要求。结合老年人的身心条件、社会处境阐释老年人的特别诉求,阐释老年人的权利谱系,并运用宪法、公平正义、人权保障等方面的理论阐明为老年人提供特别保障措施的正当性和必要性。因此,无论是基于正义原则中给"最不利者以利益"的实质正义要求,还是出于实现每个人权利平等保障的人权原则,我们都应当在某些领域给予老年人以特别的保障措施。

(2)以老年人的特殊性为研究切入点

以特殊群体权利之视角审视老年人权利,要义便在于关注老年人群体的特质、处境和特别需求。老年人之权益分为一般权益和特殊权益。此种特殊权益主要来源于法律的特别规定、老年人的身心状况以及特殊社会处境,多表现为生理层面的机能减退、心理不安定等特征,随之带来的需求是更多的医疗资源、与疾病预防和健康维系紧密结合的生活照护服务,或者说适宜其身心状况的居住条件。有些特殊性则更为"社会化"。比如,个人或媒体中显示出来的针对老年

---

① 参见范进学、张玲玲:《论我国老龄法治体系之原则构建与制度完善》,载《南通大学学报(社会科学版)》2022 年第 2 期。

② 肖辉、孙文胜:《构建我国老年法学学科和老年法体系初探》,载《河北法学》2017 年第 1 期。

③ 法律出版社法规中心编:《中华人民共和国老年人权益保障法注释本》,法律出版社 2021 年版,第 9 页。类似的提法亦广泛见于学者之著作,比如,参见赵树坤:《中国特定群体人权保护的理论与实践》,法律出版社 2012 年版,第 130 页;何燕华:《〈老年人权利公约〉理性构建研究》,法律出版社 2017 年版,第 29 页;汪地彻:《中国老龄法治研究》,华龄出版社 2017 年版,第 19 页。

人的偏见与敌视态度,不仅直接贬低老年人的人格,更成为老年虐待现象发生的重要原因。

正如汪地彻指出,“(老年法治)所强调的是法治的实践性,即法治必须回应老年人群体的权利诉求”[①]。因此,学者们多从社会上老年人受害的热点问题阐释老年人权利的内容,如梁中堂将老年人权利保障归纳为“劳动权”、“获得物质帮助权”、“财产所有权”、“房产和居住权”以及“婚姻自由权”,同时期的王舜华将老年人权益的内容划分为经济权益、家庭生活权益和社会服务权益三个方面。[②] 有的学者则直接从老年人的需求出发分析其权利内容,如李超结合马斯洛需求层次和相关研究成果,将老年人的现实需求划分为生存性需要、发展性需要和价值性需要,分别对应健康和安全保障、情感陪伴和精神慰藉以及自我价值的实现,并将需求与中国的生存权和发展权话语衔接,构建起以生存权和发展权为主线的老年人权利谱系。近年来也有学者强调应综合老年人的特殊权益和老龄社会的发展规律,从“平等非歧视”“脆弱性”“尊重自主和尊严”“积极老龄化”等原则出发构建老龄法律体系。[③]

还有一种思路是根据中国老龄事业发展的政策规划构建老年人的权利谱系。国家关于老龄事业的发展规划建立在老年社会学、人口学方面的系统深入调查研究的基础上,往往反映特定发展阶段老年人群体最紧迫、现实的需求。刘利君、曾庆敏等人根据中国老龄事业发展的“五个老有”政策目标提炼出“受养权”(接受赡养的权利)、“就医权”(医疗保障权)、社会参与权、受教育权和参与文化娱乐活动的权利。[④] 屈野则从人身保护权、家庭生活权、社会保障权、参与发展权、物质帮助权、婚姻自由权、财产所有权、受养扶助权、老有所教权等十四个方面构筑老年人的权利系统。刘灵芝从退休和家庭生活的角度提炼出“养老权”,其内容广泛涵盖老年人的物质帮助权、经济供养权、医疗保障权、社会参与

① 汪地彻:《中国老龄法治研究》,华龄出版社 2017 年版,第 1 页。

② 参见王舜华主编:《老年人权益的法律保障》,经济管理出版社 1995 年版。

③ 参见范进学、张玲玲:《论我国老龄法治体系之原则构建与制度完善》,载《南通大学学报(社会科学版)》2022 年第 2 期。

④ 参见刘利君编:《老年人权益的法律保障》,北京大学出版社 2013 年版,第 19 页;王希仁:《老年人权益论》,载《宁夏社会科学》2000 年第 2 期;曾庆敏:《〈老年人权益保障法〉应予以修正》,载《法学杂志》2004 年第 5 期。

权等。[1]

此外,我国学者也对“复合特殊主体”的权利保障给予了关注,如李玉子在对朝鲜族妇女权益保障状况的实证调查的基础上提出的关于改进老年妇女立法的建议,[2]谷玉良针对老年“农民工”的权利诉求的结构性分析等。[3] 这些研究不仅对于相关主体的权利实现有着重要意义,而且有助于老年人权利理论与其他主体人权相关理论的知识交流。例如,残障权利领域智力障碍者的代替决策和辅助决策的研究成果可以引入老年权利保障领域,补充意定监护制度,为认知能力衰退的老年人的自主决定权利的保障提供更多选择。符合特殊主体权利保障的研究,对于完善老年人权利理论体系具有不可或缺的作用。

(3)立足中国实际的权利保障方案

老年人权利的实现是一项庞大而复杂的社会工程,不仅直接关涉社会上每一个人的未来,而且只有在整个社会的团结协作下才能成功。基于这种认识,学术界在论及老年人权利的实践方案时离不开家庭、社会和国家三个层面。肖金明在构建老年人权益保障法律制度时,主要围绕家庭保护、社会保险、社会照料、社会救助、社会优待、社会参与和法律责任几个方面展开论述,分别就老年人权利实现过程中家庭的义务、国家的责任和社会力量的参与展开了系统的论述,并对中国当前的制度设计和实践状况进行了分析。[4] 李涛从当前老年人事业重点关注的社会救助、长期护理、社会参与以及成年监护等角度对我国老年人权利保障的现实情况进行了分析评价。他特别关注社会资本参与养老服务业和养老保险基金发展的问题,提出了强化法律监管的基本思路。[5] 家庭、社会和国家被广泛认为是我国老年人权利实现的三大“支柱”,但相关研究和实践的关注力度并不相同。过去,家庭被视为更为主要的权利保障者。法律如何确保家庭成员履行对老年人的经济供养、生活照护和精神慰藉等赡养义务,惩罚和阻止家庭成员虐待、遗弃老年人的现象成为相关法学研究的重点,而社会则主要对家庭履行义

① 参见刘灵芝:《中国公民养老权研究》,辽宁大学出版社 2010 年版,第 55 页。

② 参见李玉子:《老年妇女权益保障研究——以朝鲜族老年妇女为例》,载《云南民族学院学报(哲学社会科学版)》2002 年第 2 期。

③ 参见谷玉良:《老年农民工的城市社会保障与权利诉求》,载《人口与社会》2016 年第 3 期。

④ 参见肖金明主编:《老年人权益保障法律制度研究》,山东大学出版社 2015 年版。

⑤ 参见李涛:《我国人口老龄化问题的法律应对研究》,武汉大学出版社 2017 年版。

务提供支持。随着老龄化的加剧和家庭结构的变迁，单纯的家庭养老不再适合社会发展的情势，社会将在老年人权利保障过程中发挥越来越大的作用。社区养老、机构养老的实践迅速发展，相关立法活动次第展开，近年来学术研究的重心也出现转移趋势。养老机构的规范发展及中老年人的权利保障、社区养老服务提供者的法律支持和监管等主题将成为接下来一段时期老年法的研究重心。

同时，一些学者受到中华民族尊老传统的启发，从"孝"的文化内核中发掘推进老年人权利实现的内在力量，对"孝"的文化传统和道德信条进行筛选和更新，探索将其融入老年人权利机制的路径。比如，陈雄考察了老年人宪法权利的道德根基，提出应该以"孝"为基础，以法定化的尊老传统为依据推进老年人宪法权益保障事业的方案。[①] 王楠对"孝"文化在我国老年人权益保障法律实施中的作用和地位进行了较为全面的研究，提出应该在构建适应当代社会的新孝道文化的基础上，将其融入家庭养老这一老年人权益保障机制，发挥文化的内在引导作用。[②] 胡泽勇认为，在中国当前家庭养老依然占主要地位且孝文化有着重要影响力的情况下，重新构建的孝文化能够弥合家庭与社会的鸿沟，成为"中国老年人权益保障法的有力补充"[③]。梅运彬等提出应剔除传统"孝"文化中消极和不符合权利理念的内容，实现在"孝道与权利的互洽互适过程中达成维护老年人权益的目标"[④]。特别是对于老年人的精神慰藉和生活照护需求，现行的法律运行机制很难提出全面、高效的权利保障方案，在实践中也出现了标准不清晰、监管成本高、判决执行难的难题。对中华传统文化中"孝老"的部分去芜存菁，使其符合人权保障的现代理念，并将其融入权利保护的法律机制，对于老年人权利的发展有相当大的理论价值。

中国的老年法研究同样回应国际上人权进路的老年法发展的趋势。柳华文梳理了联合国为制定《老年人权利公约》所做的筹备工作，分析和阐释了各国政府、国际组织对公约的立场和态度，呼吁在公约中细化平等和非歧视原则，特别

---

① 参见陈雄：《老年人宪法权利保障的道德根基研究》，载《湖南社会科学》2013 年第 5 期。

② 参见王楠：《论"孝"在我国老年人权益法律保障中的作用》，河南大学 2018 年硕士学位论文。

③ 胡泽勇：《重建与创新：传统孝文化的老年人权益保障功能再探》，载《江西社会科学》2009 年第 10 期。

④ 梅运彬、高家军：《孝道与人权：老年人权益维护的路径选择》，载《河北科技师范学院学报（社会科学版）》2015 年第 1 期。

关注发展中国家和不发达国家的实际情况和需求。[①] 何燕华论证了《老年人权利公约》的必要性和正当性,并结合联合国老年人权利实践和现有研究成果,从基本原则、权利体系、实施机制三个角度系统性地设计了《老年人权利公约》的基本框架。[②] 任际指出当前老龄化问题已经呈现出强烈的国际化倾向,全球化和老龄化相互交织,并提出综合运用国内政策与国际政策、国内法与国际法多元治理方案应对老龄化问题。[③] 陈雄等探讨了联合国老年人原则对中国老年人权利保障实践的启示。[④] 王新生分析了非国家行为体在社会,即包括老年人群体之权利实现在内领域履行人权义务的问题。[⑤]

2. 中国老年法学的发展趋势与潜力

我国老年法理论的进程整体上与我国经济社会发展的阶段性特征相呼应,紧跟党和国家老龄战略规划和法治进程的同时,聚焦特定社会环境中农村老年人、孤寡老年人、老年妇女、贫困老年人等"复合弱势"人群的特殊困境和特别需要,为改善老年人福祉的政策与法治实践提供了智力支持。比如,冯彦君指出,当代中国弱势群体的概念和处境应立足"时空定位的坐标点"历史地进行解析。[⑥] 改革开放以来,我国经济社会发展取得了举世瞩目的成就。但必须承认的是,老年社会保障、养老服务和健康支撑体系和老年宜居环境建设尚不符合日益增长的老年人群的实际需要,相应的法律制度体系也不够健全。比如,虽然《老年人权益保障法》第 3 条第 3 款规定"禁止歧视、侮辱、虐待或者遗弃老年人",但整个法律体系并未就歧视老年人的具体情形和法律后果作出规定,使得该条款的规范效果和可诉性处于不确定的状况。多种因素的共同作用下,老年人成为典型的"社会弱势群体"(或称"脆弱群体""特殊群体""特定群体")。在这种背景下,老年人法研究确定"老年人是弱势群体"的定位,聚焦身心衰老之负面影响、

---

① 参见柳华文:《关于制定联合国〈老年人权利公约〉的初步研究》,载中国国际法学会主办:《中国国际法年刊(2012)》,法律出版社 2013 年版。

② 参见何燕华:《〈老年人权利公约〉理性构建研究》,法律出版社 2017 年版。

③ 参见任际:《老龄化新趋势及应对:国际化与多元治理》,载《辽宁大学学报(哲学社会科学版)》2017 年第 6 期。

④ 参见陈雄、张敏、肖明月:《联合国老年人原则对中国应对老龄化问题的启示》,载《湖南工业大学学报(社会科学版)》2015 年第 1 期。

⑤ 参见王新生:《论社会权领域的非国家行为体之义务》,载《政治与法律》2013 年第 5 期。

⑥ 参见冯彦君:《社会弱势群体法律保护问题论纲》,载《当代法学》2005 年第 4 期。

人口发展中的现实问题以及养老相关制度体系的不足与漏洞,立足中华优秀传统实践、国家先进经验和社会主义老年工作实践经验,探讨助力每个老年人安享幸福晚年的法治方案。

随着人口老龄化进程的推进,积极老龄化成为新时代中国老龄事业的"主旋律"。《国家积极应对人口老龄化中长期规划》《"十四五"国家老龄事业发展和养老服务体系规划》《中共中央、国务院关于加强新时代老龄工作的意见》强调要把"积极老龄观、健康老龄化理念融入经济社会发展全过程"。《老年人权益保障法》第 4 条第 1 款也明确规定"积极应对人口老龄化是国家的一项长期战略任务"。积极老龄观要求视老年人为有潜力的社会发展参与者和贡献者,主张老年人可以在恰当的社会环境和社会支持下平等、充分、积极地参与社会发展,追求应有人权和实现人生价值。正如本书正文所要介绍的那样,健康老龄化、生产性老龄化、积极老龄化等理念、观念要求改变"年龄增长等于衰弱和无能"的刻板印象,以动态的、互动性的全生命历程的视角审视老年人和老龄化过程。具体而言,老年法律实践要保障每个人在老年生命阶段不仅能够获得经济保障、为老服务和宜居的生活环境,还有权获得学习知识、增长技能、提升素养和平等参与劳动就业、体育文化生活等的资源和机会。具体而言,老年法律实践将从社会保障、家庭赡养、养老服务、福利事业等领域扩展到反年龄歧视、终身学习、就业促进、老龄产业以及无障碍环境建设等方面。在这种背景下,中国的老年法理论研究,也应当吸纳全生命历程的视角、贯彻积极老龄化的观念,改变"老年人是弱势群体"的观念,以动态的、包容的、弹性的方式调整老年人的概念定位,在重视生命历程轨迹多样化的基础上阐释老年人权利。正如女性权利运动、残障权利运动进程所揭示的那样,人权保障的话语、理论与实践经验展现出更新理念和凝聚力量的巨大潜力。中国的老年法研究也应当采取"基于权利的方法",以普遍的人权标准表达每个人在不可避免的老化过程中的诉求,以赋权、参与的方法推动老年人的平等参与和全面发展。

四、本书的主要思路

(一)关键概念

1. 个体老龄化与人口老龄化

老龄化是老年学、老年法学等学术研究的基本命题。一般而言,老龄化的外延可以基本划分为个体老龄化(individual aging)和人口老龄化(population aging)。

个体老龄化也可以表述为“老化”、“衰老”或“增龄”,通常指代人类个体随年龄增长而发生的生命能力逐渐丧失并走向死亡的过程。个体老龄化伴随着生理、心理层面的内源性规律性变化,而此种变化使得个体在与社会环境的互动过程中发生地位、身份、社会关系层面的转变。如今学术讨论与政策行动中提及的“健康老龄化”(healthy aging)、“积极老龄化”(active aging)等概念通常指个体的老龄化。

人口老龄化是指社会总人口中特定年龄人口比例的变化。具体而言,人口老龄化指60岁或65岁及以上人口占比上升的人口年龄结构发展趋势,也可以界定为人口年龄中位数或平均年龄逐步上升的过程。① 一般认为,人口老龄化将带来经济、社会、文化等各个方面的重大变化。特别是一些证据显示经济效率、社会创新能力、社会保障体系压力等指标与老年人口比例存在稳定关联,人口老龄化现象在很长时间内被认为是21世纪人类社会面临的重大挑战之一。当然,随着积极老龄化的观念与理论逐渐取代消极的老龄观,人们认识到此种不可阻挡的人口发展趋势既是挑战也是机遇。老龄问题本质上是社会发展问题。② 我们可以通过系统化的社会行动“最小化”人口老龄化的消极影响,实现“转危为机”。2019年11月,中共中央、国务院印发《国家积极应对人口老龄化中长期规划》,就积极应对老龄化的系统工程作出专门部署。党的二十大报告强调要“实施积极应对人口老龄化国家战略,发展养老事业和养老产业,优化孤寡老人服务,推动实现全体老年人享有基本养老服务”。

我国人口学、老年学学科重要开拓者和奠基人邬沧萍先生曾撰文指出,我国提出的“积极应对人口老龄化”,是将“个人层面的老(龄)化”上升到“群体层面的老龄化”,即通过实现每个社会成员的积极老龄化,实现社会层面的人口老龄化的积极应对。③ 这种战略方针,实现了社会发展与个人发展的统一,是我国作为发展中国家应对人口老龄化挑战的本土化方略,也体现了我国的社会主义本

---

① 参见范方春、吴湘玲:《老龄问题的相关概念界定:争议与一种可能的理论解释》,载《老龄科学研究》2019年第3期。

② 参见穆光宗:《银发中国:从全面二孩到成功老龄化》,中国民主法制出版社2016年版,第65页。

③ 参见邬沧萍:《积极应对人口老龄化理论诠释》,载《老龄科学研究》2013年第1期。

质。本书的主旨,也在于通过基于人权保障的个体老龄化法治方案推动积极应对人口老龄化国家战略的顺利实施。

2. 老年人与个体老龄化

老年人可以从多种角度进行定义。人口学者常常基于不同的研究目的和研究对象,以确定的日历年龄标准定义老年人。老年医学研究则倾向于通过骨龄、生理年龄等更能反映个体生理特征的标准定义老年人。在法学讨论中,老年人的概念可能源于人口学、老年医学等其他学科领域的研究成果,也可能直接来自公共政策和法律制度的相关规定。

从生命历程的角度来看,老年人最普遍的特征在于其是个体老龄化过程的结果。被认定为老年人的个体,其身心健康和社会处境取决于老龄化过程中发生的器官衰退、机能减退等自然变化以及社会环境对此种变化的回应。基于此种考量,老年学者提出了“健康老龄化”、“成功老龄化”、“生产性老龄化”和“积极老龄化”的概念,用以描述具有特定表现的、理想的老龄化过程。①

3. 老年人权利

老年人权利可以从狭义和广义的两个角度理解。所谓狭义理解的老年人权利即法定和社会一般观念中“老年人”所享有的权利,既包括所谓的一般权利,也包括因老年人身份而享有的特殊权利;既包括法定的权利,也包括老年人作为人所享有的人权。一般而言,每个人身为人而不折不扣地享有的全部人权,不会因其年龄而有所区别。但是考虑到特定社会环境下老年社会成员在追求权利方面往往面临特殊困境,故而需要采取特别的措施来实现普遍的全部人权。

从生命历程的角度来看,老年人权利能否得到实现不仅有赖于个人在老年生命历程阶段能否享有权利保障措施,还取决于其在中青年阶段能否实现其所享有的权利。老年人权利保障不仅要涵盖“已经是老年人”的个人的权利,比如享受养老保险待遇的权利,也要包含“尚不是老年人”的个人为老年生命阶段做准备的过程中产生的权利,比如参加养老保险机制的权利。因此,广义上的老年人权利可以理解为与实现积极的、可欲求的老龄化相关的权利。此种解读实质上要求在所有关乎人权与权利保障的讨论中吸纳“老龄化”视角,探讨权利享有状况和实现方式对可预期的老龄化过程的影响,以全生命历程的人权保障促进

---

① 关于健康老龄化、生产性老龄化、积极老龄化等概念的内容,将在本书第一章详述。

积极的老龄化。

4. 老年法

正如前文指出,老年法可以理解为老年人权利的保障法,其要旨在于确定老年人的范畴与老年人所享有的各种权利的内容以及各相关主体在保障老年人权利方面的义务与责任。但从老年人权利和老龄化过程的关系来看,致力于保障和实现老年人权利的老年法,不仅要明确部分社会成员——老年人所享有的特别权利保障措施,还要关注所有社会成员的老龄化过程,即老年法同样要对人类应对老龄化过程中所形成的各种社会关系进行确认与规制。

(二)理论依据

生命历程视角(the life-course perspective)下的研究在当今社会学研究中广受欢迎。[①] 由于对年龄分化、生活轨迹和事件的关注,生命历程视角成为探索老龄化过程的良好切入点。基于生命历程视角的研究将老龄化的过程和结果视为整个人生历程中的阶段,尝试将宏观社会结构、历史事件背景和个人的能动作用融入关于老龄化的研究之中。值得注意的是,生命历程研究包括北美和欧洲两种研究范式,北美范式以格伦·埃尔德(Glen H. Elder)为代表,重点从中观或微观的层面关注特殊社会事件给生命历程造成的转折及后续影响,偏好定量方法;而欧洲范式以德国学者马丁·科利(Martin Kohli)的"生命历程的制度化"(Institutionalisierung des Lebenslaufs)理论为主轴的范式,较注重宏观的社会制度与人生规划观念对生命历程整体的形塑,强调定性方法的重要性。[②]

埃尔德将生命历程定义为"在人的一生中通过年龄分化而体现的生活道路",包括年龄区分的生活跨度、发展路径以及各种生活机会和重要的生命事件

---

① 我国学者已经广泛翻译、介绍国外关于生命历程理论的研究成果,并使用相关理论工具进行与老年人相关的社会研究,如穆光宗提出了老年生命历程理论,并借此阐述了成功老龄化的战略方针。参见穆光宗:《成功老龄化:中国老龄治理的战略构想》,载《国家行政学院学报》2015 年第 3 期。徐静、胡薇、成梅、张硕等学者也运用该理论视角探讨老年贫困、老年排斥和老年群体分化的问题。参见徐静、徐永德:《生命历程理论视域下的老年贫困》,载《社会学研究》2009 年第 6 期;胡薇:《累积的异质性 生命历程视角下的老年人分化》,载《社会》2009 年第 2 期;成梅:《以生命历程范式浅析老年群体中的不平等现象》,载《人口研究》2004 年第 3 期;张硕、陈功:《中国城市老年人社会隔离现状与影响因素研究》,载《人口学刊》2015 年第 4 期。

② 参见郑作彧:《社会的时间:形成、变迁与问题》,社会科学文献出版社 2018 年版,第 90 页。

(life event)。[1] 其生命历程理论同样以年龄为单位度量老龄化过程,并视老年为社会构建的产物,但其特点在于,认为人的一生并非由孤立且界限明确的不同阶段拼接而成,而是连续且动态的发展过程。若想要把握个人在生命晚期阶段的状况,就必须考虑他们早期生活中的各种因素以及老龄化过程中不断变化的历史背景。[2] 就老年人而言,生命历程范式包含五个基本命题:(1)老龄化是贯穿人生全程的过程;(2)个人总是随着时间的流逝而生活在特定的关系网络之中,过着"相互联系的生活"(linked lives);(3)个人所处的历史和社会结构的宏观背景对于生命历程有着重要的影响;(4)个人也能够在宏观背景下做出影响生命历程的能动选择;(5)生命过程和社会性时间(social timing)也会影响个人的发展。[3]

而在科利的理论中,生命历程同样是连续发展的时间过程,年龄和老年亦是由社会环境所构造的。然而,相较于"生命事件"的影响,科利更为强调社会规范的作用。他认为,"生命历程的整体结构主要是由规则系统(regelsystem)建立的各种相关制度所构筑而成的",而且就此提出了生命的时间化、时序化、个人化,以薪资劳动系统主轴以及常态生平五大命题。[4] 从法律的角度来看,其生命历程理论可以理解为:现代社会的教育、就业等法律制度,摆脱了传统社会以血缘、家庭身份为基础的"赋权模式",而转向以普遍的、个人化的时间要素——年龄为基础的"赋权模式"。法律规则赋予特定年龄阶段的社会成员以教育、劳动、婚姻、生育等方面的权利和义务,以达成组织社会生产的目的。由此,基于时间顺序的"常态生平"得以形成。每个社会成员被期待在固定的年龄阶段求学、就业、结婚生子、退休,以促成社会劳动力的生产与再生产。此种进路主要围绕劳动与社会保障制度进行分析,与欧洲福利国家的建设实践有着密切的联系。

如果说作为年龄群体的老年人构造或多或少地以对个人生理特征的时间变

---

① See Glen Elder, *The Life Course Paradigm: Social Change and Individual Development*, in Phyllis Moen, Glen Elder, Kurt K. Lüscher, eds., Examining Lives in Contest: Perspectives on the Ecology of Human Development, American Psychological Association, 1995.

② See Linda K. George, *Missing Links: The Case for a Social Psychology of the Life Course*, The Gerontologist, Vol. 36, p. 248 – 255(1996).

③ 社会性时间指的是特定角色的发生、延续和后果,以及关于年龄的期望和信念。参见李强、邓建伟、晓筝:《社会变迁与个人发展:生命历程研究的范式与方法》,载《社会学研究》1999年第6期。

④ 关于科利理论的进一步阐述,请参见郑作彧:《社会的时间:形成、变迁与问题》,社会科学文献出版社2018年版,第95页。

化规律的认知为基础的话,那么两种范式下的生命历程理论都更为关注社会环境对于生命阶段的塑造作用。这意味着,老年的生命阶段呈现出更为强烈的文化和社会属性。科利等人所阐释的"常态生平"建立在现代工业社会的背景之下,精确的时间工具、关于人力资本的经济学理论和以雇佣劳动为中心的社会生活构成了以年龄为基础的"教育—就业—退休"周期的基础。如果以类似的视角审视其他社会形态的生命历程,如中国传统社会的家庭生活,其结论可能有所不同。比如家庭成员的行为并非根据精确的年龄单位来分配,而是以血缘辈分为依据,随着家庭组织的生存与再生产而形成"抚养—赡养"的分工模式。同时,随着社会的发展,日益"弹性化"的就业模式也改变了现代社会的生命历程"脚本",使其向着"去制度化"的方向发展。

基于关于衰老的生物和社会过程理论的梳理结果,本书发现,老龄化是普遍而自然的生物过程与社会环境相互作用的结果。在现代化的过程中,老龄所带来的影响往往是负面的,而如果这些负面效应未能得到妥善应对,就会导致个人在老年生命阶段遭遇健康损害、功能障碍、社会排斥乃至歧视和侵害,其所应该享有的各项基本人权得不到保障。面对此种现实,老年学者、社会活动家和相关国际组织提出了"积极老龄化"倡议,致力于运用各种社会机制,创造有利于扭转个人老龄化之负面影响的社会环境,最终实现以"健康"、"参与"和"保障"为核心的积极老龄化。

因此,吸纳积极老龄化理念的老年法学研究,也应以生命历程视角审视现有老年法律制度,其要义在于法律应当规范人们应对老龄化过程中产生的各种社会关系,对各种老龄化应对机制进行确认、规范、维护和完善,以确保其在运行的过程中能够符合法治发展和人权保障之要求,支持和引导人们以更高效、公平的方式实现积极的老龄化,从而保障每个人在整个生命历程内的人权。

(三)基本框架

本书第一部分阐释了论文的写作背景和主要目的,并梳理了目前法学界关于老年法的主要研究成果,指出当前的老年法理论围绕静态的、年龄界分的老年主体展开,往往以固定的生理衰退、智力局限和心理特征阐释老年人的特征与需求,未能注意到老龄化的动态发展本质和社会构建属性,隐含基于年龄的刻板印象,未能真正回应积极应对人口老龄化战略的要求。从域外研究成果来看,老年法学的研究理路往往与老年学的研究进展紧密结合。随着积极老龄观获得广泛认同,老年法学研究越来越强调老龄化个体的异质性和主体性,反思基于年龄的人为区隔和基于保护、福利逻辑的社会政策。可见,以积极老龄观实现学术话语和学术体系的理念升级和整体转向,已经成为日益老龄化社会中老年法学研究的重大发展趋势。最后,绪论部分还初步阐释了老龄化、老年人、老年人权利等关键概念和生命历程视角以及论文的基本框架。

本书结构上可以分为三个部分:本书首先明确了中国老年法治发展的目标即通过实现个人的积极老龄化实施积极应对人口老龄化的国家战略,而这两个方面可以统一于老年人享有所有人权的提法。基于此,老年法不仅是针对特定年龄群体的特别保障法,更是老龄化应对机制的规制法。为了进一步证明上述结论,本书梳理、描述和解释了新中国成立以来中国老年法律制度体系的历史进程和现实结构,以验证"老年法是老龄化应对机制的规制法"之命题的可靠性。在结论部分,本书对中国老年法治研究与实践的未来发展作出展望,提出应确立"老龄化的个人"之主体观念、明确"全生命历程的人权保障"的价值目标以及"年龄主流化"的初步推进思路。

第一章重点从生命历程角度阐述老龄化、老年人权利和老年法的关系,而积极老龄化观念则成为三者连接的基点。积极老龄化是人们为了扭转老龄化过程之负面影响的理想表达,是一种基于人权的老龄化方案。如今,积极老龄化得到广泛认同,成为当代老年社会政策和法律规范的重要目标。从生命历程的视角来看,老年是老龄化的过程和结果。从现实的表层逻辑来看,老年法必须关注老年人群体面临的系统的权利困境,将老年人的境遇和需求纳入考量,为老年群体制定特殊的权利保障方案。而从发展的底层逻辑来看,老年人的权利困境源于消极的老龄化过程,故而老年法必须着眼于整个生命历程,以人权为标准,对长期社会生活中形成的各种应对老龄化的实践方案进行确认、维护和完善。借由互为表里的两种方式,老年法致力于构造让每个人都能实现积极老龄化的社会环境,保障每个人都能在老龄化的过程中充分且不折不扣地实现其权利。而第二章和第五章的内容都可以视为对此观点的论证。

第二章回顾了新中国成立以来的老年法律制度的历史。在破坏资产阶级"旧法统"的同时也会不可避免地破坏传统的老龄化应对机制。因此,新的老龄化应对机制之确立便成为老年法律制度发展历史事实背后的"草蛇灰线"。在计划经济体制下,人们以公有制的企事业单位和农村集体经济组织为依托,规划和准备带有高度集体色彩的老年生活。与此同时,家庭通过道德、纪律和舆论的力量维持着作为调整代际关系的活跃地位。随着社会主义市场经济改革的推进,老龄化应对机制逐渐走向多元化、社会化。原本基于劳动者身份的劳动保险演化为更具"社会资本积累"色彩的社会保险;原本居于次要地位的家庭地位也成为法律制度关注的重点。随着积极老龄化的理念得到越来越广泛的认同,老龄化应对的机制也改变了"准备老年生活"和"享受老年生活"之鲜明年龄界分的旧格局。每个社会成员都应当以平等的权利主体身份,参与社会生活并在此过程中实现自身的能力发展与价值发挥。于是,赋权增能、代际团结等新理念逐渐融入老龄事业发展规划的各个方面,并在实践中逐渐推进。2024 年国务院办公厅发布的"一号文件"《关于发展银发经济增进老年人福祉的意见》指出,"银发经济是向老年人提供产品或服务,以及为老龄阶段做准备等一系列经济活动的总和,涉及面广、产业链长、业态多元、潜力巨大"。为老服务、营养保健、辅助器具、康养旅游等理想老年生活要素的"银发经济"消费市场成为新的经济"蓝海",在某种程度上揭示了老年人作为活跃消费者参与市场经济活动的巨大潜力。

第三章到第五章则分别展示了当下中国老年法律制度如何确认、维系和规范目前中国人民应对不可避免的老龄化生命过程。特别是,本书第四章、第五章分别就老年法律制度中代表中国传统的家庭赡养与扶养部分以及现代社会的部分进行了更为深入的分析,分析其内容和理念的来源,探讨当代中国相关法律制度设计和发展的逻辑,从而论证"老年法是老龄化应对机制的规制法"之命题的可靠性。

平等权利是一项基本人权,也是人权得以实现的必要前提。本书第三章围绕平等的关键词展开。老年人的平等法律地位既是社会主义法治基本原则的体现,也是其享有全部人权的前提条件。现代社会中老年人往往由于根深蒂固的年龄歧视、猖獗的老年虐待和不适老的生活环境而面临平等、自主方面的主体性危机。当代中国的老年法律制度明确老年人的平等法律地位以及不受歧视、侮辱和虐待的权利,并针对性地采取特别保障措施确保老年社会成员得以在平等的基础上参与社会生活,共享发展成果。

中华民族"孝亲敬老"的家庭赡养传统是老年法学术探讨绕不开的话题。本书第四章围绕以家庭为核心的老年法律制度展开。虽然以"孝道"为核心的传统家庭关系面临挑战,家庭结构、生活方式在当今社会发生改变,但"老年人从家庭获得支持"的观念依旧为人们所拥护,也得到了法律制度的确认和维护。这种现象背后的逻辑在于,传统老年法律制度构造了以家庭为核心的稳定的、自洽的生活秩序和分工秩序,使得每个社会成员可以据此规划整个生命历程(包括死后生活),不同世代的家庭成员也在道德、习俗和法律力量的约束下合作,共同应对个人老龄化所带来的种种脆弱性与挑战。如今,家庭所代表的亲缘关系对于个人的价值生产、情感满足有着独特的意义,维持家庭代际合作也就应当成为老年法律制度不可忽视的组成部分。毫无疑问,传统老年法律制度已经不再完全符合社会现实,有些情况下也会与社会主义法治精神发生冲突。当代中国的家庭法律制度在去芜存菁的过程中,依然维系了基于血缘关系的代际合作之基本逻辑。同时,本书认为可以强化代际互动为主线推进相关制度变革:进一步确认和维护家庭成员间财产流动、生活照顾、隔代教养等代际互动模式,强化代际纽带;妥善运用行政、司法手段支持年轻世代的家庭成员履行赡养义务,支持年长世代的家庭成员参与代际互动,构建应对老龄化的家庭代际合作秩序。

在现代化的过程中,“个体化”趋势使得以家庭为中心的传统老龄化应对机制逐步解体,以劳动力市场和公共福利为中心的现代老龄化应对机制却导向了消极的老龄化,使老年人成为依赖于社会结构的“福利接受者”和人口老龄化语境下的“社会负担”。为了使消极的老龄化转向积极的老龄化,许多已经步入老龄社会的国家开始推进相关领域的制度改革,通过多层次的制度选项凸显老年人的主体性,借由多元主体合作机制凸显老年人的能动性,构建公平且可持续的代际社会合作机制,进而在社会经济环境和人口年龄结构都发生深刻变化的时代背景下,维系基于社会合作的老龄化应对机制的持续健康运行,从而兑现面向老年人的权利承诺并促进社会代际团结。

本书主张,积极应对人口老龄化国家战略的顺利实施离不开老年法治的发展。而生命历程可以为老年法的研究与实践提供可行的新视角。生命历程视角有助于我们更加深刻地认识“年龄”的法律意义,避免基于年龄界分的老年法律主体构建“内化”年龄歧视观念的同时串联老年法治中的人权与发展两大关键问题。同时,此种视角有助于我们更全面地揭示老年法治体系运作的主体和内容,摆脱“就老年人论老年问题”的窠臼,通过吸纳其他年龄段主体的方式提高机制效能,同时为全面的社会动员和公平的代际合作奠定理论基础。最后,本书建议,在老年法治体系建设和老年法学术研究中吸纳生命历程视角,可以学习其他特定群体权利保障的经验,推动“年龄”要素在相关讨论中的“主流化”。

第一章　老年法的价值目标与制度逻辑

老年法常常被理解为由老龄化和老年人这对互为因果的范畴所连接的一系列法律规范的统称。老龄化既是人类个体从成年进入老年阶段不可避免的生命过程,也往往被认为会带来能力减退的风险并导向弱势甚至是悲惨的处境。人们在对抗和扭转老龄化过程之负面影响的实践过程中发展出健康老龄化、生产性老龄化等老龄观念,而这些观念、理念和原则又反过来影响老龄法律实践。孕育于世界人口老龄化浪潮的积极老龄观理念,反映了关于老龄化发生过程、影响因素以及可能结果的最新认知成果,已经成为人口老龄化应对议题的国际共识。积极老龄化的观念联通了人口老龄化背景下的人权保障与社会发展两大议题,昭示了中国老年法治发展的价值目标,而其关于人类老龄化过程的科学认知也揭示了老年法治的制度逻辑。

第一节　积极老龄化过程中的人权保障:老年法的价值目标

老龄化形容的是人类个人随时间流逝而发生的身心变化以及此种变化导致的社会后果。老龄化是普遍的人类命运,是内在的生理变化与外在的环境影响相结合的过程。科学研究已经证实,人类的身体及其组成部分将随着年龄增长而不可避免地发生退行性变化,带来更高的疾病风险和身体机能的减退,以及社会层面的排斥与边缘化后果。而排斥和边缘化的社会处境又往往造成身心健康的进一步损害,形成能力弱势与不利处境的恶性循环。但是,老龄化进程受社会环境深刻影响的事实也蕴含着透过有组织的社会行动推动老龄生命阶段健康改善、潜能激发、价值实现的可能性。

2021 年《"十四五"国家老龄事业发展和养老服务体系规划》明确要求把"积极老龄观、健康老龄化理念融入经济社会发展全过程"。作为 21 世纪人类老龄化过程的理想蓝图,个人实现积极老龄化已经成为我国实施积极应对人口老龄化战略的关键内容,也是人在整个生命过程中充分享有所有人权的应有之义。当代老龄法律规范应以积极老龄化为目标,创造有利于健康维持、功能发挥和社会参与的环境,尽可能地确保个人在老龄化过程中以平等、能动和有价值的姿态参与多方面的社会生活。

一、生理老龄化与老龄健康维持

老龄化首先是个生理过程,意味着人的身体及其组成部分随着年龄增长而发生退行性变化。人们很早便观察到人类个体在年龄增长到特定阶段后的外貌、体能和身体功能具有特定规律的变化。汉代许慎在《说文解字》中阐释"老,考也,七十曰老。从人、毛、匕、言须发变白也"[①]。近代学者考证,"老"字在古代汉语中呈现"长发老人佝偻其背,手中扶杖之形"[②]。古人以"鲐背"形容长寿老人,便是借老年人脊背生皱纹的外貌特征。《黄帝内经·素问》记载:"丈夫八岁,肾气实,发长齿更……七八肝气衰,筋不能动,天癸竭,精少,肾脏衰,形体皆极。"[③]此句中"七八"即五十六岁,意思为人到五十六岁,不仅气血衰竭体能减弱,也会逐步丧失生殖能力。在欧洲中世纪的医学著作中,衰老意味着"头发变得苍白、皮肤起皱纹、炎症、感官损害、血液和精神减退、运动无力"[④]。20 世纪医学领域的新进展让人们更加清晰地认识到生物有机体老龄化——衰老(senescence),并从细胞、基因变化等自然生理因素角度进行解释。人类开始尝试运用科学和理性的手段干预衰老的生理后果,并取得了相当的成就——人均预期寿命普遍延长以至于老年人口比例以史无前例的速率增长。

(一)生理老龄化过程中的健康风险

在医学或生物学的理论中,衰老往往被定义为积累的、普遍的、进行的、内在

---

① 许慎:《说文解字》,中华书局 1963 年版,第 173 页。

② 董莲池:《说文部首形义通释》,东北师范大学出版社 2000 年版,第 223 页。

③ 王冰注:《黄帝内经·素问》,四部丛刊景明翻北宋本,第 26 页。

④ Shulamith Shahar, *Growing Old in the Middle Ages "Winter Clothes Us in Shadow and Pain"*, Routledge, 1997, p. 90.

的、有害的功能和结构变化，这种变化始于生殖成熟而终于死亡。[①] 一般认为，生理老龄化的过程源于人的生物性本质，但尚不知晓到底是何种生理因素对衰老进程有着决定性的影响。比如，衰老的进化理论（Evolutionary Theory）从遗传物质的角度理解衰老自然现象，认为自然选择的法则已经确定将宝贵的能量用于繁衍而非延续个人生命长度更有利于物种的存续，故而在此种基因信息的影响下，个人在度过最佳生育年龄后，体内的自由基、生物钟等影响生理机能的关键要素会按照"设定好的程序"产生变化，减少对维生机能的支持甚至引起直接的细胞损伤，从而造成健康或者功能层面的损害。关于衰老的随机损伤理论（Stochastic Damage Theory）则认为人体在生活过程中会不可避免地遭遇细胞层面的损伤与消耗，而随着年龄增长，经由代谢和修复所能弥补的损耗越来越少，从而影响生理机能的发挥，其结果同样是功能减退以及死亡。细胞衰老理论（Cellular Senescence Theory）认为人体部分细胞随着年龄增长而减缓增殖甚至停止增殖，最终导致身体器官发生退行性变化。炎症理论（Inflammaging Theory）则将随年龄增长而发生的免疫细胞损耗和促炎介质增加作为老年疾病等一系列不良后果的主要原因。2014 年，美国国立卫生研究院召开的老年科学（geroscience）大会确定了七种与生物意义上的衰老存在密切联系的因素，包括应激适应、表观遗传因子、炎症、大分子损伤、代谢损耗、蛋白质稳态、干细胞再生。[②] 每个因素都可以部分解释衰老的生物过程，而不同因素之间的相互联系和互相作用开始引起关注。衰老的过程可能既和先天的基因有关，也受到肌体细胞自然损耗的影响，而且两种衰老的机制也会互相影响，共同促成呈现在大众眼中的种种衰老表现。正如学者在会议的总结性发言上指出，基于单个因素来研究生理老龄化机制的时代将一去而不复返。[③]

鉴于目前的医学、生物学研究进展，生理老龄化带来的健康风险可以从单向

---

① 关于衰老的生物学研究综述可进一步参见 Caleb E. Finch, *The Biology of Human Longevity: Inflammation, Nutrition, and Aging in the Evolution of Lifespans*, Elsevier Science, 2014; Robert Arking, *The Biology of Aging Observations and Principles*, Oxford University Press, 2006；邬沧萍、姜向群主编：《老年学概论》（第 3 版），中国人民大学出版社 2015 年版，第 52 ~ 61 页。

② See Brian K. Kennedy et al., *Geroscience: Linking Aging to Chronic Disease*, Cell, Vol. 159, p. 709 – 713 (2014).

③ See Vern L. Bengtson & Richard A. Settersten, *Handbook of Theories of Aging*, Springer Publishing, 2016, p. 142.

性和多样性两个方面来理解:就单向性而言,生理老龄化所带来的结果往往是负面的。随着年龄增长,个人将不得不面对能力下降的事实以及更高的疾病和失能风险。调查统计数据显示,我国60岁以上人群普遍面临传染病易感,多种慢性疾病共存,营养不足以及较高的失能、失智等疾病风险。① 特别是高龄老人,往往出现"老年综合征"的复合性生理变化,面临更高的跌倒、谵妄、认知障碍、压疮、失能及死亡等不良结局风险。② 疾病与失能不仅代表对健康乃至生命的威胁或风险,更意味着更高的医疗护理服务需求、社会隔绝的可能性以及严重的经济负担,导致对人权的全方位影响。就多样性而言,生理老龄化过程受到多种因素影响,老龄化与疾病发生和身体障碍是相关但不同的过程。③ 老龄化进程带来的身体变化有着遗传学方面的原因,也受到个人所处的环境(比如空气污染程度)、人生经历(比如从事体力或脑力劳动)、生活习惯(比如是否抽烟)以及所能享受的医疗护理资源等因素的影响。④

可以说,老龄化导致的身体功能衰退发生的时间节点和发展趋势并非固定或线性发生,并不存在"标准化的老年人"。⑤ 以年龄为基准的个体健康状况、生理机能和心理状况判断,并不具有决定性的科学依据。更重要的是,生理老龄化与健康风险的联系容易在传播的过程中遭到误读,从而导向老龄化等同于脆弱、无能、依赖的刻板印象。老年人常常被认为是"阿尔兹海默症"或"痴呆症"的患者,听力方面的能力减退被误解为精神障碍;人的能力受到基于刻板印象的否定评价,老年人被片面地认为无法胜任生产性工作、缺乏生活自理功能或不能参加社会交往活动,而丧失平等参与社会生活的机会,甚至被限定在护理院和病床上

---

① 参见施小明:《新形势下我国老年人口面临的主要公共卫生挑战》,载《中华医学杂志》2021年第44期。

② 参见马丽娜、陈彪:《老年人衰弱综合征的研究现状及发展趋势》,载《中华老年医学杂志》2020年第4期。

③ See Robert Arking, *The Biology of Aging Observations and Principles*, Oxford University Press, 2006, p. 13.

④ 参见联合国经济与社会事务司:《老年人的健康不平等》,载联合国网,https://www.un.org/development/desa/ageing/wp-content/uploads/sites/24/2018/04/Health-Inequalities-in-Old-Age.pdf。

⑤ 参见世界卫生组织:《关于老龄化与健康的全球报告》,世界卫生组织2016年版,第53~57页。

度过余生等。[①] 基于刻板印象的老龄化应对措施，往往引发焦虑、抑郁的情绪，既不利于个人身心健康，也会事实上构成歧视与权利剥夺。典型的例子是，老年与疾病的联系使得由照护或医疗机构提供的全天候照护服务曾被认为是最高效的老龄化健康危机应对方式。因其既可以提供专业化的健康维持和及时的医疗干预，也有利于提高医疗和照护资源的利用效率。但研究表明，此种"机构化"的照护服务模式事实上剥夺了老年人参与社会交往的机会，可能带来持久的心理健康危机。而且社会关系的减弱和参与机会的被剥夺可能造成老年人生活自主能力的减弱，带来更大的侵权风险。因此，生理老龄化过程中的健康风险及人权影响，并非单纯由"年龄增长"的事实所决定，而是很大程度上取决于老龄化的过程是否受到科学有效的准备和应对。由改善的生活环境、科学的健康教育、全面的服务供给构成的整体性方案能够降低疾病发生风险并在整个生命过程中维持人类生理功能的发挥，进而最大限度地延长"健康"的生命历程。此外，我们也应当改变将老年等同于"不健康"和"失能"的刻板印象，而从个人与环境的互动视角审视生理老龄化的过程。其原因在于，"不健康"和"失能"的老年生活可能源自生理衰老过程，但也是恶劣生活条件、错误观念和健康服务不足等社会因素影响之直接后果。

(二)应对生理衰老的健康老龄化理念

医学、生物学角度的研究揭示了生理老龄化带来的不可避免的健康风险，但又反过来帮助人们探索出各种促进和维系"健康且积极"的老年生活的道路。或许世界卫生组织提出的"健康老龄化"框架并非老年生活的最佳理想，但对于我们思考意欲实现的老龄化依然大有裨益。

世界卫生组织在1990年提出健康老龄化的概念，而在2002年发布的《积极老龄化：政策框架》要求从"健康"、"参与"和"保障"三个方面采取行动。[②] 其2015年发布的《关于老龄化与健康的全球报告》则进一步阐明了构建促进健康老龄化的公共卫生体系的战略，包括：提供可负担、可获得和高质量的医疗卫生

---

① See Alison Kesby, *Narratives of Aging and the Human Rights of Older Persons*, Human Rights Review, Vol. 18, p. 371 – 393. 当然，这并不意味着否认个人在老龄化过程中对于医疗服务、照护服务的需求，而是指出老年生活绝非由疾病与残疾所定义。

② 参见世界卫生组织编：《积极老龄化：政策框架》，中国老龄协会译，华龄出版社2003年版，第49 ~ 57页。

服务,以在整个生命过程中降低疾病的风险和影响;构建长期照护网络,以支持能力强化和保障尊严和自主性的晚年生活;构建有助于健康维护和减少行动障碍的生活环境;等等。① 这些前瞻性战略要求构成了 2016 年第 69 届世界卫生大会通过的《老龄化与健康全球战略和行动计划》的核心内容。②

世界卫生组织将健康老龄化界定为"发展和维护老年健康生活所需的功能发挥的过程",包含"内在能力"、"功能发挥"和"环境"三个核心概念。内在能力是指"个人在任何时候都能动用的全部身体机能和脑力的组合",显示了个人的综合健康水平。③ 内在能力受到多方面因素的影响,包括出生时遗传基因的外在表达,关乎年龄的普遍发展趋势,以及在生命历程中暴露风险的累积结果,等等。功能发挥则代表个人如何运用内在能力,以达成他们所珍视的事情,比如保障自主性的生活、维持并发展人际关系等。人们能否实现功能的有效发挥取决于更为复杂的因素,包括内在能力的存量、物理层面的生活环境以及所能获得的各类资源。④ 健康老龄化的评估框架显示,生理老龄化的过程和表现受到现实环境的深刻影响,也因每个人的毕生特质和生命历程而不同,并不存在"标准"的老龄化进程表和以年龄界定的"标准"老年人。⑤

就人权保障的议题而言,健康老龄化的理想图景有两个方面的意义。

一方面,健康老龄化或者其他的关于老龄化与健康的理论有助于确定每个人在老年生命阶段"享有可达到的最高健康标准的权利"的具体内容和行动方案。《经济、社会及文化权利国际公约》第 12 条所规定的"享有可达到的最高健康标准的权利"同样适用于老年人。⑥ 正如经济、社会及文化权利委员会发布的一般性意见指出,"可达到的最高健康标准"并非达到某种不计年龄的"完美"的健康状态或者"没有疾病",而是确保每个人得以获得维系健康标准所必需的"设

---

① 参见世界卫生组织:《关于老龄化与健康的全球报告》,世界卫生组织 2016 年版,第 53 ~ 57 页。

② 参见第 69 届世界卫生大会:《2016—2020 年老龄化与健康全球战略和行动计划:建设每个人都能健康长寿的世界》,世界卫生组织,WHA69.3,载 https://apps.who.int/iris/handle/10665/254159。

③ 参见世界卫生组织:《关于老龄化与健康的全球报告》,世界卫生组织 2016 年版,第 28 页。

④ 参见世界卫生组织:《关于老龄化与健康的全球报告》,世界卫生组织 2016 年版,第 53 ~ 57 页。

⑤ See WHO, *10 Facts on Ageing and Health*, World Health Organization, https://www.who.int/news-room/fact-sheets/detail/10-facts-on-ageing-and-health.

⑥ 《经济、社会及文化权利国际公约》第 12 条规定,该公约缔约各国承认人人有权享有能达到的最高的体质和心理健康的标准。同时,第 12 条第 2 款明确了更为具体的义务,包括生育保健、改善环境、疾病防控以及保障医疗服务供给等方面。

施、商品、服务和条件”。[①] 从“健康老龄化”的角度来理解，此类“设施、商品、服务和条件”应当足以应对衰老的生物和社会进程所带来的健康影响，或至少尽可能避免老龄化带来的不利健康后果。从经济、社会及文化权利委员会发布的一般性意见以及其他成果性文件来看，内在能力和外在功能随着老龄化过程的变化趋势已经成为相关战略的重要基础，而基于“预防、治疗和康复”的综合性方针也成为许多国家老年公共卫生体系建设的主要方针。最大限度地维持老年生命阶段的健康已经成为“理想老龄化”的重要目标。

另一方面，个人在老年生命阶段的生理机能表现应该成为老龄政策与法律的后果而非前提。老龄化过程及其具体表现的是非线性和多样化本质，意味着个人因衰老而发生身心变化仅仅与日历年龄——表征衰老进程的时间单位有松散的联系。“仅用日历年龄作为衰老的标志很可能是不准确的。”[②]这意味着基于年龄的个人生理条件评估事实上缺乏足够的医学理由支撑。以年龄为基础的健康卫生政策可能无法反映老年人的真实需求，甚至可能构成对老年人的年龄歧视而反过来损害老年人的身心健康。以年龄为基准的个人能力的否定性判断亦存在歧视和不公正的可能性。更进一步而言，如《关于老龄化与健康的全球报告》图表所示，以衰老为因的伤残状况是缺乏质量之生活的后果，是健康权利未能得到充分实现的结果。即使以年龄为基准的剥夺或限制个人资格的实践确有正当考量，也应当同时成为主张健康相关公共服务和政策待遇的理由。制定关于年龄和老龄化的公共政策时，应当在充分调查数据的基础上充分关注个人的多样性，重视健康利益与个人选择权间的平衡。

二、社会老龄化与老年社会参与

古希腊哲人亚里士多德认为，生活经历带来的更多的经验使年长者更加依赖经验而非想象进行思考和判断，而关于日益逼近的死亡和无常命运的负面体

---

① 经济、社会及文化权利委员会第 14 号一般性意见《享有能达到的最高健康标准的权利》(E/C.12/1999/5)，参见《各人权条约机构通过的一般性意见和一般性建议汇编》，HRI/GEN/1/Rev. 9(Vol. 1)，27 May 2008.

② 邬沧萍、姜向群主编：《老年学概论》(第 3 版)，中国人民大学出版社 2015 年版，第 55 页。

验让年长的人更为“悲观”“自私”“无耻”且追求着“不切实际的东西”。[①] 与之相反,古罗马人西塞罗则将该过程描述为知识增长、经验日益充足并且心态走向圆满的过程,并援引大量的例子说明年龄增长带来的各种负面影响是完全可以克服的。年龄增长更像是每个人生命中必然面对的挑战,固然带来这样那样的威胁,但也是生命价值得以实现的关键时期。[②] 两位哲人的表述某种意义上展示了人类关于年龄增长的矛盾态度。

(一)社会老龄化诸理论的边缘化共识

老龄化过程带来的心理变化或许可以从生物学角度进行解释,但对于老年人认知结构、行为方式和社会地位的不同观念则需要从特定的社会环境下个人与社会互动的角度进行解释。20 世纪中叶,社会学、人口学、经济学领域的研究者开始关注个人在衰老过程中所发生的角色、关系、地位之变化,旨在从社会科学的角度揭示人类老龄化过程的社会因素、表现形式及其结果。经过近一个世纪的发展,人们已经归纳出关于社会中的人何以成为“老年人”的许多理论,包括脱离理论(Disengagement Theory)、活跃理论(Activity Theory)、连续性理论(Continuity Theory)、标签理论(Labeling Theory)、社会交换理论(Social Exchange Theory)等。这些理论的视角不同、方法各异,但有着相似的逻辑:年龄增长既意味着生理层面的变化,也伴随着社会关系消亡、身份丧失、地位下降等社会事件,进而导致个人在社会层面的边缘化、受排斥等不利后果。老年人可以借由旅游康养、社区文体、公益志愿等方面的活动实现有价值的社会参与来重新融入社会,从而扭转老龄化的负面影响。

1. 脱离理论

1961 年卡明(Cumming)和亨利(William E. Henry)基于美国堪萨斯城的调研访谈结果提出了老龄化的脱离理论。[③] 该理论将社会层面的老龄化描述为个人与社会逐渐脱离的过程。他们归纳了当时社会中普遍发生的伴随衰老过程的事件,包括退休、搬家、配偶或亲友逝世等,并指出此类事件将不可避免地导致人

---

① 参见[古希腊]亚里士多德:《修辞学》,蓝纯、高秀平、王强译,外语教学与研究出版社 2011 年版,第 225 ~ 231 页。

② 参见[古罗马]西塞罗:《论老年　论友谊　论责任》,徐奕春译,商务印书馆 2017 年版。

③ See Elaine Cumming & William E. Henry, *Growing Old, the Process of Disengagement*, Basic Books, 1961.

际交往频次减少和性质变化，从而使老年人逐渐从旧有的社会关系中“脱离”。虽然“脱离”的概念在今天看来可能较为消极，但他们认为“脱离”是个人从成年生命阶段转向老年生命阶段所必须经历的正常阶段。“脱离”以及相关的事件能让老年人从不符合其身心状况的欲望和期待中解脱出来，提高对于生活的满意程度并从心理上接纳无可回避的衰老与死亡，也有助于其亲朋好友等与之有社会关系的人就此做好准备。而对整个社会而言，老年人的“脱离”是一种自然的“新陈代谢”，可以让老年社会成员让渡出机会和资源，让年轻的社会成员及早适应相应的工作职责和社会身份。

脱离理论几乎在刚刚面世时就引发了广泛的批评。脱离理论中的人被视为实现某种社会目标的工具。关于“脱离”的积极意义似乎可以解释为：人类个体因为衰老而无法发挥出原本的价值之时就应该自觉地前往无人问津的角落自生自灭。同时，其结论也并不符合更大范围的调查结果以及多数人的常识。许多老年人表示对“脱离”于社会的老年生活并不满意，更不甘心仅仅因为年龄增长就远离工作岗位、降低生活品质或放弃追寻自己的愿望。[①] 脱离理论虽然并未描绘社会老龄化过程的全貌，但依然揭示了个人在老龄化过程中总会因为种种社会事件而不得不面临人际关系、社会地位的深刻变化。如果未能得到周边环境的支持和介入，这种变化最终会导向与现有社会的“脱离”和“边缘化”。

2. 活跃理论

伯吉斯(Ernest W. Burgess)用“无角色的角色”(role-less role of the aged)的概念来描述美国工业化进程中老年人地位和处境的变化。他指出，城市中的工人因退休制度被“请离”就业岗位后就被强行嵌入“老年人”这个无社会意义的“无角色的角色”之中而遭到系统性的社会歧视。[②] 以他的研究成果为基础，哈维格斯(Robert J. Havighurst)针对生活满意程度和社会活跃度的关系进行了实证调查。调查结果显示，个人对老年生活的满意度与其在老龄化过程中的社会参与程度呈现高度正向关联。他借此提出了与脱离理论几乎是针锋相对的活跃理论：脱离于社会的老年社会往往让人失望，而维持生产性角色和积极参与社会活

---

① See Vern L. Bengtson & Richard A. Settersten, *Handbook of Theories of Aging*, Springer Publishing, 2016, p. 103.

② See Ernest W. Burgess, *Aging in Western Culture*, in E. W. Burgess, ed., Aging in Western Societies, University of Chicago Press, 1960, p. 3 – 38.

动,更有助于提升个人在老年生命阶段的幸福感和生活水平。[①] 哈维格斯进一步提出"成功老龄化"理论的早期模型。"成功的老年化"意味着老年人能够保持对当下生活的满足感和幸福感,而这需要兼职工作、公益活动等积极广泛的社会参与以及维持与中年生活方式的联系来实现。[②]

毫无疑问,活跃理论影响了后续的社会老年学研究以及大量关于老年人的社会政策实践。"保持活跃"(keep active)成为20世纪60年代与追求更理想的老年生活相关的社会活动中的重要口号。积极的社会参与依然是国际社会老龄化相关战略构想的重要内容。

3. 连续性理论

老龄化的连续性理论与活跃理论一脉相承的同时又对其部分论断提出挑战。连续性理论假设人类存在某种心理层面的"惯性"和依赖性。每个人都试图在年龄增长的过程中维持"习惯"的行为模式和生活方式,或是寻找尽可能类似的替代方式以维持个人与环境互动的独特方式。换句话说,人的个性在成年后便保持基本稳定,对生活是否满意取决于目前的活动或生活方式是否与个人的长期生活经历保持一致。[③] 因此,理想的老龄化的目标是使人们能够继续从事与成年时期相类似或相关联的活动,以维系生活经验、生活方式以及意识形态领域的长期稳定。比如汽车工人会在退休后以继续从事汽修服务工作等方式维系与职业生涯的联系,即便此种工作并不能带来足够的经济效益或有价值的发展前景。

连续性理论揭示了老龄化过程的多样性和异质性。由于生命轨迹的差异,每个人适应老龄生活的过程和方式也不相同,公益服务、社区活动、文旅康养、宗教生活等预想中的理想老年生活并非适用于每个人。而且,连续性理论也认识到过往生命经历对老年生活的影响。老年生命阶段并非隔绝于前面生命历程的孤立阶段,而是深受其影响甚至由其所塑造。

4. 标签理论

老龄化的标签理论建立在符号互动论模型之上,强调人们会在与所处社会

---

① See Robert J. Havighurst & Ruth E. Albrecht, *Older People*, Longmans, Green, 1953.

② See Robert J. Havighurst, *Successful Aging*, The Gerontologist, Vol. 1, p. 4-7(1961).

③ 参见[美]霍曼、[美]基亚克:《社会老年学:多学科的视角》,周云等译,中国人口出版社2007年版,第319页。

环境互动的过程中形成自我认同的“标签”,并用标签所代表的特征解释和指导自己的行为。本特森(Bengtson)提出的社会竞争力与崩溃模型(social competence/breakdown model of aging)很大程度上继承了罗伯特·莱默特(Robert Lemert)之标签理论的研究视角,主张老年人在与他人的互动过程中产生自我认知的“标签”,并积极主动地按照“标签”所代表的行为准则行事。该模型在此基础上构建了个人在衰老过程中的“崩溃循环”。循环的起点是衰老的生物过程而引发的健康危机、退休退职带来的收入下降、伴侣死亡带来的人际关系脱离等事件。而此类事件也带来角色和地位的丧失,导致孤独、抑郁和心理压力,从而强化个体对家庭、养老机构等社会支持体系的依赖。如果个人在与前述机构互动的过程中获得并强化由依赖、失能定义的身份“标签”,那么便会日益按照标签所塑造的“无能”准则行动,导致情绪危机和能力萎缩。而能力萎缩又会继续强化个体对机构的依赖,进而形成另一轮恶性循环的起点。① 因此,破除恶性循环的关键便在于积极、能动的“标签”塑造,而这很大程度上也来源于独立、自主和能动的社会参与。

此种模型综合了前三种理论的观点,承认老龄化过程中“脱离”对个人的影响,并强调通过社会支持促进个人在自主基础上的社会参与,以扭转充满负面意味的社会老龄化过程。同时,该理论更为关注个人在参与过程中的主观心理状态。社会参与的客观事实状态固然重要,但个人在此过程中积极、主动、自主、能动的感受和心理更为关键。

5. 社会交换理论

社会交换理论采用了一种更具经济学色彩的视角,假设每个人与社会环境的互动是基于经济效益的理性考虑的结果,而个人的社会地位取决于其与社会环境互动时所能够付出和意欲得到的资源之比。② 如果个人能够实现付出与回报的平衡,那么此种“积极的社会交换”便会稳定持续,而如果付出与回报不成比

---

① See Jim A. Kuypers & Vern L. Bengtson, *Social Breakdown and Competence: A Model of Normal Aging*, Human Development, Vol. 9, p. 345 – 58 (1973); Vern L. Bengtson & Jim A. Kuypers, *Toward Competence in the Older Family*, in T. H. Brubaker, ed., Family Relationships in Later Life, Sage, 1984, p. 211 – 228.

② See James J. Dowd, *Aging as Exchange: A Preface to Theory*, Journal of Gerontology, Vol. 30, p. 584 – 594(1975); James J. Dowd, *Stratification Among the Aged*, Brooks/Cole, 1980. 转引自[美]霍曼、[美]基亚克:《社会老年学:多学科的视角》,周云等译,中国人口出版社 2007 年版,第 323 页。

例,那么交换就会因主观或客观原因而中断。在“经济学霸权”的年代,社会交换理论可以用来解释许多与老龄化相关的社会现象,比如退休、养老金与人力资本周期模型的关系。同样,理想的老龄化意味着积极的社会交换的稳定维系,而这就需要个人在整个生命历程内积累用以维持交换的社会资源。

总而言之,社会老龄化是内在的生理老龄化和外在的社会环境深刻互动的结果。个人在老龄化过程中的生理变化影响着个人与社会互动的方式,同时也是老龄化的个人在特定社会环境下遭遇的结果。从宏观视角来看,社会关于衰老与年龄的文化认知、与年龄相关的行为规范以及科学技术等社会发展状况,对个人迈向老年过程中的生命体验有着深刻的影响。从微观视角来看,个人在与社会互动的过程中展现出的对相关态度、认知与行为规范的内化、选择、偏离甚至反抗态势,反映了人类个体对于改变自身命运的主观能动性。同时,个人与社会互动的结果又通过个人的情感、心理以及个人所需社会资源的可及性反过来影响着身心健康的维系。长期以来,社会老龄化的过程表现为个人逐渐从生产性角色和现有社会关系中“脱离”并日渐“边缘化”,不仅塑造了负担、累赘的老年刻板印象,也造成了老年贫困、老年虐待等一系列社会问题。

(二)扭转边缘化处境的生产性老龄化理念

追求更理想之老年生活的社会行动也以活跃理论、连续性理论等老年社会学成果为指导,强调营造有利于社会参与的环境,通过系列举措推动人们迈向更具“生产力”和“成功”意味的老龄化进程。

1. 成功老龄化

生理老龄化带来的机能衰退和健康风险被认为是老年人“脱离”社会的重要原因,而美国学者罗威(John Rowe)和科恩则从相反的方向阐释成功老龄化(successful aging)的概念。成功老龄化是指“由于外在心理和社会因素的积极干预,个人的各方面功能并未因老龄化过程而受到严重损失,进而能够尽可能保持良好的身心平衡和生命活力,并在社会参与中逐步实现自我”①。其概念包含三个相互交叉的方面,即“降低疾病和残疾的发生率”、“推动积极地参与生活”以

① John W. Rowe & Robert L. Kahn, *Human Aging: Usual and Successful*, Science, Vol. 237, p. 143 – 149(1987). 转引自张旭升、林卡:《“成功老龄化”理念及其政策含义》,载《社会科学战线》2015 年第 2 期。

及“尽可能维持认知等身体功能”。[①] 成功老龄化的价值不仅在于其揭示了个人健康层面的老龄化过程迈向更加积极的方向的可能性，更表现在其对“持续参与生产和社会活动”的强调。在成功老龄化的概念框架中，“参与”包括“维持社交联系”和“参与生产性活动”两个方面。“生产性活动”被解释为包括有偿的雇佣劳动和无偿的志愿服务和家事劳动。正如他们强调，美国的老年人在55岁以后虽然参加有偿工作的时间急剧下降，但参加社区志愿服务的时间达到顶峰，而且如果考虑到对于家庭成员的非正式支持，这种积极的参与能够持续到更晚的年龄(75岁)。[②] 这种将志愿服务、家事劳动与经济贡献相联系的看法和《马德里老龄问题国际行动计划》《经济、社会及文化权利国际公约》中关于社会参与的描述相当接近，某种程度上反映了观念层面的联系。[③]

成功老龄化的观念某种程度上受到了活跃理论的影响，注重从个人的社会参与和社会贡献角度衡量老(龄)化的过程，并强调积极的参与对于老年人身心健康的意义。但成功老龄化对于老年人社会参与的观念也受到诸多批判。成功老龄化中的“参与”似乎是工具性的，是“应对衰老之病理作用”的“药方”。显而易见的是，成功老龄化的理念十分强调个人在老龄化过程中的健康问题。“免受疾病困扰”和“维持功能发挥”本身关乎健康问题，而“积极的生活参与”的主要目的也是提高个人的生活品质和促进身心健康。成功老龄化理念依然视老龄化为一个医学问题，而评估“成功”与否的指标、标准和测算工具在很大程度上以个人身心状态为中心。[④] 此外，成功老龄化的概念似乎塑造了一种新的歧视类型，即“成功”的老年人和“失败”的老年人。有学者指出，“运用‘成功’去衡量老龄化过程会不可避免地导致结构性的社会分层，进而人为地在‘成功’和‘不成功’以及‘正常’和‘不正常’的老年人群间制造出新的不平等”[⑤]。在这种语境下，那些缺乏资源和渠道实现成功老龄化所描述之参与的老年人，可能会遭受加倍的

---

① See John W. Rowe & Robert L. Kahn, *Successful Aging*, The Gerontologist, Vol. 37, p. 433 – 440 (1997).

② See John W. Rowe & Robert L. Kahn, *Successful Aging*, The Gerontologist, Vol. 37, p. 440(1997).

③ 参见刘远：《以人权为基础的老年人社会参与：理念更新和行动方案》，载《人权》2022年第6期。

④ 参见张旭升、林卡：《“成功老龄化”理念及其政策含义》，载《社会科学战线》2015年第2期。

⑤ 熊波：《老龄化如何成功？——国外成功老龄化研究的取向与评述》，载《国外社会科学》2018年第2期。

偏见和自我否定。[1] 更何况这种"成功"的参与还是从老年人对家庭、社区的贡献角度来衡量的。这意味着追求成功老龄化成为新的社会规范,而个人对于老龄生活的自主意愿和独立选择则未能引起足够的重视。

2. 生产性老龄化

巴特勒(Robert N. Butler)在 1983 年提出了生产性老龄化(productive aging)的概念,以对抗将老年人视为无价值的社会负担的看法。生产性老龄化的理念在提出评价老年人能力与潜力相关标准的同时还倡导要为老年人参与社会生活提供机会和便利。该理念强调日益增长的老年人群所拥有的才能与智慧已经成为"没有得到充分利用的社会资产",需要通过提供"有报酬的或无报酬的商品生产及服务供给的活动"支持老年人实现自身价值。[2] 可采用的方案包括:加强与重返社会相关的宣传教育,帮助老年人群认识到自己对于社区所能作出的贡献;调整就业和退休政策,开设志愿项目提供广泛的贡献机会,让老年人也能参与到生产性活动之中;营造适合老年人活动的社会环境,通过维持社会参与过程中的安全和平等待遇降低阻力;等等。

相较于成功老龄化理念,生产性老龄化更加强调老年人对于社会的价值与贡献。其基本观念在于,个人与社会环境交互的方式受外部环境和个人生命历程的不同发展阶段的特征的综合影响。老龄生命阶段的社会成员也有着为社会作出贡献的潜力,并且能够在倡导和支持下充分发挥此种潜力而作出生产性贡献。生产性老龄化的倡导者亦认同老年人参与互助组织、志愿服务等有助于降低自身的脆弱性和提高健康水平,但这也是从老年人对家庭和社会的间接贡献的角度理解的。健康的老年人可以让家庭成员从照护的责任中解放出来重返生产角色,也能够降低社会医疗资源的压力。[3] 成功老龄化的理念否定将老年人视为依赖于福利与保护的传统观念,有助于在日益老龄化的社会正确地认识老年人与老年期。然而,其对于"贡献"的强调也孕育着风险。对于"生产"能力的片面强调可能导向将人视为"资本"载体的危险观念。一方面,老年人被迫重返工

---

① See Alison Kesby, *Narratives of Aging and the Human Rights of Older Persons*, Human Rights Review, Vol. 18, p. 381 (2017).

② 参见赵怀娟:《"生产性老龄化"的实践与启示》,载《安徽师范大学学报(人文社会科学版)》2010 年第 3 期。

③ 参见赵怀娟、朱艳松:《老龄化研究新视角及其政策因应》,载《中国老年学杂志》2012 年第 9 期。

作岗位,并因为工作表现而不得不面临更差的工作待遇,加剧老龄化带来的健康危机;另一方面,部分老年人可能因为潜力差距而遭受更加恶劣的评价和歧视性待遇。

三、积极老龄化与老年人权保障

21 世纪,人口老龄化已经成为世界各国最为显著的人口发展趋势,无论是发达国家还是发展中国家都无法摆脱其影响。为了应对“银发的浪潮”,人们致力于构思比健康老龄化、生产性老龄化更全面、系统且适应人口结构变化的理想的“老龄化”方案。2002 年,世界卫生组织健康发展中心出版了《积极老龄化:从论证到行动》报告。同年马德里举行的第二届老龄问题世界大会接纳了世界卫生组织的书面建议,将“积极老龄化”的概念与理念载入《马德里老龄问题国际行动计划》及其《政治宣言》。如今,积极老龄化已经成为各国老龄政策的重要组成部分,是 21 世纪应对人口老龄化的重要观念依据和战略方针。

(一)老龄化的理想蓝图

积极老龄化指老年时为了提高生活质量,使健康、参与和保障尽可能获得最佳机会的过程。具体而言,其意味着“容许人们在一生中能够发挥自己在物质、社会和精神方面的潜力,按照自己的需要、愿望和能力参与社会,在需要帮助时,能够获得充分的保护、安全和照料”①。积极老龄化吸收关于人类老龄化的医学、生物学、社会学理论成果,构建包含“健康”、“参与”与“保障”三大支柱的政策框架。

在健康维度,积极老龄化观念继承了健康老龄化关于老年期健康状况的认识成果,以全生命历程的视角构建“内在能力”和“功能发挥”框架。此种框架有助于人们更全面地理解老年期的健康状况,以消解将老龄化等同于残疾、失能等境遇的消极观念。其基本意蕴在于,虽然老龄化会不可避免地带来机能减退等内在能力的损害,但这并不意味着老年人丧失作出与自己相关的各种决定和参与社会生活并作出贡献的能力。问题的关键在于通过健康教育和服务供给减少环境中的负面因素,增加积极因素,老年人能够尽可能地维持健康和生活自理。

在参与维度,积极老龄化观念吸收了生产性老龄化的积极内容。“积极”的

① 世界卫生组织编:《积极老龄化:政策框架》,中国老龄协会译,华龄出版社 2003 年版,第 9 页。

参与被描述为“持续参与社会、经济、文化、精神和公民事务”。劳务市场、就业、教育、卫生及社会政策和项目根据个人的基本人权、能力、需要和喜好,支持老年人参与社会经济、文化和精神活动,通过收入性的和非收入性的活动,为社会继续作出建设性的贡献。① 相较于成功老龄化和生产性老龄化,该表述扩大了参与的范围,既包含有偿劳动,也包括志愿活动、家庭活动、宗教活动和兴趣活动等无偿劳动。可以说,老年人实现社会参与的方式已经与成年人没有区别。无论健康状况与才干能力如何,每个老年人都可以在社会的支持下对亲属、亲友、社区和国家作出积极贡献。

积极老龄化的以“保障”为第三支柱,要求政府“在政策和项目解决人们在年老过程中的社会、经济、人身安全上的保障需要和权利的同时,保障老年人在不能维持和保护自己的情况下受到保护、照料和有尊严。国家支持家庭和社区通过各种努力照料其老年成员”②。正如前文所述,健康老龄化、生产性老龄化虽然揭示了人类老龄化过程中较为“积极”的可能性,但也可能使部分能力、处境较差的老年人陷入更加恶劣的处境。必须承认的是,随着老龄化进程的推进,个人不可避免地迎接健康极端恶化乃至最后死亡的命运,也再难以通过参与实现社会贡献。“保障”支柱的内容旨在强调,关于老龄化的社会政策在激发老年人群的活力与潜力的同时,也要关注那些能力较差、贡献较低的老年人的处境,应当通过政府、社区和家庭的协同机制向处于弱势地位的老年人提供经济供养、生活照料等方面的支持,提高老年人在生命末期的生活质量,保障其基本的权利与尊严。

(二)基于人权的老龄化方案

2021年《“十四五”国家老龄事业发展和养老服务体系规划》明确要求把“积极老龄观、健康老龄化理念融入经济社会发展全过程”。积极老龄化既是中国人民积极应对人口老龄化浪潮可供借鉴的理念,也反映出中国对于每个人在整个生命过程中充分享有所有人权的关切。积极老龄化代表着一种基于人权的老龄观,致力于实现人口老龄化局势下社会发展与人权保障的协调统一。积极老龄

---

① 参见世界卫生组织编:《积极老龄化:政策框架》,中国老龄协会译,华龄出版社2003年版,第48页。

② 世界卫生组织编:《积极老龄化:政策框架》,中国老龄协会译,华龄出版社2003年版,第48页。

化要求相关战略方针、政策行动与法律制度必须以老年人享有全部人权为出发点和归宿，在政策、法律制定和执行过程中贯彻尊重尊严和自主的人权原则，以最大限度地促进每个人的自由全面发展。正如世界卫生组织指出：

> 积极老龄化的观点基于对老年人权利的承认以及联合国关于独立、参与、尊严、照料和自我实现的原则。它从"需求为基础"的政策和计划的观点（该观点设想老年人是消极对象），转为"权利为基础"的观点，承认在增龄过程中老年人有机会均等和处理生活各个方面的权利。它支持老年人有责任去锻炼他们的参政以及参与社区生活的其他方方面面。[①]

积极老龄化从人权的角度审视老龄化过程，力图扭转生理和社会老龄化过程对各个方面人权的负面影响。如前文所述，生理老龄化意味着不可避免的机能退化和更高的健康风险，决定着老年人"可达到的最高标准健康权"的内涵与保障方式。社会老龄化的结果往往是老年人不得不退出工作岗位、丧失社会联系，并导致其遭受歧视、虐待，这直接关系到老年人的平等权、就业权、教育权等基本权利以及人格尊严和人身自由能否得到保障。虽然同样致力于应对老龄化带来的风险与不利处境，但"以需求为基础"的方法将老年人视为消极被动的客体，以外部视角决定老年人所需要的资源、服务、设施和待遇，而无视老年主体自身的主观意愿，此种漠视本身便是对个人尊严与权利的侵犯。积极老龄化理念的要旨在于：要求国家、政府和社会采取有效措施，构建有利的设施、服务、制度和文化环境，支持所有的老年人在可行的范围内，根据其信念、偏好和人生目标自主地选择有利于健康维系的生活方式，在追求自身价值实现的同时发挥其社会价值。由此，老年人作为权利主体的自我决定的权利和能动地位得到充分尊重。更重要的是，积极老龄化从整个生命历程的角度看待老年人，承认并尊重年龄群体的多样性和差异性，要求消除基于年龄的刻板偏见所带来的负面影响和年龄歧视现象。

从内容上看，积极老龄化关于"健康"、"参与"和"保障"三大支柱的阐释基

---

① 世界卫生组织编：《积极老龄化：政策框架》，中国老龄协会译，华龄出版社2003年版，第11页。

本涵盖了最主要的人权范畴。“健康”维度的积极老龄化的目标在于延缓内在能力的下降趋势并且尽可能维系功能发挥。这便超越了单纯的免于病痛的内涵。从手段来看,实现“健康”目标所要求的措施不仅包括提供医疗卫生和健康护理等方面的服务与物资,还包括提供符合要求的食物、饮水、住房等生活条件以及保护老年人免受忽视、虐待和伤害。而“参与”也不仅意味着提供平等的参与机会,更追求实质的能力平等。其政策框架强调要提供支持老年人终身学习的教育、培训项目和政策,使老年人能够充分参与。① “保障”维度的目标则构成了老年人的“社会安全网”,致力于为那些内在能力严重减退,难以实现有效参与的老年人提供保护其基本权利和人格尊严的措施。同时,积极老龄化关于健康、参与、保障的综合叙述摆脱了片面强调公共卫生、社保负担和社会矛盾的叙事逻辑,转而以需求和权利的话语描述老龄化生命过程的各个关键问题。健康老龄化专注于个人在老龄化过程中的健康维系和功能发挥,而生产性老龄化则致力于为老龄化过程中的个人提供就业、教育和志愿服务方面的参与机会。人权不可分割、互相依存的本质决定了片面提供健康服务和参与机会并不能达成权利保障的目标。一方面,积极老龄化概念体系中的“参与”并非孤立、单向度的,而是与“健康”“保障”其他两大支柱的概念紧密相连,构成前后相继的积极老龄化过程。“健康”是“参与”的前提,只有“尽可能维系功能发挥”才能真正实现全面的参与。另一方面,“参与”所包含的人与人之间的交往互动,也被证实有助于维系老年人在语言表达、情绪感知等方面的身体功能,更是避免孤独、消极等非健康心理状态的必要条件。“保障”的维度不仅提供物质层面的基本措施,而且标定了维系人类尊严的基本条件。由此,三方面的政策目标既相互支持,又共同描述了人在生命晚期的理想图景——人之为人的尊严、需要得到满足,同时又能够尽己所能地为社会发展作出贡献。

积极老龄化致力于实现整体性的人权保障和社会可持续发展的协调统一。积极老龄化酝酿于关于人口老龄化的担忧与讨论之中,致力于为发达国家和发展中国家应对人口老龄化带来的挑战提供战略方向。从人权法理来看,社会发展与人权保障应当是协调统一的。首先,发展本身是一项人权。虽然依然存在

---

① 参见世界卫生组织编:《积极老龄化:政策框架》,中国老龄协会译,华龄出版社 2003 年版,第 54 页。

争议,但发展权作为首要基本人权的地位日益得到承认。发展权的主体既包括个人也包括集体。从这个意义上讲,中国日益增长的老年人群和全体中国人民对于发展权所代表的利益的追求在很大程度上是趋同甚至同构的。参与、促进社会发展既是积极老龄化的关键,也是老年人享有发展权利的重要内容。其次,积极老龄化的理念有助于提高老年人权利保障机制的运行效能。前述内容所提及的诸多理论已经表明,人类个体老龄化的过程受到生理、社会诸多因素的复合影响。以疾病预防和功能维系为目的的全生命历程下的健康管理策略,不仅运行效率更高,也更有助于实现可达到的最高健康标准。再次,多种渠道、不同形式的社会参与,有助于改善老年人的心理状态,在发挥老年人潜能与价值的同时亦有利于维持其身心健康和增强其面对风险的韧性。最后,积极老龄化有助于开发老龄人力资源,借由多种渠道的支持性方案,激活老年人群在生产、消费等多个方面的潜能,为老龄社会的可持续发展提供源源不断的内生动力,而这也是人权事业得以不断发展的力量源泉。

第二节　全生命历程的法律规制:老年法的制度逻辑

关于老龄化的认知贯穿人类社会的整体历史,家庭、宗教、政治等社会生活各个方面的社会实践塑造了“老年人”的概念。老年人,既是以年龄为界分的社会群体,也是生命历程的晚期阶段。作为年龄群体的老年人代表着老年生命阶段的“现在时”,因“老年”的共同特征和现有的社会环境而产生区别于其他年龄群体的优势和现实需求,需要通过针对老年群体的倾斜性资源配置和特别方案实现人权保障。同时,老年期是每个人都不得不为之做好准备的生命阶段。老年法也要为人们规划自己人生和实现积极老龄化提供制度方案。老年人能否享有全部人权,深受其老龄化过程的影响;而老年人实际享有所有人权,亦是积极老龄化的应有之义。以人权保障为共同目标,以全生命历程的法律规制为路径,“现在”的老年人和“未来”的老年人达成合作,共同致力于实现全社会的积极老龄化。

一、老年法是老年人权利的特别保障法

(一)老龄化过程的年龄尺度

根据《现代汉语词典》,年龄的通用释义是“人或动植物已经生存的年数”。年龄将“从出生时起算的存在时间”的事实与地球公转的自然现象相联系,形成了人类从时间维度来认知、度量和评估老龄化进程的重要尺度——时序年龄。年龄与老龄化的联系,使其成为评估个人生理和心理状态的客观标准。比如前文提及《黄帝内经》之记载,便是对特定日历年龄下个人生理状况的评价。后世学者亦提出了以个人的细胞、组织、器官系统、生理状态、生理功能所反映的各项生理活动指标来衡量老龄化过程的生理年龄概念。值得注意的是,生理年龄虽然致力于突破以日历年龄评估个人身心状态带来的模糊性,但以“年”“岁”为单位。生理年龄是以有机体衰老的科学结论为依据,以脉搏、肺活量、血压、体温、骨龄或生殖能力等维持生命的各项器官功能的测量结果为依据,与相应指标在“特定年龄”下的“标准状态”进行对比而得出的结论。① 生理年龄反映的是生活环境、生活习惯等因素的影响下个人生理老龄化进程与标准状态的“偏离”。同样地,学者们基于发展心理学、符号互动论等社会学理论,构建起衡量个人在特定环境下心理状态方面时序特征的心理年龄。经济学家亦根据数据调查与测算提出关于年龄与人力资本的“倒 U 形”曲线模型,为现代社会中个人与企业关于年龄的各种经济决策(如根据年龄的工资变化、退休时间选择培训对象等)提供理论依据。②

作为个人状态的度量工具,年龄也自然而然地成为社会分类标准,被赋予主观的社会意义。关于年龄的社会规范对维持社会秩序、促进社会合作以及分配社会资源有着非常重要的意义。③ 古代的法律文本中不乏以特定年龄为承担兵役、免除课税以及担任公职之要件的规定。比如,古罗马共和国颁布的《威流斯

---

① 参见李旭初、刘兴策主编:《新编老年学词典》,武汉大学出版社 2009 年版,第 107 页。

② 参见[美]理查德·A. 波斯纳:《衰老与老龄》,周云译,中国政法大学出版社 2002 年版,第 66 ~ 77 页。

③ 学者指出家庭、教育、就业、消费等方面的活动往往是基于年龄组织的,这种称为“年龄分层”的理论是老年学的重要进路。See Matilda White Riley, *On the Significance of Age in Sociology*, American Sociological Review, Vol. 52, p. 1 – 14(1987).

法》规定了公民担任保民官、执政官等官职的最低年龄，从而确定了公共政治生活的年龄秩序，此种制度设计也为中世纪意大利的诸共和国所继承。① 中国古代虽然没有明确担任国家官吏的最低年龄，但有“七十而致仕”的制度实践，并确立了“年长为尊”的“齿序”政治格局。② 年龄也在当代各国的法律制度中有着重要的地位。法律以年龄为标准创设主体类别——未成年人、成年人和老年人，并赋予其不同的权利和义务。比如，特定年龄的未成年人既享有接受公共财政支持的学校教育的权利，也承担必须接受此种学校教育的义务；特定的年龄是绝大多数国家的公民行使选举权和被选举权的必要条件，也构成其担任公职的条件或限制；年龄也是享受养老金和公共养老服务的其中一个条件。

因此，人们不仅用年龄评估社会成员的能力与状态，更用其确定社会成员的权利与义务。比如，老年之所以成为免除义务的要件，是因为社会普遍认同“过于年老的人”无法成为适格的劳动力、士兵或官吏，而与之相反，“过于年轻的人”被认为缺乏足够的经验、阅历和威望而难以胜任特定的公共职位。值得注意的是，由于老龄化过程的多样性，围绕年龄的评价、期待与行为规范往往并不精确，而是导向若干大致的年龄范围界分——比如成年与老年。

（二）由年龄界定的社会群体

所谓老年，可以理解为特定的社会环境中，根据文化、伦理、习惯、法律以及权力关系，以年代年龄为标准进行识别、确定和归类的生命历程的晚期阶段。如同性别和民族，老年也是基于特定的历史、文化背景而形成的社会构建，同时包含客观和主观两方面的意义。从客观的角度来看，老年的范畴以老龄化过程为基础，表现的是个人生命历程的阶段性特征。从主观的角度来看，老年的范畴又凸显了社会对特定年龄阶段所具有的生理、心理状态的认识以及对其行为模式的期待。

从年龄群体的角度认识老年期和老年人意味着，老年人具有区别于其他年龄段群体的共性特征。这种特征可能包括某些积极的要素，如丰富的经验、知识以及人生阅历影响下沉稳平和的心态。但这种特征更多地体现为“特殊的脆弱

---

① 参见徐国栋：《共和罗马的阶级分权与政党政治——保民官 v. 执政官》，载《河南工业大学学报（社会科学版）》2015 年第 1 期。

② 这一点将在本书第四章详细论述。

性”,比如身体机能减退、更高的身心健康风险等。而老年法律规范则建立在此种“特殊的脆弱性”的基础上。许多国家都建立起面向特定年龄群体(以 60 岁或 65 岁定义的老年人)的公共政策体系,调配资源资助相关健康、服务、住房项目,为老年人提供“倾斜性”的保护。这种法律或政策实践的合法性依据来源于对个人在老年期的脆弱性、依赖性以及在此之前的社会贡献的假设。一般认为,老年人的权利困境来自此种“特殊的脆弱性”遭到忽视的事实。比如,由于生理老龄化的影响,老年人的协调能力、平衡能力相对较差,更容易发生跌落等意外伤害。[①] 如果家居、设施、场所的设计和建设忽视了老年人的此类特征,就会使老年人在交互的过程中面临更高的风险,不仅危及其健康权利,而且也会事实上限制老年人参与社会生活。基于年龄的老年人构造对于实现人权保障的社会目标尤为重要,因为认识到个人在老年期所面临的“特殊的脆弱性”是采取有效措施保障老年人享有全部人权的重要前提。

基于年龄群体的老年人构造也遭到了许多批评。由于老龄化过程的多样性与复杂性,年龄对个人能力的描述是相当不准确的。年龄仅仅能够反映个人的“存在时间”,而与个人在这段“存在时间”内生理、心理、社会等各个层面的生命体验几乎没有任何必然的联系。固定的年龄标准无法反映个人“生理心理机能和活动能力的衰退程度”,以年龄为基准的能力判断往往被质疑过于“片面”“模糊”而且“缺乏足够的解释”。[②] 因此,基于年龄的老年群体实际上是内部高度分化的,而且呈现出强烈的主观目的性。有学者指出,如今大多数法律实践中基于年龄的老年人定义“仅仅具有人口统计方面的意义”[③]。此种表述隐含的观点是,目前的老年人定义无法准确描述个人的状态、能力和需求,而且是主观选择的结果。目前国际上关于老年人的定义分别来源于 1956 年联合国出版的《人口老龄化及其社会经济影响》和 1982 年首次老龄问题世界大会成果文件。[④] 这些报告

---

① 参见郭欣、曾光:《我国老年伤害现状及危险因素研究进展》,载《中国公共卫生》2006 年第 4 期。

② 参见周利兵:《老年人标准的建构与对延迟退休的思考》,载《理论学习》2014 年第 5 期;翟振武、李龙:《老年标准和定义的再探讨》,载《人口研究》2014 年第 6 期。作者提出以“生产”、“生活”和“剩余寿命”三个方面的状态构建多层次、动态化的老年人标准,反映出对个人与社会互动关系的关注。

③ Margaret Hall,“*Old Age*”(*Or Do We Need a Critical Theory of Law and Aging*?), Windsor Review of Legal and Social,Issues 1 (2014):p. 35 - 48.

④ 参见杨胜慧、赵勇、林杰:《关于我国老年人口界定标准的一点思考》,载《西北人口》2017 年第 2 期。

主要建立在人口学研究的基础之上,以宏观人口结构变化为主要旨趣,若以此衡量微观的具体社会成员的能力、处境,则缺乏足够的依据。1956 年联合国发布的关于人口老龄化问题的奠基性报告《人口老龄化及其社会经济影响》建议以时序年龄 65 岁定义老年人,而 1982 年第一次老龄问题世界大会则以 60 岁为标准。20 世纪中叶,医疗技术的快速发展使得死亡率(主要是婴儿死亡率)大幅下降,生育率虽然有所下降但依然滞后于死亡率的转变,形成了高自然增长率的年轻型人口发展态势。故而老龄化也被认为是发达国家"特有"的社会问题。1982 年首次老龄问题世界大会为了显示老龄化问题的全球性,吸引老龄人口比重还不高的发展中国家关注老龄化所可能带来的挑战以最大限度地凝聚世界共识,特别提出了覆盖范围更大的 60 岁老年人标准。中国 1964 年召开的首届全国老年学和老年医学学术研讨会根据当时我国的人口状况,确定了 60 岁的老年人标准。[①] 20 世纪 90 年代在起草《老年人权益保障法》的过程中,有学者曾依据当时的医疗水平和预期寿命状况而建议以 65 岁为老年人的法定标准。反对者认为,作为发展中国家的中国有着众多的劳动力,较高的老年人标准(往往代表着更高的退休年龄标准)不利于劳动力的代际更替。[②] 60 岁的老年人定义方法最终在 1996 年《老年人权益保障法》中得到确认,成为今天中国社会围绕老年人的一系列制度和政策的基点。

故而,关于老年群体的认知,忽视了老龄化过程本身动态变化的本质,进而导向不全面、不准确的刻板印象,甚至成为年龄歧视的源头。无论是日历年龄、生理年龄还是其他年龄所构建的老年都是静态的、片段性的,都将个人的老年视为孤立于个人的中年期的独立片段。然而,老龄化的过程是动态的、发展的,由个人已经经历的生命历程所形塑,也塑造着未来的生活。基于"脆弱性"和"依赖性"定义老年人,虽然有助于认识老年人的真实需要并为之采取行动,但这种定义是对主流的"青年男性"生理、心理参数模板进行比较而得出的结论。老年被视为衰退的阶段,是"无法独立满足自身的经济、生理和社会需求"的弱者,而弥补不足则成为关于老年的政策和行动的主线。[③] 这种社会心理和政策起点孕育

---

① 参见顾大男:《老年人年龄界定和重新界定的思考》,载《中国人口科学》2000 年第 3 期。

② 参见曾庆敏:《老年立法研究》,社会科学文献出版社 2011 年版,第 102 页。

③ See Sandra Huenchuan & Luis Rodríguez-Piñero Royo, *Ageing and the protection of human rights: Current Situation and Outlook*, UNECLAC Project Document, 2011, p. 14 – 15.

着歧视和不平等的可能，比如老年人被认为竞争力较差、被怀疑具有精神障碍而送往护理机构等。在这种情况下，老年人的处境与性别视角下的女性相类似：人类历史上否认女性的平等能力和剥夺其参与机会的制度实践，同样以女性具有特别的脆弱性和依赖性为认知基础。事实上，由于同时接受“年龄”和“性别”两个方面的审视，老年妇女所面临的歧视更为严重。“许多老年妇女被忽视，因为她们不再被认为在生产和生殖方面可发挥有益的作用，而被视为家庭的负担”①。

（三）老年法治的表层逻辑

作为年龄群体的老年人可能会面临特定的人权风险，通常被视为特殊的人权主体，其权利可以从一般性和特殊性两个方面来理解。一方面，从社会横截面的角度来看，人权的普遍性意味着所有社会成员，不因种族、性别、年龄、身心障碍、宗教信仰等状况而有所分别，普遍地享有全部人权。年龄不影响身为人的本质。老年人应当不折不扣地享有“人之所以为人”的所有权利。另一方面，人权的要义不仅在于确认享有人权，更在于能够实际地行使人权。因为生理老龄化和社会老龄化的影响，老年人在追求和实现其权利的过程中面临着特殊的障碍和困境，需要采取特别的措施以推动其权利的切实实现。前文提到，生理老龄化往往导致认知、行动、免疫、恢复等身体机能随着年龄增长而发生不可避免的减退，意味着意外伤害、罹患疾病甚至失能的风险，故而需要采取特别措施保障老年人的健康权、适当生活水准权、住房权等权利。与此同时，生理老龄化与社会老龄化相互作用的结果往往是老年人被赋予能力不足、缺乏竞争力、容易受伤等刻板印象，遭遇年龄歧视、社会排斥甚至虐待威胁，其平等权、就业权、教育权乃至人格尊严等权利难以得到保障。

从人权的角度来看，老年人的特殊权利意味着国家负有采取特别措施以保障老年人充分享有全部人权的义务。因为，平等与非歧视是人权保障的基石。《世界人权宣言》《公民权利和政治权利国际公约》《经济、社会及文化权利国际公约》均强调，所有人都应当不受任何歧视地享有人权。因此，国家应当采取包括法治手段在内的措施，解决社会中存在的年龄歧视和老年虐待问题，并确保老年人能够在没有任何其他歧视的情况下充分享受人权。此外，国家在人权保障

① 消除对妇女歧视委员会第27号一般性意见《关于老年妇女问题和保护其人权》。关于年龄歧视的问题，将在本书第三章详细论述。

方面负有"尊重"、"保护"和"促进"三重责任，国家负有采取措施应对老年人因生理、心理方面的特点而在实现人权方面面临特殊困境，确保权利实现的积极义务。这种特殊保护并非老年人的"特权"，而是平等、正义与人权原则的体现。"特殊人类群体的权利是在社会中最易遭受打击的人为了维护其做人的基本尊严所应享受的权利。对这些人权利的特殊保护，并不意味着人们在权利享受方面的不平等，而是标志着人权保障的全面化，标志着对所有人的人格尊严的尊重。"①虽然目前还没有老年人的专门国际人权公约，大部分约束性国际人权文书也没有明确提及"年龄"和"老年人"，但各人权条约机构通过的一般性意见和一般性建议已经明确需要针对老年人的困境采取特别措施。区域人权立法和许多国家的国内法亦就老年人的权利保障作出特别规定。

综合来看，国家对于老年人的人权义务，具体表现在：

国家负有"尊重"老年人权利的义务，即不干涉人权主体享有其人权。尊重义务被视为最基本的人权义务。就老年人而言，国家的尊重义务重点表现为确保在法治运行和社会治理的过程中清除基于年龄的歧视，不得因为年龄差别而直接或间接地否认老年人的法律能力，剥夺老年人参与政治生活、劳动就业以及社会文化生活的权利。

国家亦负有"保护"老年人权利的义务，通过立法或其他手段确保其他行为者（包括个人、企业、社会组织或其他非国家行为者）不得侵犯老年人的权利或及时提供权利救济。就老年人而言，国家的保护义务同样以清除社会中观念、态度和行动层面的年龄歧视为重点。关于老年和老年人的刻板印象和偏见态度是针对老年人的虐待、忽视和骚扰行为的重要诱因。以法治手段规制年龄歧视、老年虐待等行为，是保护老年人享有全部人权的重要体现。

国家还负有促进老年人权利"实现"的义务，要求国家采取积极的措施促进老龄相关事业发展，确保老年人尽可能充分地享受人权。此项义务可谓是最为"繁杂"的国家人权义务，包括：构建面向老年人的社会保障体系，为个人在老年期的经济安全提供保障；提高医疗、照护等领域公共服务的可及性、可负担性和适老化程度；推动就业、教育服务覆盖老年群体，为老年人以多种渠道参与社会生活提供便利；等等。

---

① 徐显明、曲相霏：《人权主体界说》，载《中国法学》2001年第2期。

从这个意义上理解,若以年龄群体视角看待老年人,则老年法是特定群体权利保障法。相关法律规范重点反映最主要的人权义务主体——国家与老年人的关系。其法理在于,国家负有保障特定时空场域内所有国民之人权的义务,故而需要对其中的老年人群体采取特别措施,以促进人权的平等保障。其基本结构表现为,确认国家对于老年人所享有的各项具体权利的义务,规定国家履行相关人权义务的原则、具体方案和救济方式。

二、老年法是老龄化应对机制的规制法

(一)前后相继的生命历程

积极老龄化理念已经成为我国当前应对人口老龄化国家战略相关举措的重要思想来源。积极老龄化理念强调人类衰老过程中依然保持"积极"生活状态和为社会作出贡献的能力,并致力于通过全社会的共同努力最大化此种可能性。虽然我们无法确证积极老龄化理念与生命历程视角在知识生产方面的承继关系,但二者有着显而易见的方法论层面的相关性。生命历程理论将老龄化过程视为整个人生历程中的阶段,主张其结果深受制度、文化、社会结构等宏观要素以及个人与社会之微观互动——通常表现为各种生命事件的影响。由此,大众经验视角下原本由衰弱、疾病、失能、孤独、迷茫和边缘化所定义的老年阶段展现出不同的可能性。比如,工业社会的"退休养老"制度虽然以人力资本变化曲线的经济学理论为科学支撑,但其本身也塑造了以成年人为中心的工作场景、有关劳动能力的片面观念以及老年人退出工作场所的规范主张,使老年社会成员只能通过家庭生活、志愿服务等有限的无偿途径"为社会作出贡献"。因此,"老年人不适应工作场所"的观念和事实可能并非或不仅仅是退休养老制度的原因,而是其制度运作的结果。相对应地,积极老龄化理念要求以制度化的行动提供适老的工作场景、确保年龄平等的就业制度并扭转关于老年人工作能力的消极观念,从而增加老年人通过就业参与社会发展并作出贡献的能力。由此,积极老龄化理念可以理解为通过制度、文化、物理环境和社会结构的变革塑造一条更加积极且符合共同理想的老龄化生命历程。

生命历程理论指出,人的一生并非由孤立且界限明确的不同阶段拼接而成,而是连续且动态的发展过程。若想要把握个人在生命晚期阶段的状况,就必须

考虑其早期生活中的各种因素以及老龄化过程中不断变化的历史背景。① 积极老龄化理念关于健康支柱的理论主张和政策行动便是此种前后相继生命历程观的绝佳体现。人类个体在老年生命阶段的各类功能发挥由环境要素和内在能力共同决定,而内在能力存量很大程度上取决于个体过去的处境。容易理解的是,个体如果在青年阶段就维持健康的生活习惯、享有充分的健康服务和宜居的生活条件,则其步入老年阶段后也会在同等健康服务下拥有更好内在能力存量和功能发挥表现。因此,老年疾病的预防保健和生命早期阶段的健康支持成为健康老龄化相关政策行动的重要支点。比如,国家卫生健康委等部门联合发布的《"十四五"健康老龄化规划》就强调,应当"从提高全人群、全生命周期健康水平出发"促进实现健康老龄化,其举措既包含针对老年病的诊疗,也包含预防保健、体育健身、心理疏导等前期健康支撑的内容。

故而,服务于积极应对人口老龄化战略的老年法理论,应吸纳积极老龄理念和生命历程理论的精要,以前后相继的生命历程视角审视老年人和老龄化过程,关注个人与社会环境互动所形成的前后相继的生命历程,从"迈向生命晚期的人类个体"而非仅仅是"确定年龄段的人类个体"来描述和解析涉老法律关系,并进一步提出规范语境下的应然表达。

(二)迈向生命晚期的人类个体

生命历程理论着重探寻老年期的时间源头,从而为我们审视老年人提供了新的思路。老年人是处于人生晚期阶段的个人,是积极或消极的老龄化过程的结果。老年和同时空场域下的其他社会成员、社会组织进行实在的互动与交换的同时,也受到自己生命历程前期体验的影响,而与不同时空场域下的自己、他人和社会组织进行"虚拟"的互动。

首先,这种视角解释了老年年龄群体高度分化的特征。关于老年人及其权利保障的学术文献无不强调老年人是个高度分化的群体。由于前期生命体验的差异,老年人往往呈现出累积的异质性。② 每个人在老年期的行为选择、资源禀赋、社会地位和情感体验不仅由"现在"的各方行为体的态度、行为和社会整体制

① Linda K. George, *Missing Links: The Case for a Social Psychology of the Life Course*, The Gerontologist, Vol. 36, p. 248 - 255(1996).

② 关于该问题的进一步论述,可以参见胡薇:《累积的异质性　生命历程视角下的老年人分化》,载《社会》2009 年第 2 期。

度、文化环境所形塑，也深受早期生活选择和经历的影响。比如，老年人所面临的经济贫困问题，不仅是因为其在老年期面临年龄歧视和社会保障不足，也往往可以在其中年时期甚至童年时期的就业、家庭、教育等方面找到累积性原因；老年期的健康不佳，往往源于前期恶劣的工作环境、不良生活习惯和难以获取的健康服务。这意味着，致力于解决贫困、虐待、歧视等老年问题的理论探索和社会实践不能仅着眼于老年期，而是要将视野前移，从整个生命历程寻找问题的源头，制定解决方案。

其次，生命历程视角从侧面反映了个人的主观能动性。每个人在生命前期阶段都可以基于个人选择或集体决策而为老年生活进行规划和准备。[①] 人类不仅是在“向死而生”，也是在“向老而生”。从个人的角度来看，参加各种养老金计划或老年理财项目，就是为退休生活积累财富的表现形式。在中国的文化语境下，生育和代际财富转移也被理解为对老年生活的某种“投资”。从这个角度理解，关于老年期的各种法律规范、社会惯习，也是个人与社会间贯通整个生命历程的“社会契约”。以此为视角，个人在老年阶段所享有的权利和义务，并非完全来自老年期本身的“脆弱性表现”与人权标准的差距，也受个人在前面生命阶段的“意思表达”和“履约行为”的影响。经济学家拉策尔用生命历程的“隐形合同”解释工资与退休福利随时间变化的逻辑。[②] 雇佣者和雇员以年龄为基础设定可预期的雇佣结束时间，并通过养老金、年金或随工龄递增的工资收入等形式给予雇员对工资损失的补偿。现在德国、法国和日本等国家的老年法亦将此种相对的协议转化为劳动和社会保障领域的常例，表现为由雇主、国家和雇员分别出资的养老金系统以及法定退休年龄制度。这也被科利描述为“常态生平”的制度表现，是基于人力资本市场结构的劳动力生产与再生产的社会方案。

最后，每个人的生命历程是相互联系、相互影响的，故而协调不同个人关于老年生命阶段的期待和努力。人们在生命历程的初期阶段有赖于父母的抚养，而在老年阶段又仰仗子女等其他主体的赡养，形成了普遍的社会分工实践，而且

---

① 即使是那些已经步入老年期的人，也需要为如何度过“更老的生命阶段”和“临终生活”做准备。

② See Edward P. Lazear, *Why is There Mandatory Retirement?*, Journal of Political Economy, Vol. 87, p. 1261 – 1284(1979). 此种理论也为法律学者所接受，更详细的论述可以参见 Julie C. Suk, *From Antidiscrimination to Equality: Stereotypes and the Life Cycle in the United States and Europe*, The American Journal of Comparative Law, Vol. 60, p. 75 – 98(2012)。

这种分工秩序也得到道德、法律等社会规范的确认和保护。家庭生活中的事件并非严格按照线性的时间顺序发生，但关于生育年龄、老年疾病以及发育衰老的社会观念和法律规范依然深刻影响着人们对于家庭生活的决策与规划，形成了关于老年生活的稳定预期。就职业生涯而言，教育和退休往往被描述为促进劳动力“新陈代谢”的过程，生命历程早期的公共教育保障了劳动力的供给，而生命历程晚期的退休既是对生理老龄化的回应，也常常被用作增加年轻人就业机会的社会政策。政治生活领域的年龄结构则与民族国家、公民权利和福利国家的发展密切相关，行使选举权、被选举权需要达到成年的年龄标准，担任某些公职也有年龄上限或下限。这不仅是以年龄判断个人之心智、能力，更是为了形成政治权力流转的可靠预期。①

（三）老年法治的底层逻辑

从生命历程的角度来看，老龄化是不可避免的人类命运，也是人之本质的体现，应当保障所有人在整个生命历程中充分享受人权。这意味着，老年法可能不仅仅是关于作为年龄群体的老年人的法律，更是当前社会所意欲倡导和实现的理想的老龄化过程的规制法或促进法。就目前而言，老龄化时代的人权方案——积极老龄化已经成为我国乃至世界老龄战略和老年法治的主要发展方向。在这种背景下，生命历程视角下的老年法特点可以从以下三个角度进行阐释：

首先，个人的生命历程总是发生于个人与特定组织、机构和环境互动的过程之中。每个人对于老龄化过程的态度、行动及其结果受到所处环境的深刻影响，同时每个人在面对不可避免的老龄化带来的脆弱性时并非坐以待毙。历史上的人们通过家庭、行会、市场、社会等各种社会机制为老年生命阶段的各种挑战进行规划和准备。中国传统的“养儿防老”和宗族义庄、欧洲中世纪以来由教会主导的老年社区以及现代的社会养老保险制度，便是人们规划生命历程、筹备老年生命阶段的重要实例。因此，老年法的重要目的便是对此种发生于特定环境中的生命历程给予法律规制，确认、规范现有家庭、职业等生命历程中的老龄化机

① See Dale Dannefer & Richard A. Settersten, *The Study of the Life Course: Implications for Social Gerontology*, in Dale Dannefer and Chris Phillipson, eds., The SAGE Handbook of Social Gerontology, SAGE Publications, 2010.

制,并结合特定时代的价值取向,以人权、正义、公平、效率等标准予以衡量和审视,从而构造符合时代要求的老龄化机制。比如,家庭和家庭生活对于老年人权利保障的重要意义,常常是从满足情感需求和分担养老责任的角度来理解的,表现为个人在老年期的某种需求满足机制。从生命历程的角度来看,个人老龄化的过程伴随着家庭结构的发展和分化,同时个人在此过程中担任特定的分工角色。在中国传统家庭的生活秩序中,父母履行抚养未成年子女的义务并在子女成年后实行代际财产转移,以换取成年子女在自己老年后履行赡养义务,从而实现抚养、赡养、丧葬、祭祀等社会职能的世代继替。从生命历程的角度来看,这也可以理解为个人通过在成年期的付出(抚养未成年的子女)来保障自己在老年期得以享有特定的符合期待的生活方式(受子女赡养)。当前中国老年法律制度关于抚养、赡养义务的规定,便可以理解为是对此种跨越不同生命阶段的长期规划的确认和保护。而在职业生命历程中,以"薪资劳动系统"为主轴的"常态生平"理论认为,关于教育、就业和退休的法律制度亦是对类似社会合作的确认和维护。相关制度以年龄为刻度,保障社会成员能够在接受足够的训练(教育)后在特定的年龄进入劳动岗位(就业政策)并在特定的年龄享受退休生活(退休待遇)。在此过程中,个人在老年期不仅享有法律确认和保护的权利,也承担相应的义务。比如,年龄歧视的禁止反映了对人的尊严的保护。但是,基于年龄的分工又成为上述社会合作的基础,使得年龄成为老龄化政策或社会分工标准的工具。法律依据年龄赋予社会成员以权利、义务来维系已经确定的秩序,从而证明基于年龄的差别待遇的合理性。

其次,个人之生命历程不同阶段的联系,要求我们从跨越生命历程的视角审视老年法律现象。有效应对老龄化的前提在于预先谋划。无论是家庭、教会、社会还是市场的老龄化机制,往往以每个人在生命历程的中期甚至早期阶段的努力为前提。因此,关于老年法律现象的分析不仅要关注老年人能否享有法律所规定的各种权利,比如能否享有充足的社会保障待遇、是否得到子女的赡养,还要关注尚未成为老年人的社会成员能否参与公平、可靠且可持续的"老龄化合作机制"。比如,国家主导构建全面可持续的养老保险、医疗保险、长期照护保险等社会保障体系,不断扩充覆盖范围,使每个尚未步入老年期的权利主体都能平等参与缴款计划。又如,国家制定、推广覆盖所有年龄段人口的健康促进计划,强化健康知识宣传,提高健康服务的可及性,以促进个人在生理老龄化过程中的健康水平。再如,近年来,国家不断推进养老保险、医疗保险制度改革,扩展参保面、改善筹资机制,以确保不同地域、不同职业和不同经济水平的社会成员能够在平等基础上参与相关社会保障机制。这可以说是生命历程视角下老年法学研究的重要体现。

最后,个人生命历程的多样性要求老年法学研究尤其应当特别关注累积的异质性影响下残障者、女性等主体的处境与需求。交叉视角下对特殊老年主体的权利保障,不仅要关注残障、性别等身份特征本身带来的影响,更要关注相应身份特征下早期体验的间接影响。比如对于残障老年人,便可以从残障发生的时间节点入手,分别从步入老年期的残障者和遭遇残障的老年人两种角度审视,重点观察残障生活经历对于老年期的家庭生活、社会保障、财富状况和健康水平的影响。对于老年女性也是如此。女性在整个生命历程中所面临的教育、就业方面的性别歧视和被要求承担更多家务活动的事实,亦对其老年生活产生不成比例的负面影响,如缺乏养老金等收入来源、更难建立新的人际关系等。多视角考察个人在老年期的脆弱性来源,采取量体裁衣的、积极有效的举措推进其权利保障。

本章小结

老年法常常被描述为关于老年人的法律规范的统称。本章首先阐释了老龄化理论和老年人的两种定位,以提供关于老年法之制度逻辑的初步思考。

老龄化是不可避免的人类命运,而老年法则是人类在社会发展的过程中不断适应和对抗老龄化带来的影响并追求人权保障的重要方式。老龄化是内在的生理变化与外在的环境影响相结合的过程,具体表现为人体及其组成部分的退行性变化和功能减退,以及由此带来的社会层面的受排斥和边缘化结果。在追求人权保障和应对人口老龄化发展趋势的过程中,积极老龄化的理念日益流行。积极老龄化以“健康”、“参与”和“保障”为支柱,致力于实现人权保障与社会发展的协调统一,已经成为国际老龄化议题的重要理念源泉,也是新时期我国老龄战略和老年事业的发展方略。

作为一种社会构建,老年人有着许多种定义方式。从横向的视角来看,由于生理和社会老龄化的影响,已经处于老年生命阶段的个人和群体在健康维系、经济安全和社会参与等各个方面表现出“特殊的脆弱性”。以此为基准的老年法表现为“特定群体的权利保障法”,由国家采取倾斜性、保护性的措施,确保老年人权利的平等保障。生命历程的理论视角将人的一生视为在社会环境中动态发展的过程,重点探讨事件、制度、文化、人际交往模式等社会要素对该过程的影响。从纵向的生命历程视角来看,每个社会成员都处于老龄化的进程中,是未来的老年人。老年人的身心状况、行为模式、资源禀赋、社会地位不仅由现实的社会环境所决定,更受早期生命阶段体验的深刻影响。以此观之,积极老龄化代表着对老龄化之生命历程的理想描摹,该理论视域下的老年法则致力于创设有利于在老龄化过程中实现和保障所有人权的制度环境。从发展的角度来看,老年生命阶段包含“现在”和“未来”两种存在状态,故而老年法也应当从两个方面着眼:就“现在”而言,作为年龄群体的老年人已经处于老年生命阶段,需要特别的权利保障方案;就“未来”而言,每个人都处在老龄化的生命历程之中,需要为其创设有利于实现积极老龄化的制度方案和社会环境。故而,老年法要确认、规范现有家庭、职业生命历程中的代际分工模式,更要从整个生命历程着眼,以人权、正义、公平等法治原则予以审视,以构造符合社会发展要求和所有人权利保障需要的分工秩序,为处于早期生命阶段的社会成员提供公平、可靠和可持续的老年生活规划方案,保障其积极老龄化的权利。

总而言之,伴随年龄增长而发生的生理衰老、社会排斥、年龄歧视等现象导致现代社会中老年人往往遭遇系统性的权利困境。老年法律规范须先关注社会中老年群体的处境和需求,通过特别的权利保障方案推动其追求和充分享有所有承诺的人权。而从生命历程的视角来看,每个人都处于必然发生且持续进行的老龄化过程中,其在老年生命阶段的能力、需要和处境不仅是个人与当时社会环境的互动结果,更受到前期生命历程之遭遇的约束。就这个意义而言,以人权保障为目标的老年法律规范须着眼于整个生命历程,确认和规范长期社会生活中形成的老龄化应对实践。借由老年人权益特别保障法和老龄化应对实践规制法这两种方式,老年法致力于构造让每个人都能实现积极老龄化的社会环境,保障每个人都能在老龄化的过程中充分且不折不扣地实现其权利。

第二章　新中国老年法制度发展的纵向回顾

中国共产党在领导中国人民进行新民主主义革命、社会主义建设和中华民族伟大复兴的历史进程中继承和发扬以家庭为中心的传统老龄化应对机制，吸收和融合人类工业文明发展中形成的社会老龄化应对机制，制定和完善老年法律规范体系，为维护老年人群的合法权益以及发挥老年人的积极作用提供坚实的制度基础。新中国成立以来的老年法律制度体系经历了三个发展阶段。计划经济体制下的老年法律规范体系重点围绕由国家组织的老龄化应对机制展开，辅之以家庭和农村集体经济组织相关的原则性规定。改革开放后的老年法律制度发展顺应养老体制的多元化改革的时代潮流，个人在规划和准备老年生活的过程中与企业、国家、家庭、市场的关系受到法律体系的关注。2012 年以来法律制度亦贯彻落实党的十八大关于“积极应对人口老龄化”的战略部署，不断推动养老保险、养老服务等领域的法律规范的立、改、废、释工作，已经形成以宪法为统领，以《老年人权益保障法》为核心，包含法律、行政法规、部门规章、地方性法规和地方政府规章以及相关司法解释的老年法律制度体系，为每个中国人在整个生命历程中追求自由全面的发展提供完善的制度环境。

第一节　计划体制下的老年法律制度与公有制的老龄化应对实践

新中国成立之后的很长一段时间内，人口老龄化对于新生的共和国都是个非常遥远的问题。中国共产党领导中国人民迅速恢复多年战乱中遭受严重破坏的社会经济秩序，着手重建医疗服务体系，人口死亡率尤其是婴幼儿死亡率大幅度下降而出生率维持在相对较高的水平，使新中国数十年间维持“壮年型”的人口年龄结构。[①] 人民在老年生命阶段的生活与福祉依然受到立法者的关注。1954 年《宪法》第 93 条第 1 句明确“中华人民共和国劳动者在年老、疾病或者丧失劳动能力的时候,有获得物质帮助的权利”[②]。在该阶段的法律和政治语境下,老年人是处于老年生命阶段的社会主义建设者和社会主义劳动者。整个老年法律制度围绕由劳动者身份定义的生命历程展开,又因城乡二元体制形成两条分明的轨迹。同时,家庭依然是人们生产、生活的基本单位,家庭赡养的文化传统和民间实践得到法律确认和保护,围绕家庭成员身份展开的生命历程成为老年法律制度相对次要的方面。

一、城镇劳动者的退休养老制度

新中国成立初期的法律文件中,老年人的概念常与国家机关工作人员、企事业单位职工、干部等身份相联系,代表处于人生晚期阶段的劳动者和建设者。二者的结合使法律语境中的“老年人”带有两方面的意蕴:一方面,老年意味着该社会成员投身于社会主义建设事业达到相对较长的时期。若没有特殊情况,成为法律意义上的老年人往往等同于获得肯定的贡献与成就,是社会主义劳动者的荣誉。另一方面,老年与生理衰退的联系也使其被视为与“疾病”“残疾”相类似的导致劳动能力下降或丧失的状况。我国基于社会主义劳动保险的理念,一方面出于维持工作效率和保障劳动安全的目的要求企业、机关单位对老年劳动者的工作岗位和职务进行调整;另一方面也要求企业和机关单位承担起提供救治、扶助和生活保障的职责。围绕老年城镇劳动者的法律制度主要由两个方面构成:以年龄为基准的劳动者退休退职制度以及由国家包办的老年生活保障制度。

(一)劳动者退休退职制度

早在新中国成立之前,《中国人民政治协商会议共同纲领》便明确规定要在各类企业中“逐步实行劳动保险制度”。在社会主义的语境下,劳动保险是公民

---

① 据统计,1953 年至 1964 年,新中国 0 ~ 14 岁人口数量从 36.28% 增长到 40.69%,而 65 岁以上人口占比则从 4.41% 跌落至 3.56%。参见陈岱云、张世青:《新中国 70 年人口年龄结构变动与人口红利效应嬗变》,载《江海学刊》2019 年第 4 期。

② 《中华人民共和国宪法》(一九五四年九月二十日第一届全国人民代表大会第一次会议通过),人民出版社 1954 年版,第 27 页。

通过劳动作出贡献后就享有的权利，并由国家立法所保障。马克思在《共产主义在德国的要求》中就提出“国家保证所有的工人都有生活资料，并且负责照管丧失劳动力的人”的构想。[①] 列宁在指导俄国建立社会主义制度的过程中，亦将劳动保险明确阐释为“国家保险”的重要内容。[②]

1951 年政务院基于全国劳动组织的讨论成果颁布实施《劳动保险条例》（已失效），初步建立起企业职工退休退职养老制度。随后，政务院、内务部等部门相继发布单行法规，就各国家机关、民主党派、人民团体以及各类事业单位工作人员（合称国家机关工作人员）的退休退职养老事项作出规定，构建起覆盖各类城镇劳动者的定年退休退职和养老制度。

就企业职工而言，1951 年《劳动保险条例》明确了职工享受养老待遇的标准和程序。

> 第十五条　养老待遇的规定：
>
> 甲、男工人与男职员年满六十岁，一般工龄已满二十五年，本企业工龄已满十年者，由劳动保险基金项下按其本企业工龄的长短，付给养老补助费，其数额为本人工资百分之三十五至百分之六十，至死亡时止。如因该企业工作的需要，商得本人同意，留其继续工作时，除应得工资外，每月付给在职养老补助费，其数额为本人工资百分之十至百分之二十。详细办法在实施细则中规定之。[③]
>
> ……

根据上述《劳动保险条例》的有关规定，企业职工只需要满足年龄、工龄两个方面的条件，便可以依据程序享受养老保障待遇。达到特定年龄的职工如果因

① 参见中共中央马克思恩格斯列宁斯大林著作编译局编译：《马克思恩格斯全集》（第 5 卷），人民出版社 1958 年版，第 36 页。

② 列宁在修改《俄罗斯社会民主工党党章》时指出，“工人在年老和完全或部分丧失劳动能力时，得享受国家保险，由国家向资本家征收特别税作为这项支出的专用基金”。参见中共中央马克思恩格斯列宁斯大林著作编译局编译：《列宁全集》（第 24 卷），人民出版社 1957 年版，第 461 页。

③ 该条例于 1953 年进行修正，扩大了劳动保险的适用范围，提高了保险待遇，但并非改变劳动保险中养老待遇方面的运行逻辑。国务院法制局编：《中华人民共和国现行法规汇编（1949—1985）劳动人事卷》，人民出版社 1987 年版，第 26 页。

为企业需要而继续从事原有工作,也能在工资基础上获得额外的“在职养老补助费”。可见,此时的退休养老更多地表现为国家给予老年劳动者的“福利”。

国家机关工作人员的退休退职制度与企业职工相类似。1955 年国务院相继发布《国家机关工作人员退休处理暂行办法》(已失效)、《国家机关工作人员退职处理暂行办法》(已失效)、《关于处理国家机关工作人员退职、退休时计算工作年限的暂行规定》等规范性文件。其中,国家机关工作人员的退休养老同样遵循“年龄 + 工龄”的标准,如《国家机关工作人员退休处理暂行办法》规定:

> 第二条　工作人员具有下列条件之一的,可以退休:
>
> (一)男子年满六十岁,女子年满五十五岁,工作年限已满十五年,加上参加工作以前主要依靠工资生活的劳动年限,男子共满二十五年、女子共满二十年的;
>
> (二)男子年满六十岁,女子年满五十五岁,工作年限已满十五年的;
>
> (三)工作年限已满十年,因劳致疾丧失工作能力的;
>
> (四)因公残废丧失工作能力的。①

1955 年《国家机关工作人员退休处理暂行办法》(已失效)同时规定了退休待遇,根据是否存在因公残疾和工作年限而按月发给本人工资的 50% ~80% 的退休金,对有重大功绩或贡献的退休人员则“可以酌量提高”。同时,其规定对于“年老或者病弱不能继续工作,又不合退休条件的”国家机关工作人员,按照退职处理。退职的国家机关工作人员按照工作年限领取一次性退职金。此时,国家机关工作人员与企业职工的退休退职规定在待遇层面略有差异,但逻辑上大体相同,即满足年龄和身体条件后便退出现有工作岗位,同时获得一定的表现为资金给付的物质帮助。

1957 年颁布的《国务院关于工人、职员退休处理的暂行规定》(已失效)对企业、机关事业单位和人民团体的退休条件和退休待遇进行了统一规定,实现企业

① 《国家机关工作人员退休处理暂行办法》,载国务院法制局编:《中华人民共和国法规汇编(1955 年 7 月—12 月)》,法律出版社 1956 年版,第 708 页。

职工、机关事业单位工作人员退休制度统合的同时也对相关规定进行了修正，事实上改变了退休退职养老的制度逻辑。①

> 第二条　国营、公私合营的企业、事业单位和国家机关、人民团体（以下简称企业、机关）的工人、职员，符合下列条件之一的，应该退休：
>
> （一）男工人、职员年满六十周岁，连续工龄满五年，一般工龄（包括连续工龄，下同）满二十年的；女工人年满五十周岁、女职员年满五十五周岁，连续工龄满五年，一般工龄满十五年的；
>
> （二）从事井下、高空、高温、特别繁重体力劳动或者其他有损身体健康工作的工人、职员，男年满五十五周岁、女年满四十五周岁，其连续工龄和一般工龄又符合本条（一）项条件的；②
>
> ……

《国务院关于工人、职员退休处理的暂行规定》基本延续了“年龄＋工龄”的退休标准，但又特别规定“身体衰弱丧失劳动能力”的劳动者或“身体衰弱不能继续工作”的革命工作者，可以提前退休。这意味着，年龄标准事实上与衰弱、伤残等条件等效，是劳动能力的影响因素。更值得注意的是，劳动者在符合退休标准后从“可退职养老”变成“应该退休”。“可以”到“应该”的变化改变了整个制度的逻辑，“退休”不仅是享受养老待遇的前提，也是劳动者的义务。养老保障待遇方面的规定亦印证了这一论断。根据规定，达到年龄标准的劳动者即使根据企业的需要而继续留用，也不再加发“在职养老补助费”。退出现有工作岗位成为享受养老保障待遇的必要条件。此外，《国务院关于工人、职员退休处理的暂行规定》也提高了退休待遇，增加了关于退休职工、国家机关工作人员可以享受公

---

① 值得注意的是，1978 年国务院颁布《关于安置老弱病残干部的暂行办法》和《关于工人退休、退职的暂行办法》，在恢复退休退职养老制度的同时，对工人、干部的相关事项进行分别规定。参见郑秉文：《中国社会保障制度 60 年：成就与教训》，载《郑秉文自选集》（下），人民出版社 2014 年版，第 899 页。

② 《国务院关于工人、职员退休处理的暂行规定》，载中共中央文献研究室编：《建国以来重要文献选编》（第 11 册），中央文献出版社 1995 年版，第 159 页。值得注意的是，该时期的领导、干部虽然原则上不适用退休制度，但根据中央相关文件，若“长期患病或年老体衰”，则采取离职休养或调任荣誉职位等方式实行“事实上的退休”。参见中央档案馆、中共中央文献研究室编：《中共中央文件选集（1949 年 10 月—1966 年 5 月）》（第 28 册），人民出版社 2013 年版。

费医疗待遇的规定。1966 年发布的《关于轻、手工业集体所有制企业职工、社员退休统筹暂行办法》《关于轻、手工业集体所有制企业职工、社员退职处理暂行办法》关于集体所有制企业职工的退休退职规定,亦遵循此种制度逻辑,只是待遇水平较低。

机关干部退休退职的有关规定又有所不同,并逐渐形成了特色的老干部离职休养制度。原则上退出工作岗位依然是享受退休养老待遇的前提条件,但"一刀切"式地要求老年干部退出一线工作,既不利于发挥老同志在长期工作中形成的经验与智慧,也不利于优良传统与革命精神的传承。1958 年《中共中央关于安排一部分老干部担任各种荣誉职务的通知》规定,对于第二次国内革命战争期间及在这以前参加革命工作的老同志,虽然年老体衰担负实际工作确有困难、但思想作风较好的,可以采取调任荣誉职位或长期供养的办法来处理。[①] 1963 年《内务部关于符合长期供养条件人员退休时其退休费标准问题的通知》(已失效)则明确上述"长期供养"人员,"如果本人自愿回原籍居住,可以办理退休手续,退休费一律按照本人工资的百分之百发给。退休费的支付,公费医疗待遇及其他生活待遇,均照退休人员的有关规定办理"。其思路在于鼓励和支持部分思想作风良好且曾在革命战争和社会主义建设中作出过巨大贡献的老干部从事"荣誉职位",从而使其在政治宣传、思想学习等方面发挥"余热",同时此种制度设计也可以理解为对老干部的贡献的奖励。

综合来看,新中国成立后不久,我国就建立起国家机关、事业单位工作人员退休制度与企业职工退休制度并行的劳动者退休退职制度。从制度逻辑来看,退休退职养老制度需要兼顾对老年劳动者的奖励补助和对劳动生产效率的考量,既要保障老年劳动者的福祉,也要维系劳动队伍的新老交替。在公有制和计划经济体制下,个人、企事业单位都是国家经济计划的承担者和执行者,包括劳动力在内的社会生产与消费等资源由国家定额统保统配,就业机会亦是如此。国家调整年老劳动者的工作岗位,既是出于人道主义的考虑,也是基于生产效率的需要和就业机会分配的需要。劳动者退休养老,既是国家对其老年生活的保

---

① 参见《中共中央关于安排一部分老干部担任各种荣誉职务的通知》,载中央档案馆、中共中央文献研究室编:《中共中央文件选集(1949 年 10 月—1966 年 5 月)》(第 28 册),人民出版社 2013 年版,第 134 ~ 137 页。

障,也是出于效率、安全等因素考虑而对劳动者老年生活的安排。劳动者既享有劳动就业的权利,也要服从在规定的条件下改变工作岗位或退出就业的强制性义务。而从制度设计来看,退休退职制度经历了从企业、机关单位“双轨并行”向“双轨合体”的格局演变。直到今天,“单轨”还是“多轨”的选择依然是中国养老保险法律制度设计的重要问题。

(二)国家包办的养老保障制度

1954 年《宪法》第 93 条规定:“中华人民共和国劳动者在年老、疾病或者丧失劳动能力的时候,有获得物质帮助的权利。国家举办社会保险、社会救济和群众卫生事业,并且逐步扩大这些设施,以保证劳动者享受这种权利。”虽然我国法律并未明确“物质帮助”的内容,但从相关规定来看,老年劳动者达到年龄便退休退职的义务对应获得养老金、退休金等金钱给付以及享受医疗服务、生活补助、文体活动和康养设施等职工福利以及社会救济的权利。计划经济体制下的城镇劳动者享受的金钱给付和职工福利,均实行“国家兜底,工会统筹,单位经办”的国家组织体制,由国家负最终保障责任。

在金钱给付方面,养老金、退休金给付实行“国家—企业”保险体制,遵循“现收现付”原则。退休退职人员的养老费用由所在单位按照法定标准支付,养老基金实行省、市以及产业系统内的统筹调剂。国家机关退休退职人员、长期供养的老年干部的养老费用则由国家财政直接支付。1951 年《劳动保险条例》规定中华总工会及其领导的各级工会组织,负责各单位养老保险基金的征集、统筹与核拨。《国务院关于工人、职员退休处理的暂行规定》扩大了退休退职范围,同时考虑到领取退休金的劳动者数量增多而特别规定在统筹调剂外的差额部分由单位行政费用予以兜底保障。随着退休、退职人员数量的进一步增长,各地劳动部门开始相继探索退休费用的社会统筹方案,即向所有企业单位全面征缴养老保险基金,由工会组织以退休人员的数量和待遇标准为基准核拨给各企事业单位,专门用于支付离退休、退职人员的各项费用。在这种情况下,虽然劳动者的养老金待遇由企业、工会直接给付,但最终以国家权力和国家财政作为后盾,由国家承担兜底保障职责。

在职工福利方面,1951 年《劳动保险条例》亦明确工会组织可以负责举办或委托举办养老院、休养所、疗养所等劳动保险事业和老年福利事业,以保障老年人的健康水准和生活质量,同时承担一定的社会救济功能。1953 年 1 月,劳动部公布的《劳动保险条例实施细则修正草案》规定，实行劳动保险的企业应根据工人职员的需要及企业经济情况，单独或联合其他企业设立疗养所、营养食堂、托儿所等，其房屋设备、工作人员的工资及一切经常费用，完全由企业行政方面或资方负担。据此可以满足退休退职的老年劳动者生活照护、医疗康养、文体娱乐方面的需求，减轻其家庭成员的负担。此外，若劳动者在退休后获得的退休金、养老金无法维系生活，也由其所在单位给予救助。比如1964年内务部和财政部联合发布的《关于解决企业职工退休后生活困难救济经费问题的通知》，就明确规定针对生活困难的退休人员救济补助的责任主体和经办流程。此外，各地民政部门亦主动创办救济型福利单位或改造旧有慈善组织，以福利院等组织形式为无依无靠的城镇孤寡老人等群体提供福利救济，解决其生活保障问题。从这个意义上来说，针对老年人的福利事业不完全与劳动者的身份相绑定，而更多地针对"无依无靠""生活无着落"等陷入困境的老年人，体现了社会主义制度"扶危济困"的制度逻辑。

二、农村集体经济组织成员的老年优待与救济制度

在新中国成立后的数十年间，我国并未建立明确的农民退休养老制度。这并非社会主义建设对于农村与农民的忽视，而是对传统农业生产与农村生活逻辑的尊重与继受。在传统的小农经济模式下，人们以家庭为组织单位进行分工，工作与生活并无显著界分，往往没有完全停止劳作而悠闲养老的余裕和必要。在农业集体化改造后，农民成为集体经济组织成员，以人民公社、生产队为单位组织生产劳动和开展产品分配，老年成员可以得到工作、产品分配方面的特殊照顾并获得集体经济组织的兜底供养。

1956年社会主义改造正式完成后，人民公社成为法律意义上的农村生产生活组织。人民公社等集体经济组织既是国家政权在基层的延伸节点，也是农村居民的生产、生活组织单元。因此，农村集体经济组织既是国家为年老成员提供物质帮助的重要节点，也是老年人获得生活保障的重要甚至唯一来源。在人民公社等集体经济组织中，所有成员共同劳动，实行按人口平均分配和以"工分"为基础的按劳分配相结合的生活物资分配制度，所分配的产品也以粮食、油料等实物消费品为主，以现金为辅。

在集体经济体制下，年龄并非生产任务和生活资料的正式分配要素，也不存

在法律意义上的“退休退职”制度。《农村人民公社工作条例(修正草案)》强调“不论男女老少,不论干部和社员,一律同工同酬”①。公社内的老年成员也要承担劳动责任,按照平均原则并根据劳动的质量和数量领取生活物资。但是,各生产单元可以根据实际情况,自行就老年成员的劳动与生活做出适当的优待安排。1958年《人民日报》社论《办好公共食堂》就提出,“公共食堂对年老社员、儿童、病员和哺乳期内的母亲,应当在饮食上给予适当照顾,必要时也可以单独建立食堂”②。部分资料显示,有些地区开始尝试推行初级的农民退休制度。具体制度表现为向达到集体劳动的年限和年龄等条件的老年社员发给养老金。据统计,1984年人民公社制度正式解体时,全国共有1330个乡,9460个村实施农民退休制度,享受退休待遇的老年农民达60多万人。③

如果老年人根据人均分配和劳动报酬所获得的生活物资,无法满足自身所需,就需要来自集体经济组织的兜底保障。就制度层面而言,农村老年人的养老由所在集体根据“五保供养”制度予以保障。1956年颁布的《高级农业生产合作社示范章程》和《一九五六年到一九六七年全国农业发展纲要(修正草案)》明确规定:“农业合作社要对生活没有依靠的老、弱、孤、寡、残疾等社员,实行供给或给予补助,使他们生养死葬都有依靠。”④1960年《一九五六年到一九六七年全国农业发展纲要》(已失效)规定:“对于社内缺乏劳动力、生活没有依靠的鳏寡孤独的社员,应当统一筹划,指定生产队或者生产小组在生产上给以适当的安排,使他们能够参加力能胜任的劳动。”⑤《农村人民公社工作条例(修正草案)》也明确“生产大队对于生活没有依靠的老、弱、孤、寡、残疾的社员,家庭人口多劳动力少的社员和遭到不幸事故、生活发生困难的社员,实行供给或者给以补助。这个供给和补助的部分,从公益金内开支”⑥。实践中针对有生活自理能力或者劳动

① 中央档案馆、中共中央文献研究室编:《中共中央文件选集(1949年10月—1966年5月)》(第37册),人民出版社2013年版,第63页。

② 中共中央文献研究室编:《建国以来重要文献选编》(第11册),中央文献出版社1995年版,第520页。

③ 参见舒奋:《从家庭养老到社会养老:新中国70年农村养老方式变迁》,载《浙江社会科学》2019年第6期。

④ 石秀和等:《中国农村社会保障问题研究》,人民出版社2006年版,第218页。

⑤ 中共中央文献研究室编:《建国以来重要文献选编》(第10册),中央文献出版社1994年版,第652页。

⑥ 中央档案馆、中共中央文献研究室编:《中共中央文件选集(1949年10月—1966年5月)》(第37册),人民出版社2013年版,第59页。

能力的“五保”老年人,人民公社通过调整生产岗位或给予物资补贴,保障其生活达到一般群众的标准。比如,公社安排“五保”老人进行饲养家畜,照看场院、园田等轻体力劳动,或在工分计算、口粮分配等方面给予其特别照顾,使其能够从事符合自己身心条件的劳动分工来获得生活物资。[①] 而对于生活自理方面存在一定困难的,集体经济组织则通过筹办福利院、敬老院对部分“五保”对象实行集中供养或由特定农户进行分散供养的形式实行兜底保障。统计数据显示,1958年全国享受“五保”供养的农户达423万户、人数达519万人。其中享受敬老院集中供养待遇的老年人达300多万人,占总人数的57.8%。[②]

由此可见,关于老年集体经济组织成员的法律制度有着与老年城镇劳动者相似的制度逻辑:老年劳动者需要生产与分配环节的特别安排来适应劳动能力下降的客观事实。虽然相关法律规范在文本上主张,凡是具备劳动能力的集体经济组织成员都要参加集体劳动,并根据其劳动成果分配生活资料,但是各集体经济组织可以自行根据对于“老年人”的认识和生产生活条件,给予部分成员以生产和分配层面的优待。此外,集体经济组织亦对“生活没有依靠”而“劳动能力又减损丧失”的老年成员提供包括物质生活资料和照护服务在内的“五保”供养。集体经济组织的经营效益在整个制度结构中发挥着尤为重要的作用,是成员所能享受之待遇的优先考虑因素。故而在集体经济组织对所能获得的效益有着乐观预期时,老年成员所能获得的待遇就较好,而若集体经济组织的效益不符合预期,那么老年成员的待遇就难以得到落实。

三、家庭赡养老年人的原则性规定

即使在计划经济体制下,家庭生活依然在个人生命历程中有着重要的地位。1954年《宪法》明确家庭受法律保护。虽然1950年颁布的《婚姻法》(已失效)以“废旧立新”为主旨,彻底废除了基于封建家长权的父母子女关系,但中华民族的家庭赡养传统依然得到立法者的重视。其第13条第1款明文规定:“父母对于子女有抚养教育的义务;子女对于父母有赡养扶助的义务;双方均不得虐待或遗弃。”该

---

① 参见曹健、刘清瑞编著:《中国老龄事业发展概览》,华龄出版社2012年版,第26页。

② 参见国家统计局国民经济综合统计司编:《新中国五十五年统计资料汇编(1949—2004)》,中国统计出版社2005年版,第78页。

条直接确认了成年子女赡养老年父母的法定义务，就家庭代际关系作出了原则性规定。

无论是基于老年城镇劳动者还是老年集体经济组织成员之生命历程展开的老年法律制度，都无法覆盖老年生活的所有方面，也无法回应个人在老龄化过程中的全部需求。对于个人而言，老龄化过程不仅导致其劳动能力的下降或丧失，而且使其面临生活自理能力下降或社会参与障碍的风险。然而，制度层面的退休养老待遇集中于金钱给付和医疗服务，难以回应老年人日常生活照料和情感慰藉的需要。福利院、养老院等机构化的服务能够部分满足此类需要，但无法覆盖所有老年劳动者群体，而且地区、行业差异明显。农村“五保”供养因点明其对象是“生活没有依靠的鳏寡孤独的社员”也面临着类似的问题。必须承认的是，来自家庭成员共同生活过程中的相互照料以及家庭内部的社会资源分配是满足老年人日常生活和情感需要的重要渠道。然而，1950 年《婚姻法》重点调整的是成年男女的夫妻关系以及父母与未成年子女的关系，对于父母与成年子女间的权利义务关系着墨较少。在这一时期，家庭内部成年子女与老年父母间的关系，很大程度上由道德规范和民间习惯法予以调整。

在农村环境下，传统的家庭伦理准则依旧在集体生活逻辑的冲击下具有相当大的影响力。法律制度也通过“留白”的方式为家庭生活的道德逻辑留下了很大的生存空间。“五保”供养制度中“生活没有依靠”的要件与“鳏寡孤独”相联系，实际上是指老年人缺少可以为其提供支持的家庭成员。集体经济组织中老年人的养老保障之逻辑表现为：集体经济组织根据按人头平均分配和按劳分配相结合的原则配给口粮和生活必需品，以户为单位进行发放，由户内的家庭成员自行分配。[①] 家庭成为满足农村老年人生活、情感需求的关键主体。《一九五六年到一九六七年全国农业发展纲要（修正草案）》明确提及“应当教育青壮年男女供养和尊敬自己的父母，使年老的丧失劳动能力的人，在生活上得到合理的照顾，在精神上得到充分的安慰”。可见，老年人的常态化供养和照护由其所在家庭自行承担是农村生活的“常识”和“基本原则”。当然，这种义务虽然缺乏明确

① 如《农村人民公社工作条例（修正草案）》规定“社员的口粮，不论办不办食堂，都应该分配到户，由社员自己支配”。参见中央档案馆、中共中央文献研究室编：《中共中央文件选集（1949 年 10 月—1966 年 5 月）》（第 37 册），人民出版社 2013 年版，第 64 页。

具体的法律规定,但通常可以由尚处于“熟人社会”状态的乡村民间道德实践和集体经济组织内部规则予以明确和规制。家庭内部根据道德、习惯等民间行为规则、《婚姻法》及相关政策文件中的原则性要求,满足老年家庭成员的生活资料、生活照护等需求。对于缺少子女或其他提供支持之家庭成员的老年人,则由集体经济组织提供“五保”供养予以兜底保障。

对于企事业单位职工,老年人应当与家庭成员共同生活也得到法律认可、支持甚至鼓励。比如,国家为子女前往退休父母所在地或退休父母投奔子女提供便利,从而推动老年人与家庭成员共同生活。《国务院关于工人、职员退休处理的暂行规定》第6条规定:“工人、职员退休的时候,本人和他们的供养直系亲属前往居住地点途中所需用的车船费、旅馆费、行李搬运费和伙食补助费,都按照本单位现行的行政经费开支的规定办理。”①该规定在1978年《国务院关于工人退休、退职的暂行办法》中得以延续。在城市和农村迁移、定居受限的情况下,国家放松了对农村户口老年人投奔城镇户口子女的限制。1955年内务部、公安部制定的《关于办理户口迁移的注意事项的联合通知》规定:“那些确实因残、病、年老到城市依靠子女或亲友供养者发给迁移证。”1977年国务院批转的《公安部关于处理户口迁移的规定》也规定:“市、镇职工在农村的父、母,不得迁入市、镇。如确无亲属依靠,生活难以自理,必须到市、镇投靠子女的,可准予落户。”②

计划经济体制下的老年法律与政策虽然原则上规定了家庭成员(子女)负有“赡养扶助”老年父母的义务,但却从未规定此种义务的具体表现、程度,以及如果子女拒绝履行此种义务时的救济方式。可以说,当时的老年法律制度通过“留白”的方式确定了家庭组织在老龄化应对中的角色与地位。国家未能覆盖到的老年生活需要,包括金钱、服务、安全、情感等,事实上均由老年人所在家庭承担,由基于道德的行为评价机制予以保障。

---

① 中共中央文献研究室编:《建国以来重要文献选编》(第11册),中央文献出版社1995年版,第161页。

② 公安部治安管理局编:《户口管理法律法规规章政策汇编》,中国人民公安大学出版社2001年版,第240页。

第二节　改革开放背景下老年法律制度的调整与转型

党的十一届三中全会以后，社会主义市场经济改革和法治建设成为中国发展的主基调。偏重计划经济体制下劳动者生命历程的老年法律制度在此背景下需要作出变革，以适应人们应对老龄化进程的方式变化。制度变革的另一个背景是初见端倪的人口老龄化发展态势。1982 年我国派遣代表团参加首届老龄问题世界大会，归国后经国务院批准改组中国老龄问题全国委员会，宣告中国老龄工作的正式展开。[①] 1983 年中国老龄问题全国委员会向国务院提交《关于我国老龄工作中几个问题的请示》，指出“我国 60 岁以上的老人，1980 年约 8000 万人，占总人口的 8%……到 2025 年时将增长到 2.8 亿人，占总人口的 20%……这种人口结构老化的发展趋势，现已对我国经济和社会发展产生了一系列影响，并将日趋严重”[②]。经过多方共同努力，1996 年《老年人权益保障法》由第八届全国人民代表大会常务委员会第二十一次会议正式通过。该法首次构建以年龄为基准的老年法律主体，明确了老年人在社会生活中的法律地位，确定了老年人所享有的法律权利以及保障方针、原则和保障机制，标志着新中国老年法律制度体系的正式形成。

《老年人权益保障法》吸收老年学方面的研究成果，首次明确老年人的法律定义，即“六十周岁以上的公民”。相较于老年劳动者和老年父母，以年龄为基础的老年人法律概念更为抽象和明确，为社会发展中形成的多样化老龄化应对机制提供了相对可靠的概念工具和规范指引。在具体内容方面，《老年人权益保障法》确认了社会中广泛存在的老龄化应对机制，从国家、社会和家庭三个方面规定老年法律关系，明确了老年人所享有的权利和国家、家庭成员等主体的对应义务。就个人与国家的关系而言，老年是有着独特脆弱性的生命阶段，老年人因其在市场竞争中的劣势而容易遭遇系统性的生活困境，需要国家采取措施发展老

---

① 参见白桦主编，全国老龄工作委员会办公室、中国老龄协会编：《中国老龄工作年鉴（1982～2002）》，华龄出版社 2004 年版，前言。

② 白桦主编，全国老龄工作委员会办公室、中国老龄协会编：《中国老龄工作年鉴（1982～2002）》，华龄出版社 2004 年版，第 8 页。

年福利、老年优待等社会事业,为老年人权利的实现提供特别保护。就个人与社会的关系而言,老年是社会主义市场经济劳动者的生命晚期阶段,劳动者退休以及相关权益受到法律的确认和保护。就个人与家庭的关系而言,家庭赡养、扶养、继承等事项由法律规定,个人在老年期的"受赡养权"受到法律明确保护。此外,该法特别规定老年人"参与社会发展"的事项。虽然条文较为粗略,但也反映了中国"尊重和发挥老年人作用"之传统的延续以及对生产性老龄化等新理念的吸收和借鉴。

由此,中国老年法律制度以由年龄划分的老年人群体为基点,构建起国家/政府、社会、家庭相结合的老年人权益保障体系。该时期的老年法律制度以个人在老年生命阶段的经济保障、生活照护和医疗服务需要为重点,聚焦老年人的生存权、健康权,然而对终身学习、劳动就业以及其他类型社会参与和个体发展的权益的关注较为有限,某种意义上依然反映了视老年人为病人或弱者的观念。

一、以社会主义市场经济为基础的劳动者退休养老制度

随着社会主义市场经济改革的推进,劳动就业市场迅速发展起来。1980 年,我国提出了"在国家统筹规划和指导下,实行劳动部门介绍就业、自愿组织起来就业和自谋职业相结合"的就业方针。[①] 随着系列改革措施的推进,我国劳动力流动和配置的障碍逐渐被消除,劳动力市场日趋活跃。[②] 在此种就业模式下,劳动者不再是依附于单位的生产单元,而是独立、自主且平等的劳动力市场参与者。劳动者在平等、自愿的基础上,就包括退休待遇在内的劳动事项与雇佣者达成合意,签订劳动合同,从而实现对职业生涯和老年生活的预先规划与自主安排,其自主意愿受到法律的尊重和保护。同时,国家法律又对劳动关系和劳动合同进行规制。《劳动法》《劳动合同法》等法律规范明确就薪资水平、工作条件、休息休假权以及退休待遇等事项作出规定,保障广大劳动者的劳动权益。可以说,社会主义市场经济条件下的退休养老制度在尊重市场逻辑的基础上被国家法律的干预调整。劳动者的退休与养老事宜由国家包办转向社会化、市场化方

---

① 参见国家发展改革委宏观经济研究院市场与价格研究所:《市场决定的伟大历程:中国社会主义市场经济的执着探索与锐意创新》,人民出版社 2018 年版,第 166 页。

② 参见中国社会科学院:《人口与劳动绿皮书(2011)》,社会科学文献出版社 2011 年版。

向发展。劳动者或就业者和雇佣者在法律规定的约束下可以平等协商，共同确定达到特定年龄后的工作调整和保障待遇。国家法律明确劳动者退休的法定条件和基本待遇水平，指导和约束劳资双方的就业行为，以满足就业和养老方面的国家政策方针。国家则主要承担对陷入困境的退休职工的社会救助职责，并负责统筹组织具有兜底性质的基本养老保险体系。

（一）法定退休养老制度的延续与调整

1978 年国务院颁布的《关于安置老弱病残干部的暂行办法》和《关于工人退休、退职的暂行办法》至今仍有法律效力，结合《劳动合同法》《社会保险法》的相关规定，构成我国企业职工和国家机关工作人员退休制度的主体框架。一方面，从劳动合同立法的角度来看，退休是以达到法定的退休年龄为要件，直接导致劳动合同终止的法律事实。另一方面，达到法定退休年龄和累计缴费年限是领取基本养老金的必要条件。社会主义市场经济体制下的退休制度基本延续了计划经济时期的退休退职制度，以基于法定年龄的强制退休为主要内容，退休年龄方面的男女差异也被延续下来。国家也结合经济发展现实就基本退休年龄制度进行了补充，规定在特定条件下，可以灵活地安排延迟退休或提早退休。比如 1983 年《国务院关于高级专家离休退休若干问题的暂行规定》和 1987 年《中共中央组织部、劳动人事部关于女干部离休退休年龄问题的通知》等文件，明确了对部分特殊岗位和高级技术专家延迟退休的方案。2015 年《中共中央组织部、人力资源社会保障部关于机关事业单位县处级女干部和具有高级职称的女性专业技术人员退休年龄问题的通知》明确规定部分女干部和女性专业技术人员年满 60 岁退休。又如，在部分情况下，法定退休年龄前实行“内退”也成为普遍的现象，有学者统计，我国实际退休年龄仅为 54 岁。[①] 此种“内退”反而得到法律的认可。2005 年《公务员法》第 88 条规定，符合特定条件的公务员可以在个人主动申请，任免机关批准的情况下提前退休。[②]

部分地区进行与延迟退休相关的试点改革，但多表现为年龄标准的调整，并

① 参见林毓铭等：《延迟退休年龄改革的多因素分析与政策转型》，人民出版社 2021 年版，第 84 页。

② 2005 年《公务员法》第 88 条规定：“公务员符合下列条件之一的，本人自愿提出申请，经任免机关批准，可以提前退休：（一）工作年限满三十年的；（二）距国家规定的退休年龄不足五年，且工作年限满二十年的；（三）符合国家规定的可以提前退休的其他情形的。”此条在 2018 年修订后的《公务员法》调整为第 93 条，但内容未发生变化。

未改变退休的制度逻辑。比如2010年《上海市人力资源社会保障局关于本市企业各类人才柔性延迟办理申领基本养老金手续的试行意见》规定专业技术职务资格人员,具有技师、高级技师证书的技能人员和企业需要的其他人员,可以延迟办理申领基本养老金手续的年龄。2022年《江苏省企业职工基本养老保险实施办法》亦规定,符合特殊工种提前退休条件的参保人员,经职工与企业协商一致,可在现有规定范围内自行选择退休时间。此外,现实生活中大量存在企事业单位出于实际需要而聘用已经退休的劳动者的"返聘"现象。而基于当前劳动领域的法律制度,已经享受退休待遇或养老保险待遇的"返聘"人员与当前雇佣者间的关系只能归为"劳务关系"而非"劳动关系",至于尚未享受退休待遇或养老保险待遇的"返聘"人员与当前雇佣者间的关系则存在争议。① 可见,无论是关于退休年龄的调整还是"返聘"现象,都并未改变我国法定退休制度的实质,即达到法定退休年龄意味着劳动关系的终结,也在某种意义上意味着社会意义上的老年生命阶段的开端。

(二)养老保障的社会统筹和多层次发展

随着市场经济改革的推进,养老保障由国家包办转向社会化发展,养老保险成为劳动条件的组成部分。一方面,国家主要承担兜底保障和社会统筹的职责,为劳动者在年老情况下的经济安全提供社会化方案——基本养老保险制度,即由国家、雇佣者和劳动者共同参与、各自承担部分责任;另一方面,国家支持企业年金、个人储蓄型养老保险等新型养老保险的发展,以满足多层次的经济保障需要。

在走向统合的基本养老保险制度中,筹资责任由国家、企业、个人共同承担。参保者承担一定的比例,而企业、事业单位等雇佣主体需要以缴纳社会保险费的形式承担更为主要的责任。企业的缴费责任由国家法律保障落实,并由国家财政负责填补空缺。1991年国务院发布的《关于企业职工养老保险制度改革的决定》确定了中国养老保险制度改革与发展的方向。在保险体系方面,养老保险由基本养老保险、企业补充养老保险、个人储蓄性养老保险三个层次组成;在缴费责任方面,基本养老保险费用由国家、企业、职工个人共同负担;在统筹方式方面,养老保险实行社会统筹,由市县级统筹逐步过渡到省级统筹,基本养老保险

---

① 参见林嘉:《退休年龄的法理分析及制度安排》,载《中国法学》2015年第6期。

基金按照以支定收、略有结余、留有部分积累的原则统一筹集。[①]

在基本养老保险方面,1993 年《中共中央关于建立社会主义市场经济体制若干问题的决定》明确城镇职工养老保险实行"社会统筹和个人账户相结合"。1995 年《国务院关于深化企业职工养老保险制度改革的通知》更进一步明确改革的目标和原则,重点强调该制度要"适用城镇各类企业职工和个人劳动者,资金来源多渠道、保障方式多层次、社会统筹与个人账户相结合、权利与义务相对应、管理服务社会化",并针对各地试点过程中的费率差异和空账现象提出了两个实施办法供地方选择。1997 年《国务院关于建立统一的企业职工基本养老保险制度的决定》在全国范围内规定了统一费率,并再次提及统筹层次要逐步由县级统筹向省级统筹过渡。2000 年国务院发布的《关于印发完善城镇社会保障体系试点方案的通知》和 2005 年《国务院关于完善企业职工基本养老保险制度的决定》(国发〔2005〕38 号)对费率和账户比例作出调整,明确了个人与企业的筹资责任以及个人账户和统筹基金分开管理的工作方针,决定实施坐实个人账户试点,明确中央财政负责填补养老保险基金中的"空账"问题。《劳动合同法》和《社会保险法》对企业缴纳社会保险费作出更加明确和严格的规定,明确了各级政府和有关部门的监管职责以及企业缴纳保险费用的法律责任。

自《国务院关于企业职工养老保险制度改革的决定》提出建立多层次的养老保险体系以来,我国就企业年金、个人商业保险等新保险形式进行了长期的探索。我国先后发布《关于建立企业补充养老保险制度的意见》(1995,已失效)、《企业年金试行办法》(2004,已失效)、《企业年金基金管理试行办法》(2004,已失效)、《人力资源和社会保障部、银监会、证监会、保监会关于扩大企业年金基金投资范围的通知》(2013)、《人力资源和社会保障部、银监会、证监会、保监会关于企业年金养老金产品有关问题的通知》、《财政部、人力资源社会保障部、国家税务总局关于企业年金、职业年金个人所得税有关问题的通知》(2013)、《企业年金基金管理办法》(2015)和《企业年金办法》(2017,部分失效),明确规定了企业年金制度的筹资方案、待遇给付、组织方式、管理流程和监管体制,初步建立起企业年金的制度框架。2014 年国务院办公厅发布的《机关事业单位职业年金办法》建立起机关事业单位工作人员的强制性职业年金制度。

---

① 参见刘芳、毕可影主编:《社会保障制度史》,上海交通大学出版社 2018 年版,第 130 页。

法律与政策语境下劳动就业人员的退休养老由政府组织的基本养老、企业组织的企业年金/职业年金和金融市场提供的个人养老金三层次构成。同时，法律允许用人单位与雇员在协商一致的基础上自行确定其达到特定年龄后的工作安排和待遇条件。现实中，许多用人单位会组织提供企业年金之外的退休养老待遇，也可能会与雇员约定在其法定退休年龄之前解除劳动关系。此种现实揭示了市场经济环境下退休与养老制度的另一层逻辑。退休法律制度的意义在于达到特定年龄的劳动者不再受到法律的劳动保护，基本养老保险、企业年金或其他企业退休福利在某种意义上则是政府和企业提供的对劳动者丧失劳动保护的对价或补偿。本书后文将对此展开进一步的分析和论述。

（三）多轨制养老保障体系的整合

在改革的过程中，养老保险逐渐从城乡、企业/机关事业单位并轨发展走向整合，显示出老年法律主体从“单位人”向“社会人”转变的进程。在计划经济体制下，国家机关工作人员、企业职工、农村集体经济组织成员代表不同的职业生命历程。各职业生命历程间彼此隔绝，相互转化虽然并非不可能，但相对困难。而在社会主义市场经济改革的进程中，各职业身份逐渐整合为统一的、平等的劳动者或就业者身份，具有不同职业的个人所经历的“就业—退休”的职业生命历程也走向统一。每个社会成员都可以在平等基础上，参加不同层次、不同类型的社会养老保障方案，为养老保障体系的运作和维系作出自己的贡献，并依此为自己的老年生活作出规划和准备。

改革初期，养老保险的制度逻辑从计划经济体制下的退休退职养老转型，为适应经济体制改革的进程，奉行多轨制发展模式。关于企业职工、机关事业单位工作人员和农村居民在养老保险的参保、筹资、待遇核定和实际支付方面的规定存在较大差异。

在城镇地区，1986 年国务院颁布的《国营企业实行劳动合同制暂行规定》改变了国营企业工人与其所在单位关系的法律逻辑，即从基于经济计划的劳动安排转向基于平等自愿与协商一致的劳动关系。工人可以与企业自行协商合同期限，退休不再是基于行政安排的强制性义务，但养老金、退休金也不再是无条件的退休福利，而要以实行“社会保险”为前提，养老基金由合同制员工和企业共同缴纳，在不敷使用时由国家财政给予适当补助。养老金待遇水准计算也从由“工龄 + 工资”水平确定改为按照“缴纳退休养老基金年限长短、金额多少和本人一定工作期间的平均工资收入的不同比例"综合确定。[①] 而机关和事业单位工作人员则依然实行离退休保障制，由国家财政保障养老金、退休金待遇。1993年国务院发布《关于机关和事业单位工作人员工资制度改革问题的通知》，明确在新的养老保险制度建立前，相关工作人员因年龄和身体状况而退休退职的，由国家财政根据其工资水平支付退休金和其他津贴。

在农村地区，家庭联产承包责任制的推行使得原本基于社员身份的养老保障制度丧失了社会基础，国家开始探索建立适应农村社会经济状况的养老保险制度。1987年民政部发布的《关于探索建立农村基层社会保障制度的报告》明确了农村老年人生活保障体系的建设方针，即"以自我保障为主，充分重视家庭的保障作用"，由国家、集体、个人/家庭根据不同的情况分担保障责任。1992年民政部颁布的《县级农村社会养老保险基本方案（试行）》则初步探索农村居民的社会养老保险制度。该社会养老保险以村为单位组织投保，筹资以个人缴费为主、集体补贴为辅，养老金待遇以年龄和缴费状况为基准进行计算，主要表现为储蓄式自我保障。而2009年国务院发布的《关于开展新型农村社会养老保险试点的指导意见》（又称"新农保"，已失效）则进一步明确了国家责任，在筹资、管理和支付方面依然与职工、国家机关工作人员的养老保险有着巨大的差距。

随着以职业身份界分的养老保险制度的弊端逐渐凸显，国家开始推动社会养老保险的整合发展，改变养老保险制度多头林立的状况。1997年国务院发布《关于建立统一的企业职工基本养老保险制度的决定》，明确要逐步构建适用于城镇所有企业职工以及个人劳动者的"统账结合"的基本养老保险制度，在扩大基本养老保险覆盖面的同时，亦消除公私企业的养老保险差异。2008年《事业单位工作人员养老保险制度改革试点方案》明确事业单位工作人员参加基本养老保险制度，在缴费责任、基金管理和保障待遇方面与企业职工基本一致。2010年《社会保险法》正式实施。《社会保险法》对基本养老保险的保障原则、筹资模式、保障待遇、基金管理等事项进行了统一的规定，虽然存在基于职工、农村居民等主体身份的界分，但主要体现在参保方式和缴费责任方面，并且明确提出可以将城镇居民社会养老保险和新型农村社会养老保险合并实施。2014年国务院发

---

① 参见《国营企业实行劳动合同制暂行规定》，载王巨禄主编：《中国市场经济法律实务知识全书》（下册），人民出版社1994年版，第1930页。

布《关于建立统一的城乡居民基本养老保险制度的意见》,正式提出将“新农保”与“城居保”合并运行的发展方向,2015 年《国务院关于机关事业单位工作人员养老保险制度改革的决定》为机关事业单位人员建立起与企业职工类似的基本养老保险机制,并设计了职业年金,明确宣示机关事业单位和企业养老金制度并轨运行的发展方向。至此,我国基本养老保险已经从多轨发展转向城乡居民基本养老保险和城镇职工基本养老保险的双轨发展模式,而双轨合并可能将是未来新的发展方向。

二、国家主导的多维度老年保障制度

老年法时常被理解为是处于社会弱势地位的“老年人”的权利保障特别法。1996 年《老年人权益保障法》无论是从立法目的、规范内容还是该法在整个法律制度体系中的定位来看,都显示出弱者保护的国家/政府义务。《老年人权益保障法》第三章“社会保障”明确国家保障老年人基本需求的社会保障义务。根据相关条文,国家应当建立和发展养老保险制度、医疗保险制度,以及针对“三无”(无生活来源、无劳动能力、无赡养人)老人等特殊困境老年人的社会救济制度,以满足老年人的基本生活和医疗服务需要。同时,国家规划和促进老年医学、老年教育、为老服务和老年文体事业发展,建立普惠制的老年优待制度,使所有老年群体都能享受社会发展的成果。

如前文所述,国家承担起社会养老保险方面的兜底保障和社会统筹的职能。比如新型农村养老保险推广过程中,由于集体经济组织的弱化,政府对农民缴费和养老金待遇给予相当程度的直接补贴,形成了实际的“国家—个人”保障模式。而在特殊困境老人的社会救济方面,单位和农村集体经济组织的角色转型使得单位救助不仅难以为继,也无法满足老年人对于“服务”的需要,构建社会化的老年福利体系迫在眉睫。《城市居民最低生活保障条例》《农村五保供养工作条例》等法律法规更明确地方人民政府对于相关经费的预算责任,事实上凸显了国家的兜底责任。2000 年国务院办公厅转发民政部等十一部委的《关于加快实现社会福利社会化的意见》,首次提出“福利社会化”的发展要求。所谓“福利社会化”可以从“投资主体社会化”和“服务对象社会化”两个角度理解。前者强调充分动员和调集集体组织、企事业单位、公益社会组织以及市场的力量,构建互相配合、相互支撑的结构合理分配不同主体的责任。而后者则重点强调将服务对象从“三无”“五保”等特困老人,逐步扩展到全社会的所有老年人。服务内容和服务方式要照顾不同情景下老年人的不同需求,实现多元化发展。同年中共中央、国务院发布的《关于加强老龄工作的决定》更进一步明确要构建以老年福利、生活照料、医疗保健、体育健身、文化教育和法律服务为主要内容的老年服务体系,积极兴办不同形式、不同档次的养老机构为老年人提供生活照料、文化、护理、健身等多方面的服务。社会化发展更是养老服务体系建设的核心原则。2011 年国务院办公厅发布的《社会养老服务体系建设规划(2011—2015 年)》,作为新中国成立以来第一部社会养老服务体系建设的专项规划,对社会养老服务体系建设方针进行了全局性规定,该制度谋划中国家主要承担“制度、规划、筹资、服务、监管等方面的职责”,而市场、自治组织等社会力量扮演着服务的直接供给主体角色。

自此,国家一方面继续发展以“三无”“五保”老人为对象的补缺型服务,推动社会救助制度的规范化发展,为特困老人提供托底保障;另一方面大力发展居家养老、康养照护、文体娱乐等普惠性老年福利事业,创设制度保障体系,满足老年群体多方面的服务需求。2000 年《中共中央、国务院关于加强老龄工作的决定》明确提出,老龄问题涉及政治、经济、文化和社会生活等诸多领域。同年,党的十五届五中全会通过的《中共中央关于制定国民经济和社会发展第十个五年计划的建议》强调要“重视人口老龄化趋势,努力解决老龄人口社会保障和精神文化生活问题”①。相较于之前的发展规划建议,“十五”发展规划从社会保障之外的视角关注老年人问题,“表明党对老年人问题的认识更加全面”②,即个人在不断衰老过程中所产生的权利诉求不仅仅在于“有所养”。2006 年《中国老龄事业发展“十一五”规划》明确老年福利事业的发展重心在于“立足发展补缺型的老年社会福利事业,兼顾发展面向全体社会公众的普惠型的老年福利事业”,要“以满足‘三无’老人、低保老人、残疾老人、高龄老人和空巢老人的生活照料需求为出发点”。同年国务院办公厅转发《关于加快发展养老服务业的意见》(已失效),确定了老年服务业发展的工作重点,即进一步发展老年社会福利事业,大力

① 《中共中央关于制定国民经济和社会发展第十个五年计划的建议》,人民出版社 2000 年版,第 27 页。

② 杜鹏等:《中国共产党老龄工作的思想与政策演变——百年历程的回顾与思考》,载《人口与经济》2021 年第 5 期。

发展社会养老服务机构,鼓励发展居家老人服务业务,支持发展老年护理、临终关怀服务业务。其中,老年社会福利事业是指为"三无"老人等特困老人提供基本生活保障补缺型服务,而社会养老服务、居家养老服务和老年护理服务则面向全体老年人。该文件还明确了构建"以居家养老为基础、社区服务为依托、机构养老为补充的服务体系"的发展方略,反映出国家对老年群体和老年生活认识的发展,即老年人应当融入社区过"常态化"的生活,但同时又在照护、医疗方面有着自身的特殊需求。

由此看来,老年社会保障体系的"社会化"并不意味着国家责任的消失,而是表征老年法律制度走上"双维"发展的轨道。一方面,国家对于处于贫困、无依靠的特殊困境老年人给予社会救济。政府始终承担最主要的救济责任,但同时也强调鼓励和支持社会力量参与。另一方面,国家认识到个人在老龄化过程中的特殊脆弱性,主导设计和建设养老保险、养老服务体系,发展面向老年人的文化、卫生、体育事业,以满足实现个人在老龄化过程中产生的各类需求。

三、家庭赡养法律制度的建立和完善

1982年《宪法》第49条第3款和第4款首次规定"父母有抚养教育未成年子女的义务,成年子女有赡养扶助父母的义务。禁止破坏婚姻自由,禁止虐待老人、妇女和儿童",以根本大法的形式确认了成年子女赡养扶助父母的义务。①1979年的《刑法》亦将遗弃、虐待老年的家庭成员之行为确定为犯罪。② 1980年修订的《婚姻法》(已失效)则明确了特定条件下孙子女、外孙子女对祖父母、外祖父的赡养义务,并增设了关于不履行赡养义务的救济方式之规定。③ 而1996年颁布的《老年人权益保障法》第10条规定,"老年人养老主要依靠家庭,家庭成员应当关心和照料老年人",而该法第二章则对家庭成员赡养、扶助老年人的义务进行了具体的规定。

---

① 1982年《宪法》第44条规定,"国家依照法律规定实行企业事业组织的职工和国家机关工作人员的退休制度。退休人员的生活受到国家和社会的保障"。第45条第1款规定,"中华人民共和国公民在年老、疾病或者丧失劳动能力的情况下,有从国家和社会获得物质帮助的权利。国家发展为公民享受这些权利所需要的社会保险、社会救济和医疗卫生事业"。

② 参见1979年《刑法》第182条、第183条,1997年《刑法》以及后续刑法修正案虽然在条文表述上有所变化,但虐待包括老年人在内的家庭成员、遗弃有扶养义务的老年人的行为,依然被认为是犯罪。

③ 参见1980年《婚姻法》第2条、第15条、第22条。

1996 年《老年人权益保障法》第 11 条规定,家庭成员(尤其是成年子女)作为赡养人负有“经济上供养、生活上照料和精神上慰藉”的义务。[①] 结合其他条款,经济供养、生活照料和精神慰藉的内容相当宽泛,基本涵盖了当时观念中老年人生活所需的金钱、照护、住房、疾病治疗等全部生活需求,老年人的子女及其家庭在大部分情况下承担着无限的保障老年人基本生活的责任。在国家角色收缩而社会化机制尚未建立的情况下,此种制度设计中的家庭便成为最主要的养老保障主体,这种角色分工也得到了《老年人权益保障法》的确认。1996 年《老年人权益保障法》第 10 条规定,“老年人养老主要依靠家庭”。家庭责任的强化在农村地区表现得尤为明显。《民政部关于探索建立农村基层社会保障制度的报告》确定农村养老保障以农民的自我保障为主、社会互济为辅、社会养老保险与家庭养老保障相结合的基本原则。由于后来农村社会养老保险(旧农保)在推广和支付方面长期处于停滞状态,家庭成为农村地区唯一的养老保障主体和养老方式。

随着养老保障制度的“社会化”发展,家庭的角色和功能也在发生转变。这种转变在养老服务方面表现得尤为明显。在过去,家庭是制度和实践中常态化生活照料的唯一提供者,而 2000 年《中共中央、国务院加强老龄工作的决定》则在照料需求之满足方面引入了社会力量,提出“坚持家庭养老与社会养老相结合,充分发挥家庭养老的积极作用,建立和完善老年社会服务体系”,并进一步阐明要“建立家庭养老为基础、社区服务为依托、社会养老为补充的养老机制”。“家庭养老”成为与“社会养老”对应的养老方式,“家庭”与“社会”合作完成养老保障职责。相较于国家而言,“社会”内涵更为复杂,不仅包括表现为国家责任的福利机构与救济主体,还包括社会公益力量、民间互助力量、企业责任和市场机制,可以说是与家庭这种传统养老主体相对应的现代力量的统称。在政策语境下,家庭依然作为养老保障的“基础”,而社会力量则担当“补充”的位置。2006 年《关于加快发展养老服务业的意见》将养老服务体系的建设方针改为“居家养老为基础、社区服务为依托、机构养老为补充的服务体系”。2011 年《国民经济

---

① 1996 年《老年人权益保障法》第 11 条规定:“赡养人应当履行对老年人经济上供养、生活上照料和精神上慰藉的义务,照顾老年人的特殊需要。赡养人是指老年人的子女以及其他依法负有赡养义务的人。赡养人的配偶应当协助赡养人履行赡养义务。”

和社会发展第十二个五年规划纲要》的新部署表述为“以居家为基础、社区为依托、机构为支撑”。从“家庭”到“居家”的变化表现出家庭在养老保障责任分担体系中弱化的趋势,因为“家庭”可以理解为一种责任主体,而“居家”则只能理解为一种老年生活方式。新的养老服务体系弱化了主体责任的强弱规定,表现出一种不同力量互相支援的弹性分担机制,而家庭在这个机制中扮演着基础性的地位。由家庭成员为老年人提供生活照护和精神慰藉,既符合中国传统观念,是中国人绵延千年的道德实践,又对老年人的身心健康有着不可取代的独特意义;而社会组织、市场主体则在国家的统筹和调动下,为家庭成员履行相关义务提供支持和帮助。

第三节　以积极应对人口老龄化为目标的老年法律制度发展趋势

21 世纪中国人口发展进入快速老龄化和加速老龄化阶段。人口老龄化、家庭小型化以及大规模的人口流动相结合,对就业、医疗、社保相关体制运行的压力已经初步显现。2022 年中国 60 岁及以上老年人口总数已达 2.8 亿,据预测将在 2050 年达到 5 亿峰值。更重要的是,中国的人口老龄化与现代化同步发生,2050 年既是人口老龄化的顶峰,也是社会主义现代化强国建设的关键时点。早在 2006 年,我国“十一五”规划就提出要“积极应对人口老龄化”。2012 年党的十八大报告明确提出要“积极应对人口老龄化,大力发展老龄服务事业和产业”①。同年修订实施《老年人权益保障法》。2012 年修订后的《老年人权益保障法》第 4 条第 1 款明确“积极应对人口老龄化是国家的一项长期战略任务”。党的十九大报告强调要“积极应对人口老龄化,构建养老、孝老、敬老政策体系和社会环境,推进医养结合,加快老龄事业和产业发展”②。2019 年中共中央、国务院印发《国家积极应对人口老龄化中长期规划》,正式确定“积极应对人口老龄化”

① 胡锦涛:《坚定不移沿着中国特色社会主义道路前进　为全面建成小康社会而奋斗》,载《中国共产党第十八次全国代表大会文件汇编》,人民出版社 2012 年版,第 34 页。

② 习近平:《决胜全面建成小康社会　夺取新时代中国特色社会主义伟大胜利——在中国共产党第十九次全国代表大会上的报告》,人民出版社 2017 年版,第 48 页。

的综合性战略方针。2013 年党的十八届三中全会报告《中共中央关于全面深化改革若干重大问题的决定》将“积极应对人口老龄化，加快建立社会养老服务体系和发展老年服务产业”作为老龄事业改革的重点。积极应对人口老龄化的指导思想和行动方针逐渐明晰，已经成为我国老年法律制度和老龄政策发展的重要战略方向。

邬沧萍指出，我国提出的“积极应对人口老龄化”，将“个人层面的老（龄）化”上升到“群体层面的老龄化”。① 杜鹏指出，中国特色积极应对人口老龄化道路的内涵是在中国共产党的领导下，以人民为中心，把积极老龄观、健康老龄化理念融入经济社会发展全过程，大力弘扬中华民族孝亲敬老传统美德，依靠政府、市场、家庭、个人等多元主体责任共担，有效应对中国人口老龄化的道路。② 积极应对人口老龄化的理念与方针，更加强调以社会合作的方式实现社会成员的积极老龄化，既是我国作为发展中国家应对人口老龄化挑战的本土化方略，也体现了我国的社会主义本质。“积极应对人口老龄化”战略指导下的中国老年法律制度已经吸收和转化积极老龄化、全生命历程视角等人类老龄化的最新理念，针对中国现代化进程中发展老龄事业和人权事业的痛点、难点进行法律政策革新。目前的制度文本已经体现出从“接受福利的弱者”向“权利主张者”的重要观念转变。老年人是具有独特脆弱性的年龄群体，需要国家采取积极有效的行动履行人权义务确保其充分享有所有人权。老年人也是平等、自主、积极能动的社会参与者与社会建设者，能够在国家与社会的支持下实现自身自由全面发展的同时参与、促进社会发展，享受健康而积极的老年生活。

一、现行《老年人权益保障法》的权利保障新理念

1996 年颁布的《老年人权益保障法》确认了老年人所享有之权利的基本内容以及专门保障方案，构建起中国老年法律制度体系的主体框架。《老年人权益保障法》带有鲜明的时代印记，随着我国老龄事业发展进入新的阶段而需要修订和完善。2012 年《老年人权益保障法》进行了大刀阔斧的修订，内容方面增设社会服务、

---

① 参见邬沧萍：《积极应对人口老龄化理论诠释》，载《老龄科学研究》2013 年第 1 期。

② 参见杜鹏：《中国特色积极应对人口老龄化道路：探索与实践》，载《行政管理改革》2022 年第 3 期。

社会优待、宜居环境等章节,条文数量从6章50条扩展到9章85条。后又于2015年、2018年对该法个别条款进行了修正。现行《老年人权益保障法》顺应融合积极老龄化的观念,凸显老年人的权利主体地位并强调老年人的价值与潜力,致力于通过支持所有社会成员在必然和不断的老龄化过程中实现增权与赋能构建惠及所有人的老年权利保障制度体系。

(一)老年人权利主体地位之凸显

积极老龄化归根结底是通过人权实现个人福祉和社会发展的协调与整合的。现行《老年人权益保障法》融合积极老龄观所蕴含的人权保障理念,在旧法的基础上进一步凸显老年人的权利主体地位。具体而言,现行《老年人权益保障法》突出了老年人在追求和享有人权过程中的平等地位和能动作用,从而实现老年人范畴从客体化的"福利受助者"向"主张权利"的主体转变。

"法律面前人人平等"是基本的法律常识,而拥有具有民事权利能力和民事行为能力,是个人平等享有人权的重要前提。我国法律承认公民拥有的平等民事权利能力和民事行为能力不因年龄增长而减损,同时现行《老年人权益保障法》再次强调要为老年人平等享有和行使婚姻自由、财产权等民事权利提供保护。同时必须承认的是,个人之认知能力、辨别能力可能因衰老综合征或其他老年疾病的影响而遭到损害。为此,老年法律亦必须采取必要的措施,为老年人提供"行使其法律权利能力时可能需要的协助"①。一般而言,监护制度是为能力受损之个人提供协助的主要法律制度。考虑到生理老龄化影响的偶然特征,现行《老年人权益保障法》构建"意定监护"制度,开创我国"成年监护"之制度先河,亦在后续《民法典》中得到进一步确认。成年意定监护制度在确认个人之权利能力、行为能力不单纯因年龄增长而减损的前提下,赋予个人以选定监护人的权利。老年人可以依据其自身意愿选定监护人,从而维护对于自己生活的自主权和决策权。

老年人发挥能动作用意味着老年人不仅能参与并推动关涉自身权利与利益的老龄事业发展,也能为社会整体发展展现自身的价值与贡献。现行《老年人权

---

① 《残疾人权利公约》第20条"在法律面前获得平等承认"规定"缔约国应当采取适当措施,便利残疾人获得他们在行使其法律权利能力时可能需要的协助"。老年人不等于残疾人,但在行使法律权利能力时同样可能因身心变化受到阻碍,在需要国家法律协助方面的逻辑是类似的。

益保障法》关于老年人参与社会发展的内容相较旧法更为系统和丰富,其中“参与社会发展”的条文得到扩张,明确宣示了老年人在终身学习、劳动就业、决策参与、社区发展和文体活动等方面的参与权利。而且,现行《老年人权益保障法》从“安全、便利和舒适”的宜居环境角度确认老年人平等而充分的社会参与的物理条件,从而奠定权利实现的物质基础。积极有效的社会参与往往需要多方面、多层次的支持,包括可持续的健康支撑体系、无障碍的物质环境、必要情况下的照护服务支持以及有利于参与的社会氛围。比如,现行《老年人权益保障法》明确“老年人养老以居家为基础”,确定了健康、照护相关的权利保障措施应以居家生活为基础。以家庭和社区为基础的举措可以维持老年人生活经历的稳定性并最大限度地保留社会关系网络,从而为老年人参与和融入社区生活奠定基础。现行《老年人权益保障法》明确“国家逐步开展长期护理保障工作,保障老年人的护理需求”。相较于以治疗和康复为目标的医疗照护,长期护理的特征在观念层面将随年龄增长而发生的失能现象视为正常的生命体验,以此为基础构建的照护服务体系能够最大限度地保障老年人在日常生活中的自主地位和参与机会:常态化的监测、照顾和支持能够有效降低老年人的失能风险,而且灵活且多层次的服务方式也能够降低老年人长期生活在医疗机构带来孤独和隔绝。此外,现行《老年人权益保障法》首次确认国家构建安全、便利、无障碍老年宜居环境的义务,也凸显了积极老龄化的战略转向。宜居环境不仅意味着安全的居住环境和便利的服务环境,也包含无障碍的参与环境、包容型的文化环境等意涵,代表着一种为老年人增能赋权的权利保障方案。

(二)老龄化增能赋权路径之承认

积极老龄化理念中老年人的主体性也体现于个人关于自身老年生活及其规划方案的自主意愿与自由选择方面。现行《老年人权益保障法》在传统的社会保险、优抚救济、家庭赡养等老龄化应对机制的基础上,对社会发展进程中出现的新机制和新方案予以确认和保障,从而拓宽个体老年生活方式的选项。

就以家庭为基础的老龄化应对而言,现行《老年人权益保障法》改变了家庭赡养的偏重逻辑,将“老年人养老主要依靠家庭”修改为“老年人养老以居家为基础”。其规范意义在于,家庭既是保障老年人基本生活水平的责任主体角色,也是每个人老年生活的重要场域。老年人不应当只是“被赡养者”,而应该是家庭生活平等、能动的参与者。《联合国老年人原则》特别强调“老年人应能尽可能长期在家居住”以及“老年人应按照每个社会的文化价值体系,享有家庭和社区的照顾和保护”,家庭生活本身就是老年人的一项权利。孝亲敬老是中华民族千百年来传承的传统美德,但其不应仅仅被解释为成年子女对父母的单方面给付,而在于构建和维护家庭成员之间相互扶持的和谐关系。基于此种考量,现行《老年人权益保障法》不仅明确了赡养人义务的内容和履行方式,以法律形式确认和保护中华文化背景下独特的代际互助模式和家庭生活方式,同时确认了国家支持家庭完成赡养老人之功能的责任,最大限度发挥家庭结构和家庭功能在满足老年人精神需求、促进社会代际团结以及实现积极老龄化方面的价值与功能。

就关于社会的老龄化应对机制而言,现行《老年人权益保障法》对改革开放以来的养老服务、养老保险等领域的“社会化”发展趋势予以法律确认。其第 7 条第 1 款明确“保障老年人合法权益是全社会的共同责任”,并进一步明确国家机关、社会团体、企业事业单位以及老年人本人的责任分担原则。从生命历程的角度来看,每个老年人都是由职工、企业主、个人工商户等社会身份经由社会老龄化过程转化和蜕变而来。从根本上来说,每个人首先要关注自身在老年生命阶段的可能境遇和权利实现问题,应当为可预期的社会老龄化过程作出预先规划和准备。老年法律制度的要义便在于确认符合基本权利和公共秩序要求的个性化实践方案。从这个意义上来讲,老年人不仅是国家人权义务的特殊主体,也是老龄化的劳动者、老年产品和服务的消费者、养老金融的投资者。现行《老年人权益保障法》强调发展老龄产业和老年社会服务,强调企事业单位等社会力量作为具体的生活资料、服务、机制的提供者积极地参与该体系,运用法治手段在劳动、消费、投资等各个领域保障老年人权益。而政府在相关体系建设中承担规划、支持、监督、管理和侵权救济的责任。比如《老年人权益保障法》在 2018 年修正后取消养老服务机构的设立许可,坚持服务领域的“放管服”改革,也是此种观念的体现。

总体而言,当前中国老年法律制度的发展重点开始逐步转向“增权赋能”,致力于为每个社会成员实现积极老龄化构建良好的制度环境,保障老年人平等、自主的主体地位,通过激发老年人潜能、提升关于老年人自我价值的正面认知,支持老年人在平等的基础上参与社会和融入社会。

二、党的十八大以来老龄政策的新发展

党的十八大以来,党和国家高度重视老龄事业发展,共出台老年政策文件

300余件以及老年专项战略规划20余项，构建起更加全面、系统和完备的老龄政策体系。自2019年中共中央、国务院印发《国家积极应对人口老龄化中长期规划》以来，我国老龄政策以“实施积极应对人口老龄化国家战略”为中心，充分融合积极老龄观、健康老龄化等理念，聚焦全生命历程人口服务体系、老年宜居环境和老年人终身发展体系，致力于构建适合老年人实现自身发展、促进社会发展、共享发展成果的社会环境，发挥老年人作为积极、能力、自主的社会主体的价值与潜能，实现个人权利保障与社会可持续发展的协调统一。

（一）老龄事业发展规划的理念转变

我国老龄工作自开始便确立了老有所养、老有所医、老有所为、老有所学、老有所教、老有所乐等目标。这些目标集中反映了个人在老年生命阶段的物质生活和精神文化生活需要，是老年人所享有之各项权益的内核，也是老龄方针、政策和规划的重要目标。从逻辑上看，这些目标是相互联系，不可分割的整体，但在不同阶段的老龄政策中有所侧重。改革开放初期的老龄法律与政策以社会保障为重点，聚焦“老有所养”和“老有所医”。而随着社会主义现代化事业取得巨大成就和老龄事业获得长足发展，党的十八大以后的老龄法律与政策融合“积极老龄观”和“健康老龄化”观念。比如，2017年发布的《“十三五”国家老龄事业发展和养老体系建设规划》（以下简称“十三五”规划）和2021年12月印发的《“十四五”国家老龄事业发展和养老服务体系规划》（以下简称“十四五”规划）将前期老龄事业发展规划中的“全民关怀”的表述改为“全民行动”。其意义在于，老年人不仅是受到关怀与帮助的社会弱者，更是老龄事业发展的行动者、倡议者和建设者。“全民行动”的表达体现的是“积极老龄观”强调老年人能动性和主体地位的侧面，也展示了老龄事业其实与每个人息息相关的“全生命历程”视角。年龄增长和个体老龄化是每个人不可避免的命运，构建老年人权利保障机制实则是在构建每个人的权利保障机制，应当由每个社会成员参与、贡献并由每个社会成员共享。“全民行动”揭示老龄事业发展需要动员政府、社会、市场、家庭以及老年人自身的力量，进而要求相关政策实现全面布局和协调推进。老龄工作格局既要持续完善社会保障和社会服务方面的兜底保障机制，满足老年群体的基本生活需要，也要大力发展与终身学习、劳动就业相关的服务和保障机制，为老年人实现终身发展和参与社会发展创造有利环境。

“十四五”规划明确提出要“坚持应对人口老龄化和促进经济社会发展相结

合,坚持满足老年人需求和解决人口老龄化问题相结合,统筹把握老年群体与全体社会成员、老年期与全生命周期、老龄政策与公共政策的关系,系统整体推进老龄事业发展”。老年群体与全体社会成员、老年期与全生命周期的矛盾反映了老龄事业发展中横向年龄分层和纵向生命历程双维面向。首先,老年群体是拥有平等法律地位的社会成员,享有参与、促进并享受发展成果的平等权利。但由于目前体制机制尚不健全,部分老年人在生活保障、健康医疗等方面的基本需要未能得到充分满足。针对特殊困境老年人的兜底保障和资源倾斜依然是老龄事业发展的重要内容。其次,老龄期是人生历程中的必经阶段,是拥有毕生积累之经验、技能、智识以及成熟完善的社会关系网络,可以有作为、有进步、有快乐的时期。老龄事业并非要解决“源于老年人的问题”,而是要发现和调整当前社会环境、结构中与每个人实现积极老龄化之需要不相适应的部分。由此可见,“十四五”规划已经体现出我国老龄事业发展中的理念转变。老年人不再被视为孤立于社会大众的“弱者”和“负担”,而是发展需要未能得到完全满足的平等社会主体。老龄事业的重点在于审视人类个体老龄化的动态过程,统筹解决好个体在不同生命阶段的教育、就业、服务和参与问题,通过制度设计和实践成果引导和支持个人为老年生活的规划与准备活动,以个人实现积极老龄化贯彻积极应对人口老龄化的国家战略。

(二)老龄政策布局中的积极老龄化内容

在政策内容方面,“十三五”规划在“养老体系更加健全完善,及时应对、科学应对、综合应对人口老龄化的社会基础更加牢固”的总目标的基础上,提炼出社会保障、养老服务、制度体系和社会环境四个分目标。“十四五”规划则进一步聚焦服务供给、健康支撑、产业发展、要素保障和社会环境等问题。可见,养老和健康等社会服务体系、社会力量动员和保障机制以及适老化的社会环境是接下来一段时期老龄政策的重点,而该方面的政策实践也体现了积极老龄观的影响。

在为老社会服务方面,国务院于 2013 年出台《关于加快发展养老服务业的若干意见》和《关于促进健康服务业发展的若干意见》,重申“统筹发展居家养老、机构养老和其他多种形式的养老,实行普遍性服务和个性化服务相结合”的发展原则,就我国老年服务事业发展作出系统规划。2013 年也被业界称为养老服务业发展元年。在此之后,养老服务和健康服务领域的政策文件大量出台,各相关部门和各地相继出台配套政策文件,通过“放管服”改革吸纳社会资本,通过广泛的地方试点探索居家社区养老服务体系建设。2019年《中共中央关于坚持和完善中国特色社会主义制度　推进国家治理体系和治理能力现代化若干重大问题的决定》再次强调要“积极应对人口老龄化,加快建设居家社区机构相协调、医养康养相结合的养老服务体系”。“十四五”规划更点明以养老服务为阶段性重点目标,重申“居家社区机构相协调、医养康养相结合的养老服务体系和健康支撑体系加快健全”的目标,并提出要促进积极老龄化之普惠服务相结合,构成层次化的养老体系。普惠型养老服务由政府牵头,广泛动员市场、社会组织、家庭以及老年人自身的力量,以提高养老服务的可及性、可负担性和服务质量,营造有利于实现健康老龄化、积极老龄化的服务环境。

在过去的老龄政策中,“社会化”一般指代政府、家庭、企事业单位、社会组织、老年人团体等老年人之外主体的分工合作。而在“十三五”以来的老龄事业发展方案中,老年人自身的地位和以老年人自身意愿为基础的市场机制的地位越来越突出。比如,“十三五”规划特别强调要“坚持政府引导、市场驱动”的基本原则,充分发挥政府和市场作用。发挥市场作用即通过培育市场规模和规范市场秩序,调动老年人参与社会经济活动的积极性和安全性,激发老年人群体的消费潜力。为此,“十三五”规划按照健康老龄化的要求,提出老年人健康素养、老年病科设置、健康管理率等细化标准;又以积极老龄化理念为导向,将“老年志愿者注册人数”“老年协会”等社会参与项目列为考察指标。在具体制度设计方面,“十三五”规划也更加强调动员老年人在构建社会保障、社会服务体系中的作用。比如,国家在构建以基本养老保险为主的更为社会化的保障机制的同时,支持和鼓励企业年金、补充商业保险的发展。企业年金是由企业和职工自主协商建立的补充养老保险,缴费、管理和支付由双方协商确定,属于个人对老年期生活来源的自主决策规划。在养老服务方面,“十三五”规划明确提出规范老年服务市场发展、繁荣老年用品市场等主张,强调老年人按照自身意愿通过市场机制灵活地满足自己的服务需要。

“十三五”以来的显著成效还体现在老年人参与劳动就业方面。“十三五”规划首次系统性阐述了老年人力资源开发的方案,明确提出要将老年人才开发利用纳入各级人才队伍建设总体规划,鼓励和支持老年人通过就业、志愿服务等多种渠道参与社会、融入社会,并保障老年人在参与过程中的合法权益。《国民经济和社会发展第十四个五年规划和2035年远景目标纲要》提出,“按照小步调整、弹性实施、分类推进、统筹兼顾等原则，逐步延迟法定退休年龄，促进人力资源充分利用”。“实施渐进式延迟法定退休年龄”的表述也在党的二十大报告中得到延续。2024 年 9 月 13 日，全国人大常委会通过了《关于实施渐进式延迟法定退休年龄的决定》，批准了《国务院关于渐进式延迟法定退休年龄的办法》，确定了“小步调整、弹性实施、分类推进、统筹兼顾”的渐进式延迟退休原则以及 15 年完成的计划方案。

老年友好的社会环境建设是我国探索积极应对人口老龄化过程中的创造性实践。2016 年，全国老龄工作委员会、国家发展和改革委员会等部门联合发布《关于推进老年宜居环境建设的指导意见》，就老年宜居环境建设的目标、原则和实施方案作出系统的规定，而且就居住环境和出行环境、健康支持环境、生活服务环境、敬老社会文化环境等提出了明确要求。“十三五”末期，《国务院办公厅关于全面推进城镇老旧小区改造工作的指导意见》《民政部、国家发展改革委、财政部、住房和城乡建设部、国家卫生健康委、银保监会、国务院扶贫办、中国残联、全国老龄办关于加快实施老年人居家适老化改造工程的指导意见》《关于切实解决老年人运用智能技术困难的实施方案》等文件相继出台，分别为家庭、社区环境和数码电子环境方面的适老化改造实践提供了规范指引。社区适老化改造活动在全国各地铺展开来，一大批网络和移动应用也完成了适老化改造并通过验收，社会环境适老化水平得到整体性提升。

党的十八大以来的老龄政策致力于打造多方参与、共建共享的老龄事业、老龄产业发展态势，在不同生命历程轨迹中实现积极老龄化。在家庭生活方面，“十四五”规划弘扬中华民族孝亲敬老的传统美德，通过教育与监督机制巩固家庭养老功能，通过培训、护理假期、喘息服务等形式强化家庭养老的功能，营造老年友好、世代共融的家庭环境。在老年人自身的生命历程方面，通过宣传教育引导老年人树立主动健康和终身发展理念，发展老年教育和健康支持体系，开发老年人力资源，强化老年人的参与能力；推动老年宜居环境建设，开展物理和信息层面的全场域适老龄化改造，营造老年人的参与环境；强化老年就业服务、发展老龄产业，激活老年人群在生产和消费层面的潜力，扭转负面社会形象。

本章小结

中国共产党历来给予老年人群体以特别关注,在领导中国人民革命、建设和改革的实践中重视老年人的权益保障,发挥老年人的积极作用。党和国家在社会主义法治建设的过程中大力推进老年立法,创设老年法律制度体系,为老年人权利保障和实现"积极老龄化"提供坚实的制度基础。若以"老年人的法"梳理老年法律规范,其结论是新中国成立以来的老年法律制度可以划分为三个阶段:计划经济体制下的初创期、因应改革开放进程的转型期以及党的十八大以来的定型期。

初创期的老年法律制度以计划经济体制为依托,以国有机关、事业单位、企业职工等计划经济劳动者退休养老制度和农村集体经济组织的老年优待与老年救济制度实践为主轴,以关于家庭赡养的原则性规定为次轴。该时期的老年法律制度视老龄化过程为导致劳动能力下降的过程,老年人是需要社会救济、保护和尊重的对象。随着老龄化进程的推进,老年人退出或被调动在计划经济体制中的劳动岗位,其生活所需由单位负责、国家兜底。

随着社会主义市场经济改革的推进,原有计划经济体制下的老年法律制度也需要作出重大转变。1996 年《老年人权益保障法》确定了当时老年法律制度的基本框架。从生命历程的视角来看,该时期的老年法律制度可以分为三个方面:在职业生命历程方面,老年法律制度延续法定退休制度并与社会主义市场经济的劳动就业现实相结合,形成了以"劳动关系定年终结"和"养老保障社会统筹"为主体的退休养老制度。在国家人权保障方面,老年人被视为容易遭受侵害,面临特殊困境的群体。面向老年人的社会保障、社会救济、社会服务制度体系初步建立,而在此过程中呈现出国家主导、社会参与的鲜明特色。家庭赡养方面的法律制度也得到完善,明确了赡养主体、赡养义务内容以及救济方式,家庭成为养老保障体系的重要组成部分。

党的十八大以来,积极应对人口老龄化成为我国老龄战略的重要指导思想,也是老年法律制度的发展方向。此种方略转变在 2012 年《老年人权益保障法》及后续的修法过程中得到充分体现。现行《老年人权益保障法》明确承认老年人的法律能力，注重老年人在追求和实现自身权益过程中的主体地位和能动作用，并且充分吸纳生命历程视角，重新构建家庭、社会方面的老年法律制度的基本逻辑。比如，在家庭生命历程方面，家庭是老年生活的重要场域，不仅承担着物质供养、生活照料等可以由社会主体替代的职能，也对于老年人的精神需求、价值实现方面具有独特意义。在社会生命历程方面，老年人不仅是社会弱势群体，也是曾通过就业推动社会发展的群体，是依然具有发展潜力，能够在消费、生产等经济领域发挥重大作用的积极的群体。

第三章　老年人平等权利保护法律制度

《宪法》第33条第2款规定“中华人民共和国公民在法律面前一律平等”。平等权利是一项基本人权，是人权法的基本内容。平等基础上的充分参与，是每个人在整个生命历程中实现全面发展和享有所有人权的基本前提，是现代社会老年法律制度必不可少的重要内容。因为现代化进程中生命历程分化的影响，老年人在社会生活中面临着歧视、社会排斥甚至虐待等风险。老年人平等权利保护法律制度首先要承认老年人享有平等的权利，消除制度内的歧视性因素，采取措施保护老年人的平等权利免受年龄歧视、老年虐待等现象的侵犯，为其充分地参与和融入社会创造必要的条件。

第一节　现代社会中老年人的平等权利危机

基于社会交换的老龄化理论认为，社会成员在老年生命阶段的生活质量、社会地位是其所掌握的社会资源或代表的文化符号与满足其需求的费用之平衡的结果。如果个人在老龄化过程中无法生产或控制有价值的社会资源，自然难以维持原有的生活水准和社会地位。① 但也有观点指出，现代社会中老年人面临边缘化的处境，实质上源于对老龄化过程的错误刻板印象。基于此种刻板印象的行为、态度和社会规范，无论表现为“歧视”还是“优待”，最终都可能在社会交换的复杂过程中演化成为针对个人平等权利和人格尊严的侵犯，以及其他更为严重的基本权利威胁。

---

① 参见[美]霍曼、[美]基亚克：《社会老年学：多学科的视角》，周云等译，中国人口出版社2007年版，第50～54页。

一、根深蒂固的年龄歧视

独立专家克劳迪娅·马勒(Claudia Mahler)指出,“根深蒂固的负面观念继续支撑着政策和做法,给老年人平等享有人权造成明显障碍。在 COVID - 19 大流行期间,年龄主义甚嚣尘上”①。年龄歧视(ageism)是美国老年病学家罗伯特·巴特尔(Robert N. Butler)于 1968 年提出的概念。② 年龄歧视从语义上可以针对任何年龄群体。但在目前的实践中,年龄歧视的表达一般用来指代针对“高龄”或其他表征“年老”的认知要素而产生的消极或积极的刻板印象、偏见与差别待遇。③ 年龄歧视的概念包含两个部分:针对老年人的刻板印象,以及基于此种刻板印象的差别对待。关于年龄歧视的刻板印象集中于老年人的生理机能和情感认知方面,比如老年人的反应力、智力不及年轻人,或者老年人具备某种特殊的通常是不受欢迎的心理状态。马汀(Martine Lagacé)梳理和回顾年龄歧视的相关研究,指出老年人往往会被描述为“缺乏能力”、“幼稚”、“沮丧抑郁”或“自私”等状态,而此种描述未必具有客观准确的依据。④ 帕莫尔(Palmore)则指出此种刻板印象可以在某种程度上表现为对其他年龄阶段的“积极”想象。⑤ 比如,文艺作品中关于“青年是人生最好的时期”的表达便可以理解为是对其他生命阶段——尤其是老年生命阶段的负面描述。从这个意义来说,年龄歧视是指基于“(时序)年龄”而针对个人的能力、情感、认知、偏好等状况做出的主观甚至可以说是武断的判断。老年人享受所有人权问题独立专家马勒在 2021 年提交给联合国人权理事会的年度报告中表达了相似的概念,即年龄歧视(年龄主义)是指“基于人的年龄或认为人‘老了’的、对老年人的陈规定型观念、偏见和/或歧视行

---

① 联合国人权理事会:《老年人享受所有人权问题独立专家克劳迪娅·马勒的报告》,UN. DOC. A/HRC/48/53。

② See Robert N. Butler, *Why Survive? Being Old in America*, Harper & Row 1975.

③ See Thomas Nicolaj Iversen et al., *A Conceptual Analysis of Ageism*, Nordic Psychology, Vol. 61, p. 4 - 22 (2009).

④ See Martine Lagacé et al., *The Silent Impact of Ageist Communication in Long Term Care Facilities: Elders' Perspectives on Quality of Life and Coping Strategies*, Journal of Aging Studies, Vol. 26, p. 335 - 342 (2012).

⑤ See Erdman Ballagh Palmore, *Ageism: Negative and Positive*, Springer, 1990, p. 4 - 6.

为或做法"①。

年龄歧视对老年人权利保障的影响可以从微观、中观和宏观三个层次来理解。②

首先,年龄歧视表现为个人对老年人、老年期和老龄化过程的认知与消极态度,这可能成为权利侵害的动因。

其次,年龄歧视可以表现为针对老年人和老年生命阶段的话语表达、消极待遇和文化规范,导致间接或隐性的权利风险。比如,老年人甚至中年人通常在劳动招聘市场不受欢迎,即使其并未表现出无法胜任工作要求的迹象;老年人的偏好和需求在产品设计中不受重视,导致"可使用"商品获取的难题;医疗健康领域的"年龄选择"现象更可能造成严重的健康乃至生命危机。

最后,法律制度本身可能构成对老年人的系统性歧视。有学者指出,"老年人"的概念本身便是由法律、政策和社会惯习等规则所塑造的,而基于"时序年龄"的法律规则实际上是在对社会成员进行分类的基础上赋予老年人不公平的权利和义务。③ 此种法律层面的"不公平"可以表现为不合理地剥夺老年人的资格与权利。比如,政府可能出于保护高龄者的目的,以年龄而非能力评估为标准,剥夺老年人的就业、申领执照或参加通用教育的资格,甚至在违背老年人自身意愿的情况下将其置于他人的监护权之下。④ 在"法律面前人人平等"观念已经得到各国法律体系普遍遵从的情况下,此种制度歧视往往以"同情、尊重和保护"的形态出现并发生作用,即"积极的年龄歧视"。⑤ 此种隐含的年龄歧视甚至

---

① 联合国人权理事会:《老年人享受所有人权问题独立专家克劳迪娅·马勒的报告》,UN. DOC. A/HRC/48/53。

② 我国学者吴帆也从类似的视角探讨老年歧视问题,从五个维度对现象进行评估,包括认知、情感与行为、生活状况、制度、社会环境。参见吴帆:《认知、态度和社会环境:老年歧视的多维解构》,载《人口研究》2008 年第 4 期。

③ See Comfort Alex, *A Good Age*, Mitchell Beazley, 1977, p. 35.

④ 联合国老年人享受所有人权问题独立专家马勒呼吁"各国政府应审查、修订或废除助长和构成年龄歧视的现行法律、法规、习俗和做法,包括强制性退休年龄,以及剥夺老年人获得培训和教育、保健或其他服务机会的年龄隔离法律和政策,这些法律和政策是建立在年龄主义假设之上的,是对年龄平等规则的克减"。参见联合国人权理事会:《老年人享受所有人权问题独立专家克劳迪娅·马勒的报告》,UN. DOC. A/HRC/48/53。

⑤ See Paul Harpur, *Old Age Is Not Just Impairment: The CRPD and the Need for a Convention on Older Persons*, University of Pennsylvania Journal of International Law, Vol. 37, p. 1027 (2016); Erdman Ballagh Palmore, *Ageism: Negative and Positive*, New York: Springer, 1999. p. 140 – 155.

可能为侵犯老年人平等权利的社会实践提供所谓的“正当化理由”。老年人被视为受到社会供养和保护的对象,因此社会资源需要无条件向年龄较大的社会群体倾斜。诚然,此种观念影响下的社会实践有助于推进各项社会福利事业的发展,提高老年人的福祉。然而,纵然制定政策与法律以“维护老年人安全、福祉和权益”为目的,未加审慎思考的“老年人脆弱而难以自主”的预设前提并不一定符合现实情况,可能导致实际效用与宣称的目的背道而驰。① 从年龄歧视的角度审视,英美等国在建立福利国家的过程中,曾出于改进老年人福祉的目的,将老年人安置在大大小小的公立医疗照护机构中。决策者宣称这种老年生活模式可以让老年人接受专业医护人员全面而充分的照护,使其能够与同龄人交往生活,最大限度地降低衰老带来的身心健康危机。然而实践结果表明,机构生活既不符合老年人本人的意愿,也不利于老年人的健康维系,更给社会带来了严重的负担。又如,围绕退休与养老金、贫困救济和医疗服务供给展开的老年福利政策,往往承认乃至支持限制老年人社会参与的就业“潜规则”,不仅某种程度上损害了老年人通过劳动获得收入的机会与能力,也进一步塑造了其“社会负担”的主体形象,进一步导致老年人的污名化。年长的工人被认为占据了年轻人的就业机会,劳动力的“新陈代谢”不仅是基于生产效率的考量,也获得了青年社会成员基于“机会均等”的支持。针对老年社会成员的福利、救济政策被认为是“老年人政治”的结果——老年人群体利用自己的权力和地位,被给予许多利益和优先权。“每个年龄层的群体都变得为自己而活,对话和理解变得越来越困难。”② “老害”“代际不公”的社会意识很容易演化为偏激、对立、漠视、孤立甚至敌意,进而导向针对特定年龄群体的人身侵害。更重要的是,有关老年期的刻板印象会在衰老的社会进程中为老年人所“内化”。“内化”的年龄歧视态度使老年人

---

① 比如美国法学界对 20 世纪 80 年代关于老年人的监护、医疗、照护和保险计划进行了法经济学层面的考察,发现很多制度在实际运作中构成了对老年人基本权利的侵犯,也未能发挥其允诺的效果。See Marshall Kapp, *Patient Autonomy in the Age of Consumer-Driven Health Care*: *Informed Consent and Informed Choice*, Journal of Health & Biomedical Law, Vol. 2, p. 1 – 32 (2006); Matteo Cesar et al., *Evidence for the Domains Supporting the Construct of Intrinsic Capacity*, Journal of Gerontology, Series A: Biological Sciences and Medical, Vol. 73 (2918): 1653 – 1660; Margaret Hall, *Equity Theory*: *Responding to the Material Exploitation of the Vulnerable but Capable*, in Israel Doron, eds., Theories on Law and Ageing: The Jurisprudence of Elder Law, Verlag Berlin Heidelberg: Springer, 2009, p. 101.

② [波兰]兹比格纽·渥兹涅克:《老年社会政策的新视野》,陈昫译,社会科学文献出版社 2019 年版,第 56 页。

按照刻板印象所描述的那般进行生活决策，放弃可能获得的发展机会并转向消极的心灵及态度，也让他们无视曾经不能容忍的歧视性待遇。人们不会将衰老过程中发生的差别待遇、机会丧失和边缘化处境视为“歧视”和“不平等”，而是将其视为衰老的必要后果，是换取安全、健康等基本权利保障待遇的必要权衡。这可能意味着，老年人可能并不会意识到相关行为或制度构成对自身权利的侵犯，也就更难以采取寻求法律救济的行动。① 个人的决策能力和行为能力会因为年龄增长过程中的事件而受到损害，但未必会在衰老的早期阶段导致独立决策和表达自己意愿的能力丧失。许多老年人依然能够独立自主地决定自己的生活方式。但是，身体和心灵的衰退将会带来心理上的不安全感，增加个人对于他人和组织的生理或心理的依赖。法律、政策和文化层面的否定性评价会加剧这种不安全感和依赖倾向，从而加速个体决策和表达能力的衰退速率，使老年人在各种潜在的侵权行为面前更为“脆弱”和“无力”。

总而言之，年龄歧视在微观（个人态度）、中观（社会交往）和宏观（制度与文化）层面的话语和行动相辅相成，最终使老龄化过程成为使老年人处于某种不利地位的社会过程。人类个体的感知、思维和表达能力会随着生理老龄化进程的推进而下降，老年人独立自主地作出决策、表达和执行自身意愿的能力将会不可避免地受到影响。虽然总体的趋势是确定的，但是能力下降发生的时间、程度以及对决策的影响却是因人而异的。比如，对于不幸罹患阿尔兹海默症等疾病的老人而言，疾病和生理老龄化的多重作用可能使其丧失生活自理能力，无法认识自己的行为，故而需要为其提供支持或监护。同时，高龄老人依然思维清晰，能够独立进行逻辑思考和作出判断的例子也不少见。年龄增长等同于认知、智力方面的障碍甚至失能显然是带有歧视性意味的刻板印象。如果法律制度未能有效规制社会中的年龄歧视现象，甚至本身固化或者塑造年龄歧视的观念，一方面，会加剧代际对立的社会意识，增加针对老年人的侮辱、贬损甚至人身侵害之可能性，构成对个人平等权利的直接威胁。另一方面，来自他人甚至社会制度本身的贬低与否定评价，使老年人可能“内化”社会中存在的刻板印象，反过来增加被划定为“老年人”的个人和群体的脆弱性和依赖性，形成“弱势”与“歧视”的恶

---

① 比如姜向群等人进行的社会调查显示，中国的老年人对于各个领域的年龄歧视现象的主观感受度不高。参见姜向群等：《年龄歧视与老年人虐待问题研究》，中国人民大学出版社2010年版，第50页。

性循环。此外,错误的刻板印象主导下的老龄化应对实践会导致老年人参与社会生活、实现自身发展并发挥应有社会贡献的过程受到阻碍。面对21世纪加速的人口老龄化浪潮之冲击,老年人群的发展和参与障碍无疑孕育了波及社会各个方面的发展危机,此种情境下的老年福利或优待最终也会难以为继。

二、严重的老年虐待现象

老年虐待(elder abuse)是年龄歧视和代际矛盾最激烈的表现形式,已经成为全球范围内老年人权利面临的最为严重的威胁之一。世界卫生组织在2008年的报告中指出,"(老年虐待)是指在任何有信任期望的关系中发生的一次或多次的行为或缺乏适当的行动,其结果会对老年人造成伤害或痛苦"①。来自世界各地的报告和调查数据显示,老年虐待已经成为亟须解决的全球性问题。② 2002年《马德里老龄问题国际行动计划》明确承认老年虐待问题的严重性,并呼吁"建立支助服务,处理虐待老年人问题"。2002年世界卫生组织就开始呼吁国际社会关注愈演愈烈的老年虐待问题,并将其作为联合国健康老龄化十年(2021~2030)的五个优先事项之一予以推进。③

美国医学协会(American Medical Association,AMA)在1992年将老年虐待定义为"对老年人健康可能伤害或者威胁的疏忽,以及企图施加于身体或心理的直接伤害"。世界卫生组织则补充以"信任关系"为前提条件,将老年虐待定义为"在本应充满信任的任何关系中发生的一次或多次致使老年人受到伤害或处境困难的行为,或以不采取适当行动的方式致使老年人受到伤害或处境困难的行为"④。我国学者总结指出,老年虐待是"针对老年人的一次或多次致使老年人受到伤害或处境困难的行为,以及不采取适当行动而导致老年人受到伤害或处境困难的行为"⑤。从现有定义来看,老年虐待的表现形式非常广泛,并不局限于主

---

① WHO. *A Global Response to Elder Abuse and Neglect*: *Building Primary Health Care Capacity to Deal with the Problem Worldwide*: *Main Report*, 2008, p. 6.

② See World Health Organization, *The Toronto Declaration on the Global Prevention of Elder Abuse*, https://www.who.int/ageing/projects/elder_abuse/alc_toronto_declaration_en.pdf. Accessed 3 Mar 2022.

③ See WHO. Geneva: *Tackling Abuse of Older People*: *Five Priorities for the United Nations Decade of Healthy Ageing* (2021 – 2030), 2022.

④ 世界卫生组织:《世界暴力与健康报告》,世界卫生组织2002年版,第126页。

⑤ 姜向群等:《年龄歧视与老年人虐待问题研究》,中国人民大学出版社2010年版,第94页。

动的语言攻击或身体伤害。侵吞、非法使用或限制老年人使用财产或资金或者强迫老年人更改遗嘱或其他法律文件，照护者忽视老年人对于住所、服务、食物和医疗服务的需要，都可能属于老年虐待的表现形式。① 无论何种形式，老年虐待现象都涉及对老年人的生命健康权、财产权、人身自由权、适当生活水准权等基本人权的侵犯，对于任何法治体系来说都是必须予以严格规制和惩戒的违法甚至犯罪行为。

有研究指出，老年虐待发生率与老年人自身的收入、教育水平和家庭背景相关，具体而言，相关要素表现越差的个体遭受虐待的概率越大。② 这种现象可以解释为，此种情景下的老年人对于法律、权利的认知程度较低，很难意识到自己正遭受经济、语言、精神虐待的事实，或者因为难以获得救济渠道和替代照护来源而选择忍气吞声。③ 老年虐待的特点在于其多发生于家庭、照护机构和医疗机构，形成于“充满信任的关系”之中。各类关于老年虐待现象的调查结果显示，大部分老年虐待的实施者都与老年人有着某种直接的联系，如家庭成员、朋友，以及因为医疗照护等方面的法律关系而获得“信任期待”的专业照护者和医疗人员。但也有研究表明，家庭照护者（特别是子女）对老年人的支持能有效降低老年虐待的发生率。无论是传统的家庭机制，还是更为“现代”的市场或公共服务体系，这些原本被期待支持个人应对老龄化之负面影响的主体却反而成为损害其权利与利益的“侵害者”。来自受信任之人的伤害无疑会造成更为严重的身心痛苦和更为严重的权利损害。此种略带矛盾的现象也反映了老年虐待现象的社会经济根源。一方面，照护者的工作实际上是代替老年人完成日常生活的部分决策和功能，这意味着照护者必然深度介入老年人的生活情境。如果当前的社会规范未能明确此种介入的界限，就很容易造成过度干预以及自主性的剥夺。特别是个人的认知、表达和沟通能力下降的情况下，照护者与被照护者通过商谈取得共识的难度增大，更加增加“过度保护”的虐待之可能性。另一方面，照顾老人的工作常会给照顾者特别是家人的心理、身体、社会关系和经济方面造成较大

---

① 参见联合国经济和社会理事会：《虐待老年人问题：承认并回应全球各地的虐待老年人问题》，UN. DOC. E/CN. 5/2002/PC/2。

② 参见冀云、李进伟、魏志霞等：《中国老年人遭受虐待现状及应对措施》，载《中国老年学杂志》2018年第17期。

③ 参见孙鹃娟、冀云：《中国老年虐待与代际支持的关系》，载《人口与发展》2018年第1期。

的负担。[①] 如果此种负担未能借由稳定、明确的社会规范实现各主体间的合理分担,照护者和被照护者间的关系就可能因此恶化到紧张甚至对立的地步,而这往往是各种虐待行为的动因。

因此,老年虐待现象不仅被理解为侵犯老年人平等权利和人身权利的个案情况,亦是老龄化应对社会规范的扭曲结果。老年人被视为逐渐无法辨认行为后果和做出正确判断的"病人",其日常生活局限于家庭、医院和机构等有限的情景,难以获得建立新的社会联系的机会。受限的社会参与、内化的年龄歧视观念以及相关社会规范的缺失,导致老年人的自主意愿、生活偏好在照护过程中未能得到充分尊重,甚至被置于照护者的"宰制"之下。或者说,此种"被主宰"的生活方式反而成为关于照护的社会规范本身。可以说,老年照护体系在制度和实践层面的"问题",也是社会中根深蒂固的年龄歧视思想观念和制度实践的投射。

三、"斥老化"的生活环境

社会成员之间资源、情感方面的社会交换往往以个人与建筑、设施、器具等物理环境要素的交互过程为载体,故而生活环境的空间要素也是个人老龄化过程中不可忽略的要素。具体而言,空间要素的影响表现为两个方面。一方面,空间的设计和建设忽视个人在老龄化过程中产生的特别需要,使其对于部分年龄群体而言危险而充满障碍。另一方面,空间要素是人类活动的产物,是社会关系与意识形态的表征。正如列斐伏尔指出,"城市空间,作为现代社会人类深深嵌入之所在,是社会活动所塑造、赋性和设计的产物"[②]。老年人在城市空间中的相对位置,既是年龄观念和老龄化应对实践的反映,同时又影响着个人在老龄化过程中所能采取行动的形态以及结果,孕育着新的身份、关系和文化符号。

生理机能的退化、老年疾病风险等原因使老年人对生活环境的空间要素产生新的需要。若物理环境未能充分考虑以及满足相关需要,便会带来健康、安全方面的威胁并加剧个人的依赖性和脆弱性。"不适老"的生活环境放大了生理老龄化所带来的脆弱性,导致严重的身心健康危机。从微观居住环境来看,生理性的机能衰退导致老龄化的个人有着更高的伤害和疾病风险,其带来的健康损害

① 参见李超:《虐待老人问题的跨文化研究》,载《人口研究》2004 年第 4 期。

② [法]亨利·列斐伏尔:《空间的生产》,刘怀玉等译,商务印书馆 2022 年版,第 110 页。

也往往更为严重。然而,城市居住、交通和公共场所的设计和建设却并未充分考虑老年人的生理条件和生活习惯。由于老年人的身心状况在城市规划和建筑设计过程中遭到忽视,家具设计和建筑环境未能及时顺应老年人身体机能方面的变化进行调整,导致老年人群往往在日常生活中面临着不必要的伤害风险。据统计,跌倒、交通事故是中国老年人伤害最主要的来源。每年有1/3到1/2的65岁以上的老年人遭遇跌倒伤害,因跌倒入院的老年人人数约为其他伤害来源入院人数的5倍。跌倒伤害绝大多数发生在家庭和社区生活的场域。[①] 而在中观的城市规划层面来看,严重的大气污染、压抑的都市景观、快节奏的都市生活和不合理的区域规划不仅对老年人的健康造成严重威胁,也不利于老年人及时方便地获取医疗、照护等方面的服务。不合理的建筑设计所带来的伤害风险不仅威胁着老年人的生命健康,更会构成有形和无形的障碍。为了减少意外伤害的风险,老年人不得不减少"不必要"的活动,或是必须依赖于他人的辅助。许多老年人困于床榻、沙发等有限的生活场景,无法实现广泛、充分的社会参与,难以真正融入现代都市生活。

空间中的位置往往关联特定的生活方式甚至社会权力结构中的位置。20世纪的老年生活往往由"退休"与"休闲"所定义。此种生活愿景在时间层面将人的生命历程分割为"生产"与"休闲"的独立阶段,也在空间层面孕育了"隔离"与"排斥"的老年居住实践。老年人迁徙到照护机构、退休生活社区等专业化的社会空间,享受着"只对老年人友好"的环境与服务并与其他年龄段的社会成员分割开来,在最富活力、生产力的社会活动中变得无足轻重。正如法国建筑学家路易斯·芒福德(Lewis Mumford)指出,"从来没有哪个时代或者哪种文化环境下的老年人受到过如我们社会这般强烈的排斥……老年人逐渐发现他们的生活变得空虚而毫无意义,并且这种生活将讽刺地变得漫长而煎熬"[②]。从这个角度来说,生活环境、社会空间等相关要素的改变与个人在老龄化过程中角色、地位和生活方式的变化是相互影响的。老年人的潜力与偏好不受重视,进而被迁移到社会空间的边缘地带,而此种边缘化的空间位置又让大多数老年人变得越来越

---

① 参见郭欣、曾光:《我国老年伤害现状及危险因素研究进展》,载《中国公共卫生》2006年第4期。

② Lewis Mumford, *For Older People, Not Segregation but Integration*, Architectural Record, Vol. 119, p. 191 - 194 (1956).

“不可见”,再难以参与和融入主流的社会生活。

第二节　老年人平等权利保护的域外法律实践

现代化的进程破坏了传统的老年身份以及社会交互模式。人们在老龄化的进程中被嵌入由“失能”“弱势”等评价所界定的“老年人”角色,而此种片面的刻板印象和专断的角色设置使老年人在社会交换中呈现出明显的依赖性,也在歧视、排斥以及虐待等侵权行为面前更加脆弱。随着人口的日益老龄化,老年人所面临的此种权利困境受到关注,规制年龄歧视和老年虐待的法律实践也逐渐充实。

一、规制年龄歧视的域外立法

年龄歧视根源于以年龄为基础的二元划分,以及基于此种二元划分的刻板偏见。人们必须认识到,老龄化是普遍、持续且非线性的过程,而且其间并不存在明确的,表征个人能力、价值或潜力降低的节点。在社会对老年期和老年人的看法未发生根本转变的情况下,法律机制在对抗年龄歧视方面的作用是有限度的,甚至作为保护老年人免受歧视之“盾牌”的法律,可能助长了老年人的刻板印象且本身构成对老年人歧视性待遇。琳达在其文章中指出,若立法或司法程序所确定的法律规则单纯把“年龄”作为判断个人能力和处境的依据,而无法给出任何客观证明的话,那么该规则就可能涉嫌年龄歧视。① 霍尔主张“法律与老年的范畴本身带有家长主义的意蕴,其通过暗示老年人本身与儿童一样需要法律的特别保护而内化了年龄歧视的假定”②。

世界范围内关于年龄歧视的法律规则经历了从默许到禁止的发展历程,这在就业歧视领域体现得尤为明显。如前文所述,关于退休和养老金的制度很大程度上被认为是现代老年法律制度的开端。在资本主义野蛮生长的年代,工人

① See Linda S. Whitton, *Ageism: Paternalism and Prejudice*, Depaul Law Review, Vol. 46(1997).

② Margaret Hall, *Equity Theory: Responding to the Material Exploitation of the Vulnerable but Capable*, in Israel Doron, eds., Theories on Law and Ageing: The Jurisprudence of Elder Law, Verlag Berlin Heidelberg: Springer, 2009, p. 107.

和劳动者会因为年老、残疾等遭到任意的解雇并很难再次得到就业岗位。他们在丧失工资性收入后往往只能依靠有限的救济和家庭成员的供养，于赤贫的艰难处境中挣扎求生。为了解决由此引发的社会问题，德国、英国等率先实现工业化的国家建立以养老金为主的社会保障制度，通过法律规定雇员、雇佣者和政府承担一定的出资责任，共同设立养老基金。与此同时，养老金与退休的法律规定还设定法定退休年龄，明确工人在到达此年龄后便必须退出工作岗位，或以不再受劳动法相关规则保护为形式授予雇佣者事实上以年龄为理由无条件解雇工人的权利。相应地，工人在因年龄遭到解雇后可以从养老基金获得稳定的替代性收入，以维持基本生活水准。若从年龄歧视的角度来理解，此种制度构建本身就构成制度性的年龄歧视。因为强制性的退休制度依然是以年龄而非劳动能力为标准进行的社会区分，通过积极（要求退休）或消极（停止就业保护）的形式事实上剥夺了达到特定年龄之社会成员的平等就业权，甚至部分国家或地区亦明确表示法定就业年龄、养老金申领方面的政策调整的目的，就在于迫使老年人更早地退出工作岗位来扩大青年群体受雇佣的机会。①

《世界人权宣言》、《公民权利和政治权利国际公约》和《经济、社会及文化权利国际公约》均未提及年龄不得作为歧视之理由。1995 年经济、社会及文化权利委员会发布的《第 6 号一般性意见：老龄人的经济、社会及文化权利》明确公约中的“其他状况”可以理解为包含年龄在内，但对于是否全面禁止“基于年龄的歧视”持相对谨慎而模糊的态度，特别对是否要禁止强制退休年龄或高等教育资格等“少数”领域的年龄限制，该意见表现出故意回避的姿态。最后，经济、社会及文化权利委员会认为各缔约国应尽可能最大限度地加速消除“此类障碍”的趋势。② 而在关于工作权利的第 18 号一般性意见、关于不歧视的第 20 号一般性意见中，经济、社会及文化权利委员会在就业领域禁止以年龄为理由的歧视的态度更为明确。第 18 号一般性意见明确提及“需要采取措施防止以年龄为理由在就

① 参见陶建国、高丽燕：《法国禁止就业年龄歧视之对策及权利救济》，载《保定学院学报》2013 年第 6 期。本书虽然认为将年龄与退出就业挂钩的制度设计构成年龄歧视，但并不否认该制度的合理性和合法性。正如本书多次提及，劳动领域的“新陈代谢”以及维持青年世代与老年世代在就业层面的某种“平衡”，也体现了某种公共利益。

② 参见经济、社会及文化权利委员会：《第 6 号一般性意见：老龄人的经济、社会及文化权利》。

业和职业方面实行歧视”①。此外,《残疾人权利公约》从交叉歧视的角度,要求各缔约国在“生活的各个方面消除对残疾人的定见、偏见和有害做法,包括基于性别和年龄的定见、偏见和有害做法”②。

随着老年人之身份危机的凸显以及老年人运动的推进,部分国家和地区开始关注老年人之平等就业权的保护。比如美国1967年出台的《就业年龄歧视法案》(Age Discrimination in Employment Act)规定禁止以年龄为理由拒绝雇佣或解雇40岁至65岁之劳动者,并明确了以诉讼和索赔为主的救济机制。③ 年龄上限的规定可以理解为事实上赋予了针对65岁以上老年人的“歧视”的合法性,而这种年龄上限规定已经在1978年和1986年两次修法后取消。除非有正当的理由,招聘、升职、薪资和解雇方面的任何以年龄为基础的差别待遇已经为法律所明令禁止。欧盟亦将年龄纳入其反对社会歧视的战略之中。1997年《欧洲共同体条约》(European Communities Treaty)便明确授权有关机构“采取适当行动打击基于性别、种族或民族出身、宗教或信仰、残疾、年龄或性取向的歧视”④。2000年欧盟发布的《雇佣及职业中平等待遇的一般框架设定指令》(第2000/78/EC号指令,以下简称《框架指令》)要求欧盟各国采取有效行动“禁止就业和职业培训领域基于宗教或信仰、残疾、年龄或性取向的直接和间接歧视”。以此为背景,欧盟各国于21世纪初纷纷推进劳动就业领域的反歧视立法,比如荷兰于2003年颁布《就业平等(年龄歧视)待遇法》,英国分别于2006年和2010年颁布《雇佣平等(年龄)条例》[the Employment Equality (Age) Regulations 2006]和《平等法案》,德国于2006年颁布《一般平等待遇法》,法国于2008年颁布《歧视禁止法》。作为《框架指令》之转化结果,欧洲各国关于禁止就业年龄歧视的立法呈现出一定的趋同性。比如年龄歧视的表现分为直接歧视、间接歧视和骚扰;禁止歧视的行为范围几乎涵盖招聘、录用、晋升、薪资、培训、调职和解雇等就业的每个阶段;

① 经济、社会及文化权利委员会:《第18号一般性意见:工作权利》第6条。

② 《残疾人权利公约》第8条第1款明确,“缔约国承诺立即采取有效和适当的措施,以便:(一)提高整个社会,包括家庭,对残疾人的认识,促进对残疾人权利和尊严的尊重;(二)在生活的各个方面消除对残疾人的定见、偏见和有害做法,包括基于性别和年龄的定见、偏见和有害做法;(三)提高对残疾人的能力和贡献的认识”。

③ 参见吕怡维:《美国反就业歧视法规则及其对我国的启示》,载《法学杂志》2010年第1期。

④ 夏建中:《欧盟社会政策的历史发展及其启示》,载《南通师范学院学报(哲学社会科学版)》2002年第2期。

法律规则适用于公共机关、私营企业和社会团体等几乎全部的就业关系。在亚洲，高龄少子化的日本多次修订《有关高龄者的雇佣安定法》和《雇佣对策法》以打造“终生劳动”社会为目标，借由延迟退休、继续雇佣、取消退休等多种措施，致力于延长雇员的职业生涯。[①] 其最新立法例已经明确企业禁止年龄歧视的法定责任。

相较于劳动就业领域，仅有少数国家立法规定禁止公共服务方面的年龄歧视现象。澳大利亚于 2004 年颁布的《年龄歧视法案》(the Age Discrimination Act 2004)。该法案在就业歧视方面的规定与其他国家的同类型立法较为类似，但将消费和教育领域纳入其中，扩大了年龄歧视的规制范围。比如，在消费领域，该法案便明确禁止公私部门以年龄为理由拒绝提供产品和服务，或者以消极的差别对待提供产品和服务。在美国，公民亦可根据《民权法案》和 1975 年《年龄歧视法案》(the Age Discrimination Act of 1975)对所有由联邦资助的教育、医疗和服务项目中可能的年龄歧视行为向民权局申诉或提起诉讼。

如同其他类型的反歧视立法，各国和地区关于年龄歧视的立法同样基于差别对待的合理性和合法性考量。一般而言，年龄歧视相关法律规则所设定的歧视豁免通常更为宽松。比如根据欧盟《框架指令》第 6 条之规定，基于年龄的差别待遇如果客观且合理，并且以合法就业政策、劳动市场或职业培训等为目标，而且手段适当且必要，那么这种差别待遇就是合法的。[②] 此条并未明确阐明合法与非法的界限，而是框定了可作为抗辩事由的目标范围，即就业政策、劳动市场和职业培训。从其他条款来看，欧盟层面的反年龄歧视立法，对设定法定退休年龄的强制退休制度以及养老金等社会保障方案中的年龄区别持容忍态度。这一点也反映在诸多判例之中，比如欧洲法院(European Court of Justice)在 2012 年的托尔斯滕 · 赫恩费尔特诉瑞典邮政通讯公司(Torsten Hörnfeldt v. Posten Meddelande)案中声明，“针对符合年龄和养老金权利条件的雇员自动终止雇佣合同是许多成员国就业法的长期特征，也在实际就业中得到广泛应用。这是一

---

① 参见蔡定剑、刘小楠主编：《反就业歧视法专家建议稿及海外经验》，社会科学文献出版社 2010 年版，第 92 页。

② 参见《雇佣及职业中平等待遇的一般框架设定指令》(第 2000/78/EC 号指令)，载 https://eur-lex.europa.eu/legal-content/EN/TXT/PDF/? uri = CELEX:32000L0078&from = EN。

种基于政治、经济、社会、人口与预算考虑之间的平衡的机制”①。有学者在对加拿大的相关立法和判例进行考察后,也得出了与欧盟实践相似的结果。法院对于强制退休等基于年龄的差别待遇本身的必要性与合理性缺乏关注,而是强调其他目的的实现,如就业政策的目标(比如扩大青年就业)、替代性收入的可及性以及集体协议的存在。② 也有学者指出,强制退休制度以及类似的制度设计可以通过“给予充分的补偿”以及“老年人所享有的各种权利和利益之间的平衡与保护”的理论来摆脱年龄歧视的嫌疑。③

这种现象折射出的是年龄相较于其他禁止歧视事由的特质。如同性别、种族等事由,基于年龄的歧视待遇使得同时空场域下部分社会成员招致不公平对待,构成对其平等权利的侵犯。但是,年龄不仅构成同时空场域下社会成员的差别标签,也将不同时空场域下的同一人群所共享的生命历程联系起来。这种思考与平衡,反映在《框架指令》关于就业政策的豁免性规定方面。在就业岗位相对确定的情况下,采取措施在给予补偿与保障的情况下让老年人退出工作岗位,以改善年轻人的就业,似乎是可以接受的事情。④ 公共政策对每个社会成员的生命历程进行集体规定,也可以理解为一种跨越时空的平等。正如有学者援引《欧洲联盟条约》(Treaty on European Union)第 3 条所指出,“促进代际团结”始终是欧盟社会政策最重要的目标。这意味着,关于年龄歧视的法律制度要保护个人免受刻板偏见的负面影响,捍卫个人在衰老过程中的平等、自由与尊严。同时,年龄以及基于年龄的群体划分规则,也是工具性社会政策的组成部分,为人们在生命各个阶段的生活、交际以及其他社会活动进行集体性规划,以实现某种社会共同的目标和集体福祉。在此过程中,个人的自主权不可避免地受到干预,而年龄歧视的规则要为此种集体性规划确定边界,以区分可接受和不可接受的基于年龄的社会分类。正如欧洲法院判例所反映,基于年龄的分类本身并非不可接

---

① Torsten Hörnfeldt v. Posten Meddelande AB C－141/11 EU:C:2012:421. para. 28.

② See Judy Fudge, *Dignity, Disadvantage, and Age: Putting Constitutional and Fundamental Rights to Work for Older Workers*, in Ann Numhauser-Henning, eds., Elder Law: Evolving European Perspectives, Edward Elgar Publishing, 2017, p. 55－85.

③ 参见周露露:《老年人工作权的法律保障——基于反就业年龄歧视法的比较分析》,载《人权》2022年第3期。

④ 值得注意的是,年龄歧视也有很多与其他歧视类型相似的豁免事由,比如出于公共安全、职业特性以及促进特定群体自身的利益和福祉的差别对待。

受,关键问题在于此种由他人界定的社会角色的“对价”以及此种“对价”在多大程度上能够持续稳定提供。

二、应对老年虐待的域外立法

虽然人们已经越来越认识到老年虐待问题的严重性,世界各国也开始采取行动解决这个问题,但是大部分国家的法律制度鲜有针对老年虐待问题的特别规定。通常情况下,“虐待和忽视老年人的案件是通过禁止身体伤害的普通刑法处理的。而合同法领域的一般性条款和判决则用以处理针对老年人经济剥夺案件”①。但考虑到当前社会环境中老年人参与司法进程的障碍和特殊脆弱性,部分国家依然以强制报告、社区介入和紧急安置为核心,构建起老年虐待的法律规制体制。总体而言,域外立法的经验包括:首先,法律应当明确老年虐待行为的具体表现和法律后果,为社会公众提供“应为”和“不为”的明确指引;其次,法律应当建立专门的强制报告制度,为被虐待的老年人提供保护或临时庇护,降低后续侵害和次生损害;最后,法律还可以调集社会资源加强对家庭、机构照护者的心理辅导、监督评估和社会支持,通过缓解照护者压力从源头上降低老年虐待的发生率。

美国是最早通过法律手段规制老年虐待问题的国家之一。1965 年美国《老年法》第 102 条就对“老年虐待”作出明确定义并宣告其违法,而在 1987 年和 2016 年对该法案进行修订时新增了“预防老年虐待、剥夺和忽视”和构建相关筛查机制的专项补助条款。② 美国于 2010 年通过了《老年人司法法案》(Elder Justice Act,EJA),授权联邦政府拨款建立和完善成人保护服务机构和长期护理监察员计划,以及相关的调查、报告和处理机制,以解决虐待、忽视和剥削老年人的问题。③ 联邦层面的成年人保护服务机构的职责包括调查全美范围内的老年虐待现象,并为老年人提供法律咨询、临时保护等方面的保护性服务。该机构还提供喘息服务、培训等照护者支援服务,以减少虐待发生的可能性。长期护理监

---

① Israel Doron, *Theories on Law and Ageing: The Jurisprudence of Elder Law*, Heidelberg: Springer, 2009, p. 60.

② See Older Americans Act of 1965, https://acl.gov/about-acl/authorizing-statutes/older-americans-act.

③ See Elder Justice Act, https://ncea.acl.gov/NCEA/media/docs/Elder-Justice_Act-2010.pdf.

察员则负责对长期照护服务场所和服务过程进行定期巡查和接受控诉,以期提高服务质量,杜绝长期照护服务过程中的虐待现象。①

韩国《老年人福利法》亦对老年虐待事项作出专门规定。其总则部分将老年虐待定义为“针对老年公民的任何身体、精神、情感和性暴力行为,以及经济剥削、遗弃或忽视”并规定严重的老年虐待行为可能入罪。此外,该法亦明确政府应当通过老年虐待紧急热线、强制报告制度、紧急庇护措施等为老年人提供及时有效的救济,防止虐待后果的扩大化。② 日本《老年人福祉法》也就老年虐待事项作出专门规定。此外,日本还推出《配偶暴力防止及被害人保护法》《虐待老人防治暨老人照顾者支援法》等专门性立法解决社会中的家庭暴力和老年虐待问题。其中,2006 年出台的《虐待老人防治暨老人照顾者支援法》是世界上首部专门针对虐待老人行为的法律,其同样明确了老年虐待的定义和违法性,并确定了政府保护老年人免受虐待的义务。值得注意的是,日本立法关注“信任关系”要件,重点关注家庭和机构照护情景下的虐待问题。正如其名称所揭示,该法突破了老年虐待中“加害者”和“受害者”二元对立的传统观念,而转向“支援照护者”和“保护老年人”的方向。实际遭受虐待或可能遭受虐待的老年人可以从地方政府和社会团体处获得咨询、紧急庇护、保护令,避免虐待损害的扩大。照护者可以从相应团体处获得培训指导或喘息服务的支援,从而减轻照护带来的身心负担。③

从这个角度来看,老年虐待防治的制度设计应关注老年人自身维权能力较弱的事实,并着力破解“信任关系”特征导致的维权困境。在很多情况下,老年虐待的施行者也是老年人生活照护、精神慰藉方面的重要来源,或是其为数不多的社会关联。以隔绝和惩罚加害人为主要手段的通常救济方案可能仅有“治标”之效。从这个意义上来看,老年虐待的防治还需“修复”老年人与潜在加害人之间脆弱的社会关系,而这离不开老年人、照护者双方的赋能行为以及更为畅通的沟

---

① 关于美国老年虐待立法的研究,参见杨志超:《美国强制报告制度对中国老年保护的启示》,载《法学论坛》2013 年第 3 期。

② See Welfare of Senior Citizens Act, https://elaw. klri. re. kr/eng _ mobile/viewer. do? hseq = 49845&type = part&key = 38.

③ 参见刘家勇:《日本〈老人虐待防治暨老人照顾者支援法〉之分析:对台湾老人保护工作的启示》,载《社会政策与社会工作学刊》2016 年第 2 期;刘为勇:《我国老年虐待防治法律制度完善:对策视域》,载《江西科技师范大学学报》2019 年第 4 期。

通交流环境。

第三节　老年人平等权利保护的中国立法

我国现行《老年人权益保障法》第 3 条第 3 款明确规定“禁止歧视、侮辱、虐待或者遗弃老年人”，明示对老年人平等权利的尊重和保护。以《老年人权益保障法》为代表的我国老年法律制度首先确认和保护老年人的平等法律地位以及不受歧视、侮辱、虐待和遗弃的权利，为老年人平等和充分享有其他法定权益奠定坚实基础。但老年人平等权利的实际实现在实践中是非常棘手的问题。法律既要承认并保护老年人的平等法律能力和资格，也要考虑个体在老龄化过程中的生理技能和社会处境变化，在平衡个体平等权利与公共利益的基础上作出特别规定或提供特别保障措施。

一、老年人平等法律能力的承认与保护

我国老年法律制度承认老年人享有平等的法律地位和法定权利，年龄只在相当有限的情景下才被确认为对社会成员之能力、资格和地位进行否定性评价的条件。我国《宪法》第 33 条第 2 款明确规定“中华人民共和国公民在法律面前一律平等”，但法律出于职业性质、公共安全以及老年人自身的身心健康之考量，在特定领域和事项方面设定年龄上限要求或对特定年龄的个人给予限制性规定。比如，《宪法》规定的选举权和被选举权以“年满十八周岁”为前提；《国务院关于工人退休、退职的暂行办法》规定我国劳动者享受退休养老待遇的年龄条件；①《农业机械安全监督管理条例》第 22 条规定年满 70 周岁需注销农机操作证件；2021 年修订的《机动车驾驶证申领和使用规定》要求达到 70 周岁的老年人不得申请部分车型的驾驶执照，并应当参加能力测试和定期进行身体检查。② 部分

---

① 关于法定退休年龄的规定并不否认 60 周岁以上劳动者通过劳动获得合法收入的资格，相反此种资格受到法律的明文保护。《老年人权益保障法》第 70 条第 1 款规定：“老年人参加劳动的合法收入受法律保护。”从制度逻辑来看，退休并享有养老保险待遇意味着《劳动法》等法律规范提供的劳动保护停止。

② 参见《机动车驾驶证申领和使用规定》第 14 条、第 65 条、第 72 ~ 74 条、第 79 条、第 92 条。

成年人可以因为关于“能否辨认和控制自己行为”的评估结果而经过法定程序被拟制为“限制/无民事行为能力人”。社会成员如果被认定行为能力受限或丧失，将在广泛领域失去法律行为的资格,比如接受医疗服务过程中的知情同意权,参加选举、村民自治等政治生活,订立民商事契约以及参与民事诉讼活动甚至参与遗产继承等家庭生活,等等。同时,法律设定监护、代理、支持性决策等制度工具。

我国成年监护制度为行为能力受限或丧失的老年人设立监护人,代理其完成法律行为,保障其平等享有和实现法律能力。《老年人权益保障法》在2012年修订时具有前瞻性地增设老年监护制度。第26条规定:

> 具备完全民事行为能力的老年人,可以在近亲属或者其他与自己关系密切、愿意承担监护责任的个人、组织中协商确定自己的监护人。监护人在老年人丧失或者部分丧失民事行为能力时,依法承担监护责任。
>
> 老年人未事先确定监护人的,其丧失或者部分丧失民事行为能力时,依照有关法律的规定确定监护人。

老年监护制度拓展了成年监护的范围和方式,摆脱了过去《民法通则》中“精神病人”的前提预设,回应了老年人的实际需要,成为我国成年监护制度改革的蓝本。[①] 2020年颁布的《民法典》更进一步完善了包括老年监护在内的成年监护制度,增设了“最有利于被监护人”和“最大程度地尊重被监护人的真实意愿”原则,以及监护资格撤销与重新认定的监督机制。[②] 2023年修正的《民事诉讼法》第60条、第194~197条则对行为能力认定的程序事项进行了规定。

由此,我国“未成年人监护”和“成年监护”两分的监护制度基本定型。老年人可以按照自己的意愿安排可能的监护事宜,彰显了老年人评估自己“法律能力”及主导相关后果的权利主体地位。但是,成年监护在设立标准和法律后果方面采用单一的“行为能力”框架,并未区分精神障碍导致能力受限和年龄增长导

---

① 参见杨立新:《我国老年监护制度的立法突破及相关问题》,载《法学研究》2013年第2期。

② 参见《民法典》第18条、第21~24条、第28~29条。

致能力受限的不同情况。

从实践效果来看，关于法律能力的评价总是与完成某些活动或功能的要求相关联。老年照护实践中多种多样的能力评估方法均与各种具体的“功能”或者“活动”相联系。比如，我国发布的《老年人能力评估规范》《上海市老年照护等级评估表》等便以个人能否完成日常生活功能、表达与交流、感知听视觉信息等具体活动为评价标准，但内容上同样包含记忆力、判断力等关乎法律行为能力的要素。从层次上看，能力评估实践同样根据个别指标评估情况划分“轻度失能”到“完全失能”的多段结果。[①] 从这个意义上来说，关于个体“能力”的评价需要远非二元框架所能容纳。老年人可能在能够“完全辨认”购物、消费、人际交往等日常活动的情况下，由于反应力方面的变化而被质疑是否具有安全地驾驶机动车的能力，也可能在订立遗嘱、处分大额财产等重大决策方面需要他人的支持和协助。研究指出，老年人的决策行为受到诸多因素的复合影响，其决策的优劣性“则主要依赖于决策任务与老年人擅长内容的相符程度”[②]。

我国法律虽然规定老年人可能被认定为“部分”丧失行为能力的情况，但实践中往往以精神疾病或障碍方面的医疗鉴定意见为依据，得出“全有”或“全无”的二元结论。有限的司法鉴定实践中的民事行为能力鉴定也多针对订立遗嘱、离婚、财产转让等具体民事行为能力。[③] 当前规则指导下的法律实践，难以完全涵盖老年生活所涉及的各项决策间的复杂联系。若法律忽视这种决策协助需求的具体情景，可能导致老年人陷入窘迫的两难处境。老年人可能在需要“支持性决策”或“替代性决策”等制度协助的情况下得不到制度化的支持与帮助，从而只能依赖家庭成员、照护人员的非正式协助，导致权利侵害的危险。或者老年人只能选择接受监护人对于自身事务的全面干预，同样面临监护权滥用和自主地位丧失的风险。实践中老年人如果表现出行为能力受损的情况，非但难以获得必要的协助以自主决策，而且得不到直接有效的司法保护。尤其在老年人依靠社会化供给照护和健康服务满足需要的制度架构中，老年人的

① 相关依据参见《老年人能力评估规范》国家标准，标准号 GB/T 42195—2022。

② 张力元、毕研玲、张宝山等：《老年人行为决策：领域现状与挑战》，载《心理科学进展》2015 年第 5 期。

③ 参见王竹青：《成年人监护中行为能力认定域外考察》，载《法律适用》2017 年第 11 期。

意愿和主张很容易遭到照护者、监护人或者其他家庭成员的忽视或干预,不仅独立人格遭到漠视,人身权、财产权等其他权利也难以得到保障。近年来引发舆论热议的"水果摊主遗赠案"①等遗赠纠纷,便是此种风险的体现。前文所述《老年人权益保障法》和《民法典》对于老年人婚姻自主权、财产权的强调,甚至地方性法规规定"老年人有权拒绝有独立生活能力的成年子女或者其他亲属要求老年人给予经济资助"的条文,也是现实情况中老年人自主权常受到不当干预的制度反映。②

必须承认,学术界就如何支持个人在衰老、疾病之困扰下做出表达自身真实意愿的决策依然存在不同的观点,实践中也尚未形成有效的解决方案。目前被较为广泛接受的思路是,以医疗服务、财产处理、日常生活等具体活动为对象,立足不同活动的差异化能力要求,构建专门的能力评估和个人决策支持辅助制度。增设"决策支持者"和"决策辅助人"的角色来帮助老年人自主做出生活决断而非替代其决策,以覆盖现有制度无法触及或不够妥帖的"必要的协助"。总体而言,此类方案要求改变"监护"制度中"全有或全无"的二元格局,设置多梯度的决策支持方案来满足个人在老龄化过程中身心状态渐次变化所产生的需要。

二、老年人人身和人格权利的法律保护

我国《宪法》第 49 条第 4 款明确规定禁止虐待老人、妇女和儿童。《老年人权益保障法》第 3 条第 3 款亦进一步阐明"禁止歧视、侮辱、虐待或者遗弃老年人"。我国已经采取了大量的规范性措施保护老年人不受基于年龄的侮辱和歧视,以及享有生命安全、身体完整和行动自由不受限制以及人格尊严得到尊重的权利。

(一)年龄歧视相关法律规范

《老年人权益保障法》明确禁止歧视老年人和贬损老年人之人格的行为,为老年人的人格尊严与平等提供了一定的保护,但关于"歧视老年人"的具体规定则较为简略。在学理上,歧视的具体形式包括直接歧视、间接歧视、骚扰和拒绝

---

① 《八旬老人将 300 万房产留给水果摊主,专家详解"意定监护"》,载人民日报客户端网 2020 年 11 月 22 日,https://wap.peopleapp.com/article/6044155/5957646。

② 参见《吉林省老年人权益保障条例》第 16 条,《内蒙古自治区老年人权益保障条例》第 13 条。

提供合理便利。[①] 在就业、教育和公共服务领域的直接歧视方面,法律确立了平等与非歧视的原则。比如《劳动法》第 3 条第 1 款明确"劳动者享有平等就业和选择职业的权利",而《就业促进法》第 3 条、第 29 条明确禁止基于民族、种族、性别、宗教信仰、残疾等条件的就业歧视。但法条并未声明年龄、高龄不得成为区别对待的理由。《就业促进法》的规定明确了各级政府及用人单位应当承担消除就业歧视的义务,但规定过于原则化而难以产生切实的实践效果。司法实践方面,由于缺乏明文法律规定,就业年龄歧视方面的维权成功判例较少。[②] 从现实角度来看,最高年龄的岗位硬性招录标准广泛出现于我国各个领域的招聘实践之中。劳动者在 35 岁面临失业危机的"35 岁现象"已经成为社会舆论关注的焦点。[③]

在教育领域,年龄歧视通常发生于高等教育阶段。教育部于 2001 年改革高考招生制度时取消考生"未婚"和"年龄不超过 25 岁"的限制性条件,于 2013 年取消关于硕士、博士研究生报考者的年龄上限规定。[④] 2014 年修订的《高等教育自学考试暂行条例》第 3 条明确中国公民参加高等教育自学考试"不受性别、年龄、民族、种族和已受教育程度的限制"。目前年龄条件已经基本在各高等院校的硕士、博士招生条件中销声匿迹。消费领域禁止年龄歧视的规定集中于康养旅游方面。2016 年《旅行社条例实施细则》第 39 条第 2 款明确同一旅游团队中,旅行社不得由于旅游者存在年龄或者职业上的差异,提出与其他旅游者不同的合同事项。[⑤] 由于老年人面临维权难题,实践中老年人旅游侵权和歧视现象依然屡见不鲜。而随着社会生活数字化进程的推进,老年人在使用数字化设备和接受数字化服务过程中遭遇的年龄歧视受到关注。

---

① 参见刘小楠主编:《反歧视法讲义:文本与案例》,法律出版社 2016 年版,第 5 ~ 9 页。

② 在就业年龄歧视方面,2005 年杨某案[案号(2005)二中行初字第 578 号]与 2006 年周某案[案号(2006)湛民 1 初字第 31 号]是比较有影响力的诉讼案例,但原告的主张均被驳回,而且关于公务员招录年龄要求和男女同龄退休的修法进展有限。

③ 参见《人民日报大家谈:用发展眼光看"35 岁现象"》,载《人民日报》2019 年 12 月 20 日,第 9 版。

④ 参见刘小楠主编:《反歧视法讲义:文本与案例》,法律出版社 2016 年版,第 234 页。

⑤ 《旅行社条例实施细则》第 39 条规定:"在签订旅游合同时,旅行社不得要求旅游者必须参加旅行社安排的购物活动或者需要旅游者另行付费的旅游项目。同一旅游团队中,旅行社不得由于下列因素,提出与其他旅游者不同的合同事项:(一)旅游者拒绝参加旅行社安排的购物活动或者需要旅游者另行付费的旅游项目的;(二)旅游者存在的年龄或者职业上的差异。但旅行社提供了与其他旅游者相比更多的服务,或者旅游者主动要求的除外。"

(二)规制老年虐待的法律规范

《老年人权益保障法》、《刑法》、《刑事诉讼法》、《民法典》、《侵权责任法》(已失效)、《治安管理处罚法》、《婚姻法》(已失效)、《劳动合同法》、《反家庭暴力法》等法律规范明确规定了侵害老年人之生命安全、身体完整和行动自由的伤害、虐待和遗弃等行为的预防和惩罚机制。

鉴于老年虐待现象多发生于信任关系的特点,我国法律对于老年虐待的规定亦围绕家庭关系和护理服务关系而展开。除第3条外,《老年人权益保障法》第25条明确禁止对老年人实施家庭暴力,第77～79条明确家庭成员、养老机构及其工作人员和一般公众侵害老年人人身权益的法律责任;《民法典》第1042条第3款禁止家庭暴力,第1125条将虐待作为丧失继承权的条件,第1118条第1款规定因虐待养父母而解除收养关系须赔偿抚养费用。《刑法》第260条和第261条分别规定了"虐待罪"和"遗弃罪",《刑法修正案(九)》增加了对老年人负监护、看护职责的人虐待被监护、看护的人,情节恶劣的,要承担刑事责任的条款;2015年《反家庭暴力法》第5条明确对"老年人"实行特殊保护,并规定了包括强制报告制度、人身保护令在内的救济方式。《养老机构管理办法》则明确"歧视、侮辱、虐待老年人以及其他侵害老年人人身和财产权益行为"的法律责任。

我国1950年制定的《婚姻法》就明确子女和父母"双方均不得虐待或遗弃"。自此虐待家庭关系中的老年亲属便一直被规定为违法行为,情节严重的情况下可能承担刑事责任。但必须承认的是,不同法律规范中对于"虐待""家庭暴力""忽视""侮辱"等法律概念的规定并不完全一致,其法律后果也不尽相同。比如,《老年人权益保障法》第76条规定虐待老年人或者对老年人实施家庭暴力的,由有关单位给予批评教育。虐待老年人和对老年人实施家庭暴力的行为,存在何种区别,法律上并无定论,学术界亦有不同观点。[①] 相关制度也欠缺对老年人的身体和情感虐待行为的特别规制,比如,《反家庭暴力法》第14条、第15条所规定的发现报告制度和临时庇护制度,添加了对象为"无民事行为能力或限制

---

① 刘为勇认为"家庭暴力"和"老年虐待"的概念既存在相互独立性,又存在外延上的重合性,《中华人民共和国老年人权益保障法注释本》则将虐待和家庭暴力视为同种概念。参见刘为勇:《应对老年虐待:权益保护缺失与规制完善》,载《学习与实践》2019年第5期;法律出版社法规中心编:《中华人民共和国老年人权益保障法注释本》,法律出版社2021年版。

民事行为能力”的要件,从而将相当部分的老年受害人排除在外,欠缺制度层面的合理性依据。而机构照护情景下老年虐待之规制更是极为有限,仅有《养老机构管理办法》第 46 条作出规定,权利救济按照一般人身侵权的逻辑,未能针对老年照护的特殊情景进行调整,导致实践中“发现难、举证难、执行难”,老年人的人身权利未能得到充分的法律保障。

法律亦明确保障老年人在家庭生活、机构养老、医疗康复等情景下的独立人格和自主地位免受他人侵犯。《老年人权益保障法》第 16 条第 2 款、第 21 条分别明确老年人对于房屋、财产和婚姻的自主权不受赡养人的干预,第 15 条、第 16 条第 1 款、第 20 条则明确赡养人安排接受赡养的老年人住房、照料等事宜时,不得违背老年人的意愿。《民法典》第 1069 条亦重复了关于老年人婚姻自主权的保护。具备完全民事行为能力的人行使自有财产的所有权和自主决定婚姻事务而免受他人的干预,受到法律的平等保护,而在相关法律规则中再次规定,可以理解为是对老年人平等与自主权的强调。事实上,与成年子女共同生活的老年人在家庭中处于相对弱势的地位,对于日常生活、财产处分、医疗决策等事项的自主权易受其他家庭成员的干预,也未能得到法律制度的充分支持,家庭关系相对私密的特征以及老年人身体机能衰退的事实更加增加了维权的难度。相类似的情况也发生在机构养老、医学诊疗等情景中,如《民法典》第 1219 条第 1 款规定了包括老年人在内的患者对于医疗程序的知情同意权,《养老机构管理办法》第 15 条第 3 款明确养老机构确定或者变更老年人照料护理等级,应当经老年人或者其代理人同意,都是保护老年人在特殊情境下自主地位的表现。

三、构建老年宜居环境建设的制度进展

面对“斥老化”生活环境带来的问题,世界卫生组织于 2005 年提出“老年友好型城市”理念,在全球范围内掀起建设“老年友好环境”的热潮,并于 2007 年发布《全球老年友好城市建设指南》。该指南以“积极预测和响应老年人的需求”和“优化健康、参与和安全的环境”为宗旨,确立了室外空间、交通设施、居住环境、信息获取等物理层面的设计指标,同时也将增加参与机会、增进社会包容、保障社会服务等制度文化层面的指标纳入其中,对“老年友好”的范畴进行了初步界定。“老年友好”的范畴一般在中国政策和理论话语中的转化和表达为“老年

宜居”。2012 年修订的《老年人权益保障法》增设了“宜居环境”章节,规定“国家采取措施,推进宜居环境建设,为老年人提供安全、便利和舒适的环境”以及“国家推动老年宜居社区建设,引导、支持老年宜居住宅的开发,推动和扶持老年人家庭无障碍设施的改造,为老年人创造无障碍居住环境”。老年群体享有“安全、便利、舒适和无障碍”的宜居环境的权利得到国家法律确认。

除《老年人权益保障法》外,《公共图书馆法》《公共文化服务保障法》《防震减灾法》《残疾人保障法》《乡村振兴促进法》5 部法律明确公共设施设计与建设要关注老年人群体的特点与需求,推行无障碍建设。国务院及各部门围绕相关主题发布行政法规、部门规章共计 59 部。① 其中,2016 年全国老龄工作委员会联合 25 部门发布的《关于推进老年宜居环境建设的指导意见》,为老年宜居环境建设指明了发展方向。该意见阐明了中国老年宜居环境的内涵与体系,既包含实体层面的建设要求,也包含社会文化层面的发展方针,基本涵盖了老年人“住、行、医、养”等各方面的生活需求。此外,从 1999 年《老年人建筑设计规范》起算,我国已经围绕相关主题发布了 13 部行业标准和建设规范,对老年人生活、居住和日常活动的各类建筑空间设计所应遵守的经济技术指标作出规定。② 各省、市、自治区老年人权益保障条例(或老年人权益保障法实施办法)、养老服务条例等地方性法规均已将“老年友好型社会”和“老年人宜居环境”建设列为权益保障的重点内容。老年宜居社区和老年友好城市(城区)试点省份、城市也纷纷总结试点经验,以不同形式发布相关地方标准或制定评估体系,推广宜居环境建设的具体实施方案。比如上海市经过长期的试点与探索后,在 2013 年发布《上海市老年友好城市建设导则(试行)》和《上海市老年宜居社区建设细则(试点版)》,开始在全市范围内推广老年宜居社区建设,取得了显著成就。

2020 年 7 月,国务院办公厅印发《关于全面推进城镇老旧小区改造工作的指导意见》,将“养老设施”和“适老设施”作为小区配套设施和市政基础设施改造

---

① 此数据以“北大法宝”法律法规信息库为数据来源,以“适老”“老年宜居”为关键词进行全文检索,并剔除重复和误收集文件后得出。

② 这些行业标准包括《老年人居住建筑设计标准》(2003,已失效)、《住宅建筑规范》(2005)、《城镇老年人设施规划规范》(2007)、《城市公共设施规划规范》(2008)、《老年养护院建设标准》(2010)、《社区老年人日间照料中心建设标准》(2010)、《无障碍设计规范》(2012,部分失效)、《建筑设计防火规范》(2014)、《老年人照料设施建筑设计标准》(2018)、《城市居住区规划设计标准》(2018)、《民用建筑设计统一标准》(2019)、《健康小镇评价标准》(2020)、《健康建筑评价标准》(2020)。

的重点目标,并初步确立了“十四五”期间老旧小区改造工作的方针。2020 年 7 月 10 日,民政部、国家发展和改革委员会等九部委印发《关于加快实施老年人居家适老化改造工程的指导意见》,以“对纳入分散供养特困人员和建档立卡贫困人口范围的高龄、失能、残疾老年人”等特殊困难老年人家庭为突破点部署工作,并提出“有条件的地方可将改造对象范围扩大到城乡低保对象中的高龄、失能、残疾老年人家庭”。此外,《绿色社区创建行动方案》《住房和城乡建设部等部门关于开展城市居住社区建设补短板行动的意见》《住房城乡建设部、发展改革委、民政部、卫生健康委、医保局、全国老龄办关于推动物业服务企业发展居家社区养老服务的意见》等政策文件亦明确提及要按照适老化设计要求推进相关工作进程,不断提升居住环境、社区环境和公共服务环境的适老化水平。2020 年 11 月,国务院办公厅发布《关于切实解决老年人运用智能技术困难的实施方案》,首次就解决老年人“数字鸿沟”问题作出全局部署。随后商务部、工业和信息化部、民政部、文化和旅游部等各个职能部门分别就各个领域内老年人运用数字技术时所面临的实际困难,制定对策方案,发布配套文件,着力推进智能技术领域的适老化水平。

2021 年,我国在全国范围内深入推进示范性老年友好型社区建设工作。国家卫生健康委员会发布《全国示范性老年友好型社区评分细则(试行)》,为老年友好型社区试点工作提供了方向指引。该细则以“安全”、“参与”与“融合”为主要价值目标,容纳物理环境、服务环境和文化环境等多个场景,既彰显平等与参与的“普世价值”,又凸显孝亲敬老和重视家庭生活的传统美德和良好风尚。其评分指标涵盖安全的居住环境、便捷的出行条件、可及的社会服务以及有助于老年人实现各方面社会参与和代际融合的整体社会氛围等各个方面。各地方政府根据中央统一部署,结合前期试点经验,制定、发布老年宜居环境建设方面的规范性文件。比如武汉市人民政府于 2021 年 5 月发布的《关于加快推进养老服务高质量发展的实施意见》,彰显“全方位”和“全场域”的宜居环境建设要旨,对未来 5 年武汉市老年宜居环境建设进行综合规划。该实施意见不仅致力于采取措施强化服务供给能力以实现“增量”发展,更强调要推动医养服务深度融合,实现不同等级、类型的养老服务从机构到家庭的全面覆盖,推动服务环境和物理环境的协同建设,创设信息化、适老化的服务环境。

2023 年 9 月 1 日我国《无障碍环境建设法》正式施行,其第 1 条便宣言要“保障残疾人、老年人平等、充分、便捷地参与和融入社会生活”。我国首次在无障碍环境建设领域制定专门性的法律,旨在为残疾人、老年人所享有的无障碍环境相关权益提供有力的法律保障,同时也为老年人参与社会生活和实现自身发展提供重要的法律支撑。

第四节 老年人平等权利保护制度的发展思路

年龄歧视、老年虐待等社会现象其实是彼此关联、互相影响甚至互为前提的。可以肯定的是,个人在老龄化过程中所遭遇的歧视和偏见很大程度上来源于关于年龄的片面、错误的刻板印象,或者说消极、错误的老龄观念。从认识过程的角度来看,针对特定群体的刻板印象和错误观念往往来源于隔绝、疏远的生活状态。因此,老年人平等权利之保护,既要防治侵犯老年人平等权利、人格尊严的各类行为,保障当前的老年人能享有法律所规定的权益,也要在权利保护措施中推动老年人的全面社会参与,通过不同时代社会成员间的交流与沟通,增进对老年人和老龄化的理解,消除刻板印象存在的社会基础。

一、立足国情完善反年龄歧视立法

基于年龄的歧视是老年刻板印象的具体表现形式,也是老年人实现社会参与和社会融合最主要的障碍。我国现行《老年人权益保障法》第 3 条第 3 款明确“禁止歧视、侮辱、虐待或者遗弃老年人”。但其法律文本并未明确规定“歧视”的表现、法律后果以及救济渠道。就业、教育领域的反歧视立法也未对“年龄”议题加以关注。[①] 许多学者提出,应当加强反对老年歧视的立法修法工作,为保障老年人的平等权利提供制度依据。[②] 我国应当参考域外已有经验,结合我国社会发展的现实需求,推进反年龄歧视立法,完善年龄歧视方面的法律规范和制度体系。

首先,应当审视和反思所有关涉年龄分层的法律制度,确定平等与反歧视的

---

① 参见刘小楠主编:《反歧视法讲义:文本与案例》,法律出版社 2016 年版,第 241 页。

② 参见肖金明主编:《积极老龄化法律对策与法制体系研究》,山东大学出版社 2015 年版,第 99 页。

基本原则。平等与反歧视的原则在现行老年法律制度中的地位并不突出,而"年龄"要素也缺位于反歧视法律制度与实践之中。《老年人权益保障法》关于"禁止歧视老年人"的规定缺乏实效且往往被人忽视。从理论上看,针对妇女、残疾人等不同处境之人类个体的歧视具有相似的逻辑和表现,也就为歧视治理的经验互鉴提供了空间。因此,反年龄歧视立法可以吸收残疾人、妇女等领域的现行立法内容,以法律形式规定年龄歧视的定义和表现,从而为老年人寻求法律救济提供有力的规范依据。此外,老年人通过司法、仲裁等渠道寻求反年龄歧视的案例与经验,也有助于我们深化对"合理的差别待遇"与"年龄歧视"的认识,从而推动年龄歧视法律规范的修改与完善。

其次,反年龄歧视的法律规范立法修法活动应当关注与老年社会保障相关的改革进程。就业领域的年龄分层现象往往与老年生命阶段的经济安全保障机制有着密切的关系。在美国,市场化的企业养老金、私人养老金构成老年生命阶段个人的主要收入来源,由政府组织和担保的基本养老金则居于相对次要的位置。考虑到市场波动风险和每个人在生涯内参与职业保险的能力差异,雇佣劳动收入是老年社会成员填补收支差距的重要手段,故而严格审查基于年龄的差别待遇也就成为老年法律制度的当然内容。而在欧洲国家,发达的福利制度承诺已经为社会成员在老年生命阶段的健康与适足生活条件提供保障。因此,政府往往出于增加年轻世代就业、缓解财政压力和人力资源开发等方面的政策考虑,给予年龄为基础的就业差别待遇以不同程度的豁免,以平衡不同世代的利益与需要。[①] 个人在老年生命阶段的就业选择与相关权益受到一定程度的限制,但获得了企业和政府提供的经济补偿,从而就获得了以其他方式参与社会生活的机会。就我国而言,关于老年经济安全的"养老机制"方案处于改革进程中,企业年金、个人养老金相关体制也还在探索阶段。关于就业领域老年歧视的具体制度设计还需要在审慎评估的基础上渐次推进。[②] 无论是废除强制退休还是实行延迟退休的制度改革,都必须建立在理顺老年社会保障领域的各种法律关系的基础上,形成符合人权标准的制度体系。

---

① See Julie C. Suk, *From Anti-discrimination to Equality: Stereotypes and the Life Cycle in the United States and Europe*, The American Journal of Comparative Law, Vol. 60, p. 75 - 98 (2012).

② 参见周露露:《老年人工作权的法律保障——基于反就业年龄歧视法的比较分析》,载《人权》2022 年第 3 期。

二、以全面社会参与实现老年人赋能

从学理上讲,社会参与是角色、活动和社会资源共同定义的过程,指参与者在社会互动过程中,通过对各种角色的扮演和介入,在社会层面上实现资源共享,满足自身需要并因应社会期待。① 虽然人们已经在最大程度上就促进老年社会参与的积极意义达成了共识,但政策意义上的"老年社会参与"到底包括哪些内涵,不同国家差异较大。从广义上讲,老年社会参与的概念可以涵盖所有个体与周边环境进行的正向互动,包括教育、就业(薪资劳动)、志愿服务、文化体育活动等具体行为。而且从联合国人权机制下的相关进展来看,"老年社会参与"经历了从"健康导向的社会参与"到"效益导向的社会参与",最后到"以人权为基础的社会参与"的发展,社会参与以及社会融合正日益成为联合国老年人工作机制的重点议题。②

我国《老年人权益保障法》明确规定老年人"有参与社会发展和共享发展成果的权利"并设置专章对"参与社会发展"事项作出规定。为了进一步贯彻实施积极应对人口老龄化国家战略,推进老年人参与社会生活和实现全面发展,我们可以从以下三个方面完善老年人社会参与的政策与法规体系。

首先,关于老年人社会参与的法律规范应当明确参与不仅是权利之内容,更是权利保障的原则和前提。我们不仅要关注教育、就业等方面平等参与的权利,还要关注以社会参与和社会融合的方式保障适当生活水准权、可达到的最高标准健康权等其他权利。实际上,任何权利的实现过程本身也是社会参与的过程。比如,老年人在接受照护服务的过程中必然会与照护者进行交互,而积极的交互过程不仅会对照护者的情感、心态和技能增长产生正面影响,其对照护服务的反馈也会成为服务改进甚至制度完善的重要信息源。就这个意义而言,社会参与应该被确定为老年人权利保障相关法律规范的原则,无论是养老服务、宜居环境、银发经济还是教育就业等方面的规范制定都应明确"听取老年人意见""发挥老年人作用"等参与内容。

---

① 参见段世江、张辉:《老年人社会参与的概念和理论基础研究》,载《河北大学成人教育学院学报》2008 年第 3 期。

② 此处论证参见刘远:《以人权为基础的老年人社会参与:理念更新和行动方案》,载《人权》2022 年第 6 期。

其次，关于老年人社会参与的法律规范应关注对个体参与之依托的组织培育。就中国而言，家庭组织可谓是最值得关注的本土资源。“参与家庭生活”对于国人有着重要的文化意义，同时家庭也是老年人个体参与更广泛的社会生活的重要依托。关于老年人社会参与的治理活动应充分重视家庭组织的培育，回应家庭核心化、人口流动和都市生活方式冲击下产生的新问题和新需要，通过社会服务补足家庭的力量，强化家庭与家庭成员间的互动纽带。比如，法律也应当作为家庭代际关系之中坚力量的成年世代的权利保护，借由探亲假、喘息服务等制度设计，为成年人履行代际责任提供支持，充分发挥家庭代际互动的“反哺”功能，强化老年人参与社会生活的能力。在社会层面，老年人组织亦可以成为老年人参与的助力。我们可以吸收残障社会组织培育和发挥作用的有用经验，发掘各类党群团组织链接的社会资源，引导培育基层老年人社会组织，强化此类组织在数据收集、政策制定、宣传推广以及联络老年人家庭等事项中的作用，以切实的效用促进组织的可持续发展，以明确具体的政策框架为社会组织的发展提供有力的规范依据。

最后，以人权为基础的社会参与最终要实现“代际共融”或“代际团结”。社会参与不仅表现为个体与环境的互动，更重要的是实现个体与个体的社会联系。对于老年人而言，维系和发展“同辈人”间的社会关系固然必要，但只有通过进一步促进不同世代社会成员间的交流，才能推动老龄化的个体与群体维持与社会生活的紧密联系，消除误解和敌意的根基。“促进老年人参与代际活动”作为社会参与权的重要内容被列入《美洲保护老年人人权公约》。《欧洲联盟条约》亦明确宣示以“促进代际团结”为相关行动的目标和策略。[①] 我国《老年人权益保障法》第 69 条明确提及“鼓励老年人在自愿和量力的情况下……对青少年和儿童进行社会主义、爱国主义、集体主义和艰苦奋斗等优良传统教育”，显示出对代际共融理念的推崇。法律在构建公平的代际合作秩序中的意义，重点在于创造平等、开放的协商环境。应当尊重老年人的主体地位，通过发展终身教育体系和创设支持性决策方案加强老年人在参与公共生活和决策过程中与其他世代社会

---

① Article 3. 3 para 2 TEU states, “it shall combat social exclusion and discrimination, and shall promote social justice and protection, equality between women and men, solidarity between generations and protection of the rights of the child.” See Consolidated Version of the European Union 2016 in https://eur-lex.europa.eu/legal-content/EN/TXT/? uri = celex%3A12012M%2FTXT. accessed in March 17, 2022.

成员交流、沟通和协商的能力;加强对社会公众的生命教育,支持发展代际共融项目,强化不同世代社会成员的交流与互信,消除针对老年生命阶段的刻板印象,创造平等与尊重的代际文化氛围。更重要的是,公平的制度安排往往建立在全面系统地把握参与者之能力、资源和需求的基础上。这意味着应当深化老年学、老年医学和老年社会学方面的调查和研究,让决策参与者对于老年人的真实需求有更加真实的了解和掌握,根据不同的情形量体裁衣地制定权利保障方案。

三、从无障碍到老年宜居的环境建设

无障碍环境建设主要包括物理环境无障碍和信息交流无障碍两大方面。物理环境无障碍可以理解为交通设施、建筑空间被设计、建设和改造为能让所有人平等和方便地使用和通行的状态。而信息交流无障碍指的是承载信息的环境、提供信息的服务和产品能让所有人平等和方便地获取和使用。无障碍环境确保个人在老龄化过程中能“不受阻碍”地参与社会生活,是老年宜居环境的重要内容。但无障碍环境并不能体现“老年宜居”的全部要旨。无障碍环境建设取得显著进步后可以适时推出宜居环境建设的明确法律规定,以推动老年人以平等、健康和积极的姿态充分融入社会生活。

2007 年发布的《全球老年友好城市建设指南》提出“优化健康、参与和安全的环境”的宗旨。从现有实践来看,老年宜居环境建设格外强调维系身心健康和降低安全风险的目标。比如,高层住宅加装电梯的适老化改造实践,既要消除老年人的出行障碍,也要满足降低步梯之健康安全风险的考量。居家生活空间的设计与改造要预留健康监测与管理相关设备的空间和服务接口。虽然实践中已经形成大量居家适老化改造的案例与经验,但规范层面的发展相对有限。近年来,《适老环境评估导则》《居家与养老机构适老产品配置要求》《适老型智能建筑设计规范》《公共图书馆适老服务规范》等国家、地方标准相继出台实施,为如火如荼的适老化改造活动提供规范指引,更将服务要素纳入其中,逐步形成以老年人为中心的,兼顾健康安全、行动能力、情感慰藉的老年宜居环境标准体系。

相较于无障碍环境,老年宜居环境建设的价值目标还包括实现不同年龄的社会成员共居共融。由于目前家居日常、交通出行、活动场所和信息网络设施建设普遍忽视老年人的身心需要,故而相关行动方略重点关注老年人对于居住环

境的要求。随着老年人居住、生活和参与环境的改善,相关政策举措也应当将其他年龄段人口对于环境的需求纳入考量,以满足全年龄段需求为导向,实现全年龄宜居。因此,老年宜居环境建设不仅要致力于消除行动方面的障碍,还要破除文化、观念方面的阻隔。适老化的设计既要以老年人的需求为导向(elderly-oriented),也要吸纳全年龄和全周期的视角,同时满足老、中、青、幼等不同年龄群体的需求,使得不同世代的社会成员能够在相同的场域下活动和交流,以增进彼此之间的了解。在当前语境下,家庭与社区是代际交融的最佳场所之一,以此为目标的政策也可以强化居家社区生活环境建设为支点,从设施、服务、文化多个角度分类实测:在设施方面,阶段性推出居家环境适老化改造的推广方案,总结特殊困难老人家庭适老化改造的建设经验,不失时机地出台普惠性的适老化改造政策,使所有老年人都能享受安全便利的居家生活环境。在服务方面,支持和培育社区为老服务资源,以政策工具引导、激励社会组织和市场主体发展互助服务等服务供给模式,探索发展针对家庭照护者的技能培训、喘息服务等服务内容。在文化氛围方面,设施与服务本身即文化的载体。社区环境营建应凸显全生命周期的文化意象,利用社区展示板、公共图书馆、公众号等多种信息渠道,展示不同生命阶段独特的体验和价值;在组织相关活动的同时凸显老年人作为价值创造者而非单纯的服务接受者的角色,塑造积极平等的公民身份;社区环境建设应尽可能寻找老、中、青、幼等不同年龄群体在兴趣和需求方面的共同点,在此基础上创设公共空间,为其提供相互服务和学习的场所和机会,创造不同世代的共同生命体验。

老年宜居不仅包含物理和信息的“适老化改造”,更要求构建和发展回应老年人现实需求的服务环境和有利于社会参与和世代融合的社会文化环境。首先,在空间方面,宜居环境建设的要点是安全且无障碍的物理环境和沟通无阻碍的信息环境;其次,服务方面的宜居环境要求提供可获得、可负担且顺应老年人需求的多层次为老服务;最后,还要在文化层面弘扬敬老、助老、养老的传统美德,通过有利的支助环境、充分的参与机会来推动观念转变,实现老、中、青世代间的交流互动、合作共进,构建不分年龄、人人共享的社会氛围。

本章小结

老年人的平等法律地位既是社会主义法治基本原则的体现,也是其享有全部人权的前提条件。严重的世代对立和年龄歧视现象,使老年人日益成为边缘化和受歧视的“他者”。20世纪中叶以来,老年贫困、老年虐待等老年人危机成为日益严重的社会问题,威胁着各国法律所承诺的平等权利的实现。

我国《宪法》明确规定了法律面前人人平等的基本原则,而当代中国的老年法律制度首先明确老年人的平等法律地位以及不受歧视、侮辱和虐待的权利,以及国家负有采取特别权利保障措施,尊重、保护和促进老年人平等权利的义务。《老年人权益保障法》明确“禁止歧视、侮辱、虐待或者遗弃老年人”,明示对老年人平等权利的尊重和保护。其他相关法律亦明确规定为老年人之人格尊严、人身自由、财产权、婚姻自由权提供特别保护,使其免受来自他人的非法侵害。各级政府亦根据法律之明文规定,负有建立和完善老年社会保障、老年社会服务等老龄事业的义务,以促进老年人更加充分地享有各项人权。

年龄歧视、老年虐待等社会现象其实是彼此关联、互相影响甚至互为前提的。可以肯定的是,个人在老龄化过程中所遭遇的歧视和偏见很大程度上来源于关于年龄的片面、错误的刻板印象,或者说消极、错误的老龄观念。从认识过程的角度来看,针对特定群体的刻板印象和错误观念往往来源于隔绝、疏远的生活状态。从未来发展的角度看,老年人平等权利之保护,既要防治侵犯老年人平等权利、人格尊严的各类行为,保障当前的老年人能享有法律所规定的权益,也要在权利保护措施中推动老年人的全面社会参与,通过不同世代社会成员间的交流与沟通,增进对老年人和老龄化的理解,消除刻板印象存在的社会基础。

第四章　老年人家庭生活保障法律制度

作为中华文化最显著的特征,“孝亲敬老”是中华民族的政治元德乃至精神信仰,“家庭养老”也是中国人民千百年来的共同实践。[①] 以子女对父母的义务为核心的“孝”不仅是伦理规范,而且在礼法结合的过程中转化为法律规范,形成了独具中国特色的传统老年法律制度。虽然以“宗法尊亲”身份为轴心的封建家庭关系已经失去社会根基,但家庭作为人们“养老”的组织形式依然在现代生活中维持着相当的生命力。不同世代的社会成员以家庭关系为纽带,维系赡养老人和抚育孩童之社会功能的时代延续。关于老年人家庭生活的法律制度确认、保护和规范与家庭赡养相关的社会关系,为人们在老年生命阶段享有和谐友爱的家庭生活提供支持。

第一节　传统老年法律制度中的老龄化应对逻辑

中华先民因其独特的世界观、天人观和生死观,在千百年的文明发展史中形成了“生前孝敬、死后祭祀”宗法血亲的信念与习惯,并通过礼法之制将其转化为通行的法律规范,形成了传统老年法律制度。传统老年法律制度以家庭关系为核心,一方面通过赋予“尊亲”以至高的权威形塑了针对“养老”“敬老”等的社会规则,另一方面则通过严酷的禁止性规范维护和支持了作为养老依托的家庭组织的延续与壮大。由此,“生养死葬”等个人在老龄化过程中产生的需要便依托家庭的组织形式满足,形成世代延续的老龄化应对机制。

---

① 参见徐复观:《中国思想史论集》,上海书店出版社 2004 年版,第 132 页。

一、以孝入法的传统老年法律制度

美国学者伯尔曼在《法律与宗教》中提出了著名的论断，即“法律必须被信仰，否则形同虚设”，并接着指出，“它（法律）不仅包含有人的理性和意志，而且还包含了他的感情，他的直觉和献身，以及他的信仰”①。就老年法律制度而言，古人对于衰老、老年生活甚至死后世界的认知和期许，决定了他对于老年人的态度和行动。这些存在于人的思维模式、价值观念和内心情感之中的重要内容，亦随“礼法融合”的历史进程渗透、融入中国老年法律制度的制定与实践进程，对于理解其真正含义有着重要的意义。具体而言，中国古代社会中，人与人之间的关系时常被表述为宗法关系的延伸。② 老年人的形象往往与家庭关系中的“父母”身份混同，处理代际关系的理想模式——“父慈子孝”也就成为理想老年生活的行动基础。“孝亲”的道德规范解释了老年生活的理想形态以及应当由谁来支持和保障此种理想老年生活的实现。

（一）传统老年法制的观念基础

1. 敬天法祖的孝德观念

商周时期的华夏先民将生老病死的自然现象与天人相通的想象相联系，建立了以“孝德”为中心的礼法制度。人之生命发源于父母，父母与子女之间有着自然而坚韧的情感纽带，如《诗经 · 小雅 · 蓼莪》所载，“父兮生我，母兮鞠我，抚我畜我，长我育我，顾我复我，出入腹我，欲报之德，昊天罔极”。父母是子女生命的来源，也是子女在最为脆弱的幼年阶段的保护者和养育者，父母对子女的恩德如同“昊天”般广阔而神圣，子女自然也心怀感恩之情。同时，子女也会因生育行为而成为下一代的父母，从而获得与自己父母相似的生活体验，使得这种自然亲情随着世系的延续而不断承继和强化。而在浸润于祖宗崇拜和巫蛊文化的社会环境中，此种自然的情感冲动和生命体验往往与天人观、生死观相连接，父母子女间的关系被赋予神圣或神秘主义的光晕。商周先民奉行“德治”。虽然后世学者常常将“德”阐释为道德规范，但据学者考证，三代所谓之“德”实指关于先祖

① ［美］哈罗德 · J. 伯尔曼：《法律与宗教》，梁治平译，商务印书馆 2012 年版，第 7 页。

② 参见陈晓枫主编：《中国法律文化研究》，河南人民出版社 1993 年版，第 155 页。

祭祀的氏族习惯法。[①] 从三皇五帝的神话来看,华夏先民眼中的氏族先祖往往与神明同格。故去的血亲并非投入转世轮回,也非前往彼岸的世界,而是化身为凡世的神明与精灵,庇佑着其子孙后代。正所谓,"国之大事,在祀与戎""天命靡常,惟德是辅"。基于"天人相通"的观念,祭祀已故血亲和血亲的血亲——祖宗的仪式,是凡人与神灵的沟通渠道,是宗法氏族最重要的宗教活动。只有遵循祭祀的法则与仪轨,宗族才能获得先祖庇佑而维持兴旺发达。

从现实的角度来看,"共同的先祖"也是宗法氏族的标签和纽带,祭祀的法则同样承担着协调氏族内社会关系的功能。中国早期国家组织中的政治权力分配,皆以真实或拟制的宗法血缘关系为原则。比如《国语·晋语》载:"异姓则异德,异德则异类,异类虽近,男女相近以生民也。"[②]姓,是氏族的象征,德,即祭祀先祖的法则。是否祭祀相同的祖宗神,是人们辨别同族和异族最重要的标准。祭祀先祖的仪式,也是宣示身份的仪式,可以唤起氏族成员对于共同血脉的认同,增加氏族内部的凝聚力。

父子关系的情感认知与先祖崇拜和孝德之治的观念相结合,将宗教观念、血缘关系和等级秩序联系起来,明确了氏族宗法秩序中的身份等级与成员义务。这种义务首先以"辈分"和血缘联系为基准,表现为低"辈分"成员对高"辈分"成员的"孝"。《周礼·地官·大司徒》记载"以乡八刑纠万民;一曰不孝之刑",《尚书·康诰》也明确"元恶大憝,矧惟不孝不友"。可见,"不孝"是当时社会上最恶劣的罪行。"孝",即"尽孝守祀"。尽孝,是指供养、尊敬在世的血亲;守祀,是指在血亲逝世后定期祭祀。在血亲生前供养侍奉,以报答生育恩养之情;在血亲逝世后不断祭祀,以告慰其在天之灵,是当时氏族社会通行的行为准则。在氏族兼并、融合形成大型族团的过程中,不同等级个人间的血缘联系日渐稀薄,"孝德"的对象逐渐由"血亲"延展至"血亲的血亲",由事实的血亲扩展到拟制的血亲。在文书档案尚不健全、血亲关系难以快速判断的情况下,"年老"成为"氏族内部高'辈分'成员"的显要特征。供养和尊奉血亲长辈的"孝德",便逐渐扩展到宗法组织内部的老年人,形成了"敬老尚齿"的社会心理。正所谓,"昔者,有虞氏贵德而尚齿,夏后氏贵爵而尚齿,殷人贵富而尚齿,周人贵亲而尚齿。虞夏殷周,天下之盛王也,未有

---

① 参见陈晓枫主编:《中国法律文化研究》,河南人民出版社 1993 年版,第 78 页。

② 左丘明著,张永祥译注:《国语译注》,北京联合出版公司 2015 年版,第 231 页。

遗年者。年之贵乎天下久矣,次乎事亲也。是故朝廷同爵则尚齿”[①]。“齿”与“亲”位于同一语境之中。宗法关系和等级身份是其身份的重要特征,而非能力、经验和才干。同时,“尚齿”以“同爵”为限度,“年老”的特征依附等级的特征,可见敬老的观念实则构成“孝亲”的枝干,主要表现为宗法等级制度的拓展。

2. 天理人情的儒家孝道

春秋战国时期,商周之宗法秩序随着生产力的发展而日趋崩坏。虽然家庭依然是最基本的社会组织,但“大宗”“小宗”的宗法拟制已经难以适应封建生产关系,基于共同先祖之观念的“孝德”准则也就逐渐丧失了社会基础。春秋战国时期诸子百家中的儒家学说则继承并发扬了商周以来的“孝德”观念,并对其进行系统化、世俗化和政治化的阐释,形成了独特的孝道伦理。

儒家伦理学说以人们对自身所处社会关系的情感认知为出发点。农业社会环境下,血缘亲情是最普遍的情感体验。人可以没有朋友或主君,但不可能没有父母。儒家的道德论证同样从父母子女间的朴素情感冲动和生命体验出发,将子女对父母的感激与回报之情阐释为人最自然、本真的情感特质。感激父母生养之恩是人类最原初、最基本的情感,而这种情感又被儒家学者阐发为“生而知之”的自然人性,如孟子强调“孩提之童,无不知爱其亲者,及其长也,无不知敬其兄也”[②]。正所谓:“(子)生三年,然后免于父母之怀……予也有三年之爱于其父母乎!”[③]孝亲之情是普适的、先天的,是人之所以为人的基本条件。不能践行孝的伦理要求的人,可以说比之“鸟兽尚不如”。[④] 孔子多以“犬马”比喻养而不孝之人,后世劝孝文献也多以“禽兽”形容不懂孝义之辈。[⑤] 后世儒生又将“人情”进一步阐发为“天理”,以增加孝道伦理的说服力。比如汉儒以天地、阴阳、五行

---

① 郑玄注,孔颖达正义:《礼记正义 · 十三经注疏》,上海古籍出版社 2008 年版,第 1849 ~ 1852 页。

② 赵岐注,孙奭疏:《孟子注疏》,北京大学出版社 2000 年版,第 422 页。

③ 何晏注,邢昺疏:《论语注疏》,中国致公出版社 2016 年版,第 275 ~ 285 页。

④ 《荀子》:“三年之丧,何也?曰:称情而立文,因以饰群,别亲疏贵贱之节,而不可益损也……创巨者其日久,痛甚者其愈迟,三年之丧,称情而立文,所以为至痛极也……故有血气之属莫知于人,故人之于其亲也,至死无穷。将由夫愚陋淫邪之人与,则彼朝死而夕忘之;然而纵之,则是曾鸟兽之不若也,彼安能相与群居而无乱乎!”

⑤ 如《论语》记载孔子言论“今孝者,是谓能养。至于犬马,皆能有养。不敬,何以别乎”便以犬马形容养而不敬父母之人。参见何晏注,邢昺疏:《论语注疏》,中国致公出版社 2016 年版,第 17 ~ 18 页。更多的劝孝材料参见骆承烈编:《中国古代孝道资料选编》,山东大学出版社 2003 年版,第 135 ~ 137 页。

比附父母和子女，以自然规律比附守孝之德行，将人性孝道阐发为天道伦常。[①]朱熹亦云："父母兄弟夫妇，皆是天理自然，人莫不自知爱敬。"[②]

儒家思想对孝道伦常的政治化阐释，也为人们"孝亲"和"敬老"提供了现实层面的压力和动力，使孝的行为规则从家庭内部的道德关系发展为贯穿家庭生活、社会生活和政治生活的根本行为准则。儒家学说从"爱有等差"的情感认知出发，指出子女对于父母的感恩和对于兄弟同辈的友爱是最为强烈的情感冲动，故而对人的行为也有最强的约束力。"爱有等差"同样也是人的本性，随着亲缘关系的疏远，个人所会倾注的情感也越发稀薄，其态度和行为也将有所格差。"爱有等差"强调了孝事父母作为行为准则的基础地位。若一个人无法真诚地爱与尊敬情感冲动最为强烈的生身父母，那么也很难期望他能够对兄弟、朋友、主君等其他社会关系对象有所共情，即所谓"孝是仁的根本"。[③] 正如钱穆总结，"人之有德，乃知有尊有亲，故能尊亲其家其群，又必尊天亲地，而人群乃可安可乐"[④]。汉代儒生将社会关系归纳为"君臣"、"父子"、"夫妻"、"兄弟"和"朋友"等"五常"。"五常"中除"朋友"关系遵循以义相交的平等逻辑外，其他社会关系均以父子之"孝"为模板，遵循同样的"尊亲"逻辑。[⑤] 正所谓，"其为人也孝悌，而好犯上者，鲜矣。不好犯上，而好作乱者，未之有也。君子务本，本立而道生。孝弟也者，其为仁之本与！"[⑥]"以孝事君则忠，以敬事长则顺。"[⑦]曾子也指出："居处不庄，非孝也；事君不忠，非孝也；莅官不敬，非孝也；朋友不信，非孝也；战陈无勇，非孝也。五者不遂，灾及于亲，敢不敬乎？"[⑧]以孝亲为模板，"贵贱、尊卑、长幼、亲疏都有分寸的社会，便是儒家的理想社会"[⑨]。"孝"的道德规范不仅对父

---

① 参见陈立撰：《白虎通疏证》，中华书局1994年版，第166~198页。

② 黎靖德编：《朱子语类》，中华书局1986年版，第233页。

③ 参见冯友兰：《中国哲学史新编》，河南人民出版社2001年版，第132页。

④ 钱穆：《略论中国社会学》，载《现代中国学术论衡》，生活·读书·新知三联书店2016年版。转引自李松涛：《哀敬两尽：从"君视大敛"看君臣、父子伦理的情感内涵》，载《社会》2020年第5期。

⑤ 儒家所言"君臣"并非单指君主与臣子的关系，而是泛指古代社会中的一切从属关系。正所谓，"君字不能专作王侯解，凡社会组织总不能无长属关系"。参见梁启超：《先秦政治思想史》，岳麓书社2010年版，第89页。

⑥ 何晏注，邢昺疏：《论语注疏》，中国致公出版社2016年版，第3~4页。

⑦ 李隆基注，邢昺疏：《孝经注疏》，上海古籍出版社2009年版，第19页。

⑧ 郑玄注，孔颖达正义：《礼记正义·十三经注疏》，上海古籍出版社2008年版，第1844页。

⑨ 瞿同祖：《中国法律与中国社会》，中华书局2003年版，第319页。

母子女间的行为提出要求，更将同样的要求推展到所有社会关系方面，是君子、士人等主体参与社会生活和政治生活的基本准则。

而在“事亲”的孝道伦理中，“老”亦作为“亲”在特定生命阶段的重要特征。正所谓，“民知尊长养老，而后乃能入孝悌。民入孝悌，出尊长养老，而后成教”①。顺从、供养和侍奉年老的父母，是“孝”的重要体现，而这种德行又根据等差秩序延展到其他的老年人，最终形成“老有所终”的理想途径。而这种血缘伦常和社会理想又在封建统治者“移孝作忠”的过程中成为国家政治的重要统治原则，并借由“富于差异性，内容繁杂的，因人而异的，个别的行为规范”的“礼法”制度转化为具体的行为规范。自汉以降，历朝历代封建统治者们均以儒家政治理想构建社会秩序，将阐述孝道的儒家典籍作为重要的法律渊源，并通过立法和司法活动将孝道的道德主张转化为法律规则，逐渐形成了“孝亲敬老”法律制度。②

3. 生死轮回的佛道说教

发源于印度的佛教信仰并不强调父母子女间的亲情关系。相反，佛教理念主张断绝凡世间的情爱与思念，和以自然情感为论证基点的儒家思想存在天然的矛盾，其剃发与节食的宗教仪轨更是为孝的行为规范所不容，因此在其传播的早期受到中国知识分子的强烈抵制。佛家宣教者在本土化的过程中着重解释、阐发和改造佛教经典中“孝”的因子，并将其与“轮回转世”“因果报应”的观念相结合来说明“尽孝”的必要性。③《佛说盂兰盆经》《佛说孝子经》《佛说父母恩难报经》等佛家经典皆以弘扬孝道为主题，而相关宗教仪轨中开始容纳孝亲要素。佛教不仅宣扬本土之孝的观念，更给其注入新的内涵。佛家阐明的孝道伦理继承了自商周“孝德”流传下来的“报效血亲生养之恩”的观念，使之与人们在日常生活中所产生的生命体验相结合，从而获得人们的接受与认同。佛家之转世轮回、因果报应思想又用辞藻逼真的章句描述尽孝者和不孝者在现世、死后乃至来生截然不同的命运，为人们尊奉孝道行为准则提供了超自然的约束。同样，在尊奉孝道的社会环境中成长起来的本土道教亦改变老庄之道家对孝道的反对态度，并融合佛教之鬼神、轮回和天堂地狱的观念进行重新阐释。比如《太上老君

---

① 郑玄注，孔颖达正义：《礼记正义·十三经注疏》，上海古籍出版社 2008 年版，第 2284 页。

② 参见瞿同祖：《中国法律与中国社会》，中华书局 2003 年版，第 326～328 页。

③ 参见[荷]许里和(Erich Zurcher)：《佛教征服中国：佛教在中国中古早期的传播与适应》，李四龙等译，江苏人民出版社 2003 年版，第 350～354 页。

说报父母恩重经》分别向人们呈现了不孝之人在酆都地狱的苦难和尽孝之人荣升南宫天堂的美好生活。孝顺父母、扶助救济贫苦孤老之人，亦是佛道学说中积累“阴德”“事功”的重要途径。在这种思想的影响下，人们出于宗教信仰方面的原因，对鳏寡老人怀着慈悲与同情的心理，在行动方面给予慈善救济，影响了中国古代敬老、养老的社会慈善实践。

源自佛教的报应观又与中华文化中的“父母恩情”相结合，为孝亲的制度实践提供了一种关乎“死亡”的宗教动因。纵然中国传统法律制度与宗教信条间的关系远不如其他法律文明般密切，但佛道信仰中的轮回观、报应论在民间有着巨大的影响力，事实上影响和改变了传统的孝道观念。阴司、地狱和极乐世界的想象也是分析古人守法行为中不可忽视的动力因素，而这种贯穿死生的观念也构造了一种独特的老年观。建立在此种观念基础上的老年法律文化，则为“代际契约”染上了新的色彩：在契约内容方面，子女对父母的义务贯穿其生命全过程，不以父母逝世为终结，亦不以子女自身的衰老为豁免。在契约执行方面，不孝父母、不敬尊长，不仅为世人所厌恶，须受现世法律制度之严惩，更为无可违逆的天理所不容，会招致死后的祸患。

综上所述，在中国古人的视野中，孝亲敬老是法律确定的普遍义务，符合社会期望的德行，也是对人生之终极问题的回答。祖宗崇拜的天人观、生死观，儒家道德中的价值观、人生观，以及佛道思想中的宗教观念，塑造了古代的孝亲敬老法制实践，而且在某种程度上影响着今天中国人的观念与行动，对于理解中国人对于老年生活的态度与想象，以及如何处理代际关系有着重要的意义。

（二）传统老年法制的主要内容

一般而言，中国传统老年法律制度被解读为两个方面：以孝道伦理为统的孝敬义务，明确子女卑幼对父母尊亲的道德义务；以严惩不孝、优免养老、奖励孝行和宽容复仇为表现形式的实施手段，以确保所有社会成员严守孝敬的规则。但这种解读无法解释所有的传统老年法律制度。本书认为，传统老年法律制度可以从家庭生活秩序的角度进行理解而分为四个方面：彰显尊亲权威的孝敬规则，明确了包含“生养死葬”功能在内的家庭生活秩序；供奉“三老”、官吏致仕等荣养老人的社会制度，凸显了国家政治秩序对家庭组织的支持和维护；扶助孤老的慈善规则在家庭失格时提供一定程度的兜底保障，维护养老的社会分工不因家庭组织的波动而崩坏；优免赋税、褒奖孝义方面的制度实践则对家庭履行“生养死葬”社会分工进行鼓励和引导。

1. 彰显尊亲权威的孝敬规则

儒家礼制以“孝”为统,儒家思想指导下的法律实践便同样围绕“孝”展开,而当代法学研究者亦对此给予高度关注,如龙大轩从“利亲”“善事”“慎终”三个角度进行梳理,分别阐述家庭成员对于老年血亲在物质供养、精神抚慰和丧葬祭祀等方面的义务。① 瞿同祖亦对古代孝道观念影响下的法律制度进行了考据和梳理。② 孙颖则从家庭法制和行政措施两个层面梳理了汉、唐、宋等朝代关涉孝亲伦理的礼法形制。③ 当前关于古代孝亲法律制度与实践的学术研究可谓汗牛充栋,在此不加赘述。然而,现有研究成果所阐释之孝亲法律制度,所调整的是家庭内部父母与子女或尊亲与卑幼间的法律关系。父母尊亲,便成为孝亲法律制度中老年人的必要身份特征,享有家庭成员或整个家庭的供养和孝敬。此种供养和孝敬实践并非建立于老年尊亲的某种权利,而是来源于由法律强力和社会压力支持的权利,以子女或者说卑幼的义务为表现形式。

保障父母生活,使其不至于物质匮乏,是子女最为重要的道德义务,而这也在礼法融合的进程中被确认为法律义务。《礼记》记载“曾子曰:孝有三:小孝用力,中孝用劳,大孝不匮。思慈爱忘劳,可谓用力矣。尊仁安义,可谓用劳矣。博施备物,可谓不匮矣”④。《唐律疏议》援引《礼记》确定了“以其饮食而忠养之”的法律义务,同时也明确了“忠养”的行为标准和法律后果:

> “及供养有阙者”,《礼》云“七十,二膳;八十,常珍”之类,家道堪供,而故有阙者,合徒二年。故注云“谓可从而违,堪供而阙者”。若教令为法,行即有愆;家实贫窭,无由取给:如此之类,不合有罪。皆须祖父母、父母告,乃坐。⑤

若从当代之法律话语来阐释,此条文的含义在于,子女需要严格按照礼法之

---

① 参见龙大轩:《孝道:中国传统法律的核心价值》,载《法学研究》2015 年第 3 期。

② 参见瞿同祖:《中国法律与中国社会》,中华书局 2003 年版。

③ 参见孙颖:《老吾老——老年法律问题研究起点批判》,法律出版社 2012 年版。

④ 郑玄注,孔颖达正义:《礼记正义 · 十三经注疏》,上海古籍出版社 2008 年版,第 1843 页。

⑤ 长孙无忌等著,袁文兴、袁超注译:《唐律疏议注译》,甘肃人民出版社 2017 年版,第 671 页。

要求提供食物等生活资料，而且这种供给不仅要“充足”，更要根据老年人的身体状况进行相应的调整，以彰显其诚意。[①] 若未能达到这种要求，则构成了“不孝”的罪行且需接受“徒刑两年”的刑罚。当然，条文亦明确了若“家实贫窭”，即因为家境贫寒无法做到供养充足，则不能一概视为犯罪。同时，此等罪行须由其父母、祖父母告诉，才会被判为犯罪。由此，子女在履行法律层面“孝事”父母的义务时应当符合两层标准：其一为客观标准，子女供养和照顾父母的行为和态度符合礼法的要求；其二为主观标准，即父母对子女的供养行为抱持满意的态度。

此条内容似乎与如今关于家庭赡养之经济义务的规定相类似，其批评多在于惩罚过于严酷、标准畸高等方面。但若结合古代社会的家庭共财制度，便可以看出代际关系的含义。古人实行“家庭共财制”，财产的“所有权”实际上归属于家庭，即“称同居亲属者，谓同居共财者”[②]。《礼记》多次强调，父母尚在人世时，子女不应当占有私人财产。而家族共有之财产的占有、使用和支配之权威，皆归于家主“父祖”，子女卑幼或许可以在实际生活中使用部分财物，但亦需要得到尊亲的许可。私自使用和处分家庭财产——“备有私辄用财”被视为犯罪行为，在民事方面也归于无效。比如，《宋杂令》规定，除非有战乱等特殊情况，“子孙弟侄”等不得“私自出卖或质举”任何财物，如有违反，财物立即返还，但财产灭失加追回。[③] 原有家庭之卑幼只有在父母、祖父母去世后根据宗法礼制“分家析产”，建立新的户籍后，才能合法地支配、管理自己所有的家庭财产，而父祖在世或丧服未满而“别籍异财”，属于严重的刑事犯罪，如：

> 诸祖父母、父母在，而子孙别籍、异财者，徒三年。别籍、异财不相须，下条准此。[④]

根据法律规定，具有尊亲身份的家庭成员享有对共有财产的所有权。成年

---

① 此处所言之“二膳”是指主食之外的副食品，“常珍”是指鲜美的食物，二者皆是指根据老年人气血衰弱的事实而在饮食方面的特别安排。参见长孙无忌等著，袁文兴、袁超注译：《唐律疏议注译》，甘肃人民出版社 2017 年版，第 672 页。

② 长孙无忌等著，袁文兴、袁超注译：《唐律疏议注译》，甘肃人民出版社 2017 年版，第 456 页。

③ 参见瞿同祖：《中国法律与中国社会》，中华书局 2003 年版，第 17 页。

④ 长孙无忌等著，袁文兴、袁超注译：《唐律疏议注译》，甘肃人民出版社 2017 年版，第 353 页。

子女即使为官为吏，亦没有个人意义上的私人财产，除非因家主离世而分家析产，或是在其许可下使用部分财物。某种意义上古代并没有“子女的财产”和“父母的财产”的明显界分，关于子女经济供养的法律规定也就不应该理解为“子女向父母给付一定财产或其他生活物资以保障养老所需”的结构，而是应当从保障父祖的支配权的角度来看待。法律虽然授予父祖对家庭财产的支配权，但这种权威可能会招致子孙卑幼的挑战。随着年龄增长，父祖也会因生理衰老的进程而难以真正行使此种权力，可能因为理智、健康方面的问题而遭到子孙的欺骗和操控。在这种情况下，父祖对家庭财产的掌控便可能发生动摇，无法对家庭财产的所有动向负责，更无法维持对于其他家庭成员的经济支配，致使封建时代的财产制度和尊亲礼教都受到威胁。

为了避免这种情况，法律从两个方面对家庭内部的财产秩序加以规制。一方面，法律授予的财产支配地位以“继承”为变动节点，使家主在法律意义上所支配的财产不会因自己衰老或是子女成年等情况而减损，其本人在老年阶段的经济保障方面占据着主动的地位。他可以决定将共同的财产交由子孙辈打理，或者更多地用于满足子孙辈的需求，也能够专用于自身的生活和养老，一切以家主自己的决策和意愿为主导。另一方面，封建法律制度又援引“礼”的要求，确定了家庭内部不同年龄成员（主要是老年人）在饮食、服装、出行用具等方面的标准，确保年老的父母、祖父母的生活水准符合家庭的财产状况。由此，“供养有阙”和“别籍异财”的法律制度相互配合，共同保障了家庭中老年的“尊长”在资源分配方面的统治地位。

相较于财产方面的权威，孝道法制所确立的父母对子女人身的支配权和优势地位的影响更为深远，也更为后人所诟病。一方面，法律赋予父母对子女人身的支配权，以及按照自己的意愿殴打、责骂和惩戒子女的权利，甚至可以请求官方辅助行使此种权利。另一方面，法律禁止子孙以任何方式对父母的教令和惩戒进行反抗，如：

> 拒诸詈祖父母、父母者，绞；殴者，斩；过失杀者，流三千里；伤者，徒三年。若子孙违犯教令，而祖父母、父母殴杀者，徒一年半；以刃杀者，徒二年；故杀者，各加一等。即嫡、继、慈、养杀者、又加一等。过失杀者，各勿论。

诸子孙违犯教令及供养有阙者,徒二年。谓可从而违、堪供而阙者。须祖父母、父母告,乃坐。[①]

子孙如果违背父母的教育和指令,便要处以两年的徒刑,因不顺意而辱骂、殴打、伤害父母等行为轻则流放,重则处死。而父母因子孙违反教令杀害子孙的情况,刑罚止于两年徒刑,在惩戒子孙的过程中过失致人死亡,更是"勿论"。从法律实践来看,祖父母、父母更是对子孙的身体自由有着绝对的决定权利。瞿同祖在《中国法律与中国社会》中列举了明、清时代的诸多实例,指出父祖可以请求官府代为流放、处置自己的子孙。"剥夺自由与否的决定……全取决于他们的意志,法律只为他们定一范围及具体的办法,并代为执行而已,不啻为受委托的决定机构。"[②]此种制度安排通过否认成年子孙的人格、自由来保证衰老的父祖对于家庭成员人身的绝对控制权,也就压制了家庭成员对父祖权威的挑战。

值得注意的是,尊敬血亲的职责并不会随着父母的逝世而完全终结。为故去的父母制备符合礼制的葬仪、遵循守丧的规范和定期祭祀,乃至避讳父祖的名号同样是重要的伦理义务,也得到了法律的确认。《唐律疏议》对"不孝"罪行的记载如下:

七曰不孝。谓告言、诅詈祖父母父母,及祖父母父母在,别籍、异财,若供养有阙;居父母丧,身自嫁娶,若作乐,释服从吉;闻祖父母父母丧,匿不举哀,诈称祖父母父母死。[③]

同时《明例律》规定:

诸府号、官称犯父祖名,而冒荣居之。[④]

可见,不仅子女侵犯或违背在世父母被视为严重的罪行,子女在父母逝世后

① 长孙无忌等著,袁文兴、袁超注译:《唐律疏议注译》,甘肃人民出版社 2017 年版,第 635 页。
② 瞿同祖:《中国法律与中国社会》,中华书局 2003 年版,第 17 页。
③ 长孙无忌等著,袁文兴、袁超注译:《唐律疏议注译》,甘肃人民出版社 2017 年版,第 19 页。
④ 长孙无忌等著,袁文兴、袁超注译:《唐律疏议注译》,甘肃人民出版社 2017 年版,第 76 页。

不遵循守丧、举哀的行为准则，在丧期内作乐嫁娶，兄弟在丧期内别籍异财，官员在丧期内冒哀求仁等行为，也都构成违法犯罪。子孙也应当遵循避讳的逻辑，避让冒犯父、祖名号的官职，无论父祖是否已经逝世。

中国传统的家庭代际关系通常被描述为“反馈模式”或“代际契约”。[①] 代际契约的“甲方”是尊亲，他们承担起生育、抚养子女直至对方“成家立业”的“义务”和在特定的时间节点流转财产的“义务”，与此同时享有在年老后接受供养和照料以及在死后接受安葬和祭祀的“权利”。契约的“乙方”是子女，他们需要听从父母的管教，并在父母年老后履行“尽孝”的“义务”，与此同时享有“子承父业”的“权利”，即以“嗣续”保证老年的“赡养”。[②] 但古代孝亲法律制度显示，传统家庭中尊亲、子女的关系与其说是近似“民事契约”的权利与义务关系，不如说是接近于“科层体系”的统治与被统治的关系。在此种代际秩序中，“父母、祖父母”的身份被表述为“尊亲”，而“子女、孙子女”则是“卑幼”，“尊卑有序”是代际关系的基本特征。“尊亲”世代拥有孝道伦理和法律制度授予的无条件的、至高的权威，拥有针对“子女”家庭成员的相对优势地位，在家庭生活决策、资源分配方面享有绝对的主导权。

在财产方面，尊亲享有对家庭财产的支配权。子女只有在尊亲许可下才能使用或处分家庭财产，而且这种使用和处分也必须遵循礼法的规则，即首先保障父母尊亲的生活水准。尊亲对家庭财产的支配权持续到其生命终点，自此子女才能够借由“分家析产”的程序建立新的产权。因此，子女的“利亲”与“孝养”实则并非独立个人间的资源“交换”，而是作为尊亲的“代理”，暂时地拥有占有、使用和处分家庭共有财产的权能。而在人身方面，子女不仅要按照礼法的规则“尽心尽孝”地奉养尊亲，其生活实则也受到尊亲的支配和控制。大到求学、择业、嫁娶和生育等人生重大抉择，小到饮食、用财、爱好等日常生活行为，均要得到其明示或默示的许可。正如瞿同祖观察，严格说来，父亲实是子女之所有者……子女对自己的人格是无法自主或保护的，法律除少数例外，也从不曾否认父母在这方面的权利。[③] 而在父母逝世之后，子女虽然获得了尊亲的身份，但对已故父母的

---

① 参见李元旭：《论我国转轨时期的代际契约与养老模式的变革》，载《学术月刊》2001 年第 5 期。

② 参见费孝通：《家庭结构变动中的老年赡养问题——再论中国家庭结构的变动》，载《北京大学学报（哲学社会科学版）》1983 年第 3 期。

③ 参见瞿同祖：《中国法律与中国社会》，中华书局 2003 年版，第 19 页。

义务并没有终结，还必须按照礼法的规则安葬、守丧并定期祭祀父母和其他已故先祖。

尊亲的权威与地位得到国家组织的暴力维护和社会道德的正当性支持。根据法律规定，除非尊亲严重违背封建社会的行为规范，否则任何质疑、反对父母，或者尝试脱离父母的行为都有着相当的法律风险。针对父母的告发、诅咒，人身侵害，私自处分财产，不遵守孝养父母的礼法规则，都属于“不孝”的“十恶”重罪，可能被处以极刑。在极端的情况下，尊亲能够近乎无条件地请求地方长官伤害、惩戒、驱逐子女乃至剥夺子女的生命，即呈送发遣。相关司法实践又显示，假如个人与家庭的尊长对立而想要脱离家庭的话，其下场很有可能是被判为“不孝”而遭受极刑或是被家主申请流放。也就是说，脱离家庭就是脱离社会，背弃家庭便是背弃社会。故而除非出家修行、落草为寇等特殊情况，“子孙永远不能远离家庭”①。

因此，古代家庭养老制度着重强调老年人在家庭内部的父母身份。在二代人或三代人聚族而居的家庭结构中，老年人与父母、祖父母或其他长辈的身份往往重叠。故而，孝亲逻辑下的家庭养老法律制度以孝道伦理为指导，运用公共资源、社会压力和国家暴力，建立起以“集权统治”而非“社会交换”为特征的代际统治秩序。尊亲的权利并非来源于“对子女的生养之恩”或对“家庭生活的贡献”，而是来源于其受到国家维护的统治地位。尊亲是家庭的“君主”，享有对内的至高主宰权，又代表家庭对外建立社会关系。在这种情况下，尊重运用家庭的财产、人力等资源支持自己的生活，便是再自然不过的道理。

2. 基于家庭地位的社会齿序

《礼记·王制》载“凡养老，有虞氏以燕礼，夏后氏以飨礼，殷人以食礼，周人修而兼用之……有虞氏养国老于上庠，养庶老于下庠”。此段表述常被援引为华夏先民尊敬和优待老年人的重要例证。② 但若结合当时的社会环境予以考据，古代的“国家养老”待遇往往取决于老年人的政治身份。汉儒郑玄考据，《礼记》所载之国家养老主要包括四种情况，即国之三老五更、致仕官吏、国事之死难者的

① 瞿同祖：《中国法律与中国社会》，中华书局2003年版，第14页。

② 参见高成鸢：《中华尊老文化探究》，中国社会科学出版社1999年版，第25～30页；王志芬：《浅析中国古代的尊老养老体制》，载《学术探索》2003年第7期；李岩：《周代的尊老尚齿制度》，载《社会科学家》2003年第6期。

父母以及引户校年养庶人之老。[①] 周代设立“三老”“五更”等官职,遴选部分退休官吏担任,承担教育后辈、传授知识与经验的职责,受到国家的供养和尊敬。“国老”意指“致仕的卿大夫”,而“庶老”则是指“致仕的士大夫”。[②] 所谓“致仕”即“致其所掌之事于君而告老”,是老年官吏让出职位和权力的“退休”制度。《礼记·曲礼》记载,“大夫七十而致事。若不得谢,则必赐几仗,行役以妇人,适四方,乘安车”[③]。根据礼仪制度规定,这些老人根据年龄享有饮食、服侍、出行等一系列的特殊待遇,并由专任官吏保障。而此等优厚待遇,是以让渡实际权力为前提的。同时,国君或官长要定期在学校等场所举行“养老之礼”、“乡饮酒礼”和“乡射礼”,宴请三老、五更、国老、庶老等致仕官吏。[④] “三老五更”和“养老之礼”的首要目的是彰显教化和等级秩序。郑玄注释《礼记·文王世子》时指出,“三老五更……皆年老更事致仕者也。天子以父兄养之,示天下之孝悌也”[⑤]。商周时期的国家组织是按照宗法秩序组织的,社会成员依据现实或拟制的宗法血缘关系被划分为不同的等级。卿大夫、士大夫等能够实际参与国家政治生活的社会成员,是统治者在宗法秩序中的亲族,即使在“致仕”后也依然得以凭借“宗族尊长”的身份享有国家的供奉和优渥待遇。他们的酒水、食物等待遇也严格依据身份等级、地位设置,在表现贵族尊亲和庶人的区分的同时,又是宗法秩序内部将老年与尊长身份相联系的制度实践。“养老之礼”的次要目的在于运用致仕官员在长期治国实践中积累的经验与智慧。《礼记·内则》:“凡养老,五帝宪,三王有乞言。五帝宪,养气体而不乞言,有善则记之,为惇史。三王亦宪,既养老而后乞言,亦微其礼。皆有惇史。”[⑥]此所谓“养老人之贤者,因从乞善言可行者也”[⑦]。在知识载体不丰富的古代,老年人的经验与智慧是重要的知识来源,也是国君治理国家的重要参考依据。君主在学校供奉和礼敬这些曾经参与治理国家

---

① 参见郑玄注,孔颖达正义:《礼记正义·十三经注疏》,上海古籍出版社 2008 年版,第 569 页。

② 参见王聘珍撰,王文锦点校:《大戴礼记解诂》,中华书局 1983 年版,第 163 页。

③ 郑玄注,孔颖达正义:《礼记正义·十三经注疏》,上海古籍出版社 2008 年版,第 569 页。

④ 据清代学者段玉裁考据,《礼记》中“养老之礼”与“乡饮酒礼”的意义基本相同,可能仅有等级的差别,养老之礼是国家层级的仪式,而乡饮酒礼则可能发生在基层。参见段玉裁撰:《经韵楼集》,上海古籍出版社 2008 年版。

⑤ 郑玄注,孔颖达正义:《礼记正义·十三经注疏》,上海古籍出版社 2008 年版,第 832 页。

⑥ 孔颖达等撰:《礼记正义·十三经注疏》,中华书局 1980 年版,第 1468 页。

⑦ 郑玄注,孔颖达正义:《礼记正义·十三经注疏》,上海古籍出版社 2008 年版,第 833 页。

的官吏,让他们向后进者传授治国方法或在必要的时候向他们请教和咨询治理国家中所面临的问题,这是古人传承知识的实践方案。

汉以后的诸王朝皆尊奉儒家孝道,而商周之礼制是儒家孝道行为规范的重要参考对象。老年官员致仕并得到尊崇的实践得以保留且不断发展完善,并成为古代官制的重要组成部分。现有研究认为,官吏致仕制度大略形成于汉代。汉代认为官吏年至七十难免耳目不聪、行动不便,难以胜任使命,同时按照《礼记》的"大夫七十而致事"的范例,应当主动向君主提出请求,让出职位。致仕的条件和原因繁多,其中最为普遍的条件是年龄(一般为 70 岁)和身体状况(老疾)。[①] 比如班固在《白虎通》中解释,"臣七十悬车致仕者,臣以执事趋走为职,七十阳道极,耳目不聪明,跂踦之属,是以退老去避贤者,所以长廉远耻也"[②]。按照此种说法,人到七十,耳目不聪、腿脚不便,难以完成使命,所以应该以避贤路。但因年龄而致仕仅仅是通常的情况,无论是官员主动请求致仕还是被要求致仕,往往取决于当时的政治形势,因为权势显要而推迟或因政局动荡而提前申请的案例亦不鲜见,在某些情况下致仕甚至成为政治斗争的工具。[③] 官员致仕后享有国家供养和多方面的尊荣待遇,包括致仕时被赐予田宅金银、终身享受定期俸禄、致仕前晋升官阶、君主存问赏赐、保留参加朝会的资格、荫庇子孙等。[④] 传统法律制度关于致仕年龄、致仕待遇的规定,大体上保持一致,呈现出鲜明的继承性。[⑤]

中国古代尊敬和供养年老勋贵和管理的制度实践,可以理解为古代政治生活中年龄秩序的体现。虽然人们常说中国古代"家国同构",君主如同尊亲统治家中卑幼般统治其臣属,但事实上资源与权力的向下流转有着不同的逻辑。在家庭领域中,老年人的尊亲地位是以"老、病、死"为节点在世代间转移的。即使是最独断专权的统治者,也不可能仅凭自己和亲族来治理国家。无论是商周宗法政治下的卿大夫士大夫,还是封建集权政治中的官吏,都在某种程度上分享了

---

① "文武官年未及七十,老疾不能任事者,皆令冠带致仕,免其杂泛差徭。"参见申时行等修,赵国贤等纂:《大明会典》卷一三《致仕》,载《续修四库全书》(第 789 册),上海古籍出版社 2002 年版,第 229 页。

② 陈立撰:《白虎通疏证》,中华书局 1994 年版,第 251 页。

③ 参见蒲坚:《关于我国古代官吏的致仕制度之研究》,载《政法论坛》1988 年第 4 期。

④ 参见翟晓明:《略论中国古代的致仕制度》,载《山西师大学报(社会科学版)》1994 年第 2 期;李岩:《中国古代尊老养老问题研究》,中国社会科学出版社 2016 年版,第 98 ~ 117 页。

⑤ 参见李岩:《中国古代尊老养老问题研究》,中国社会科学出版社 2016 年版,第 122 页。

统治的权力。随着官僚制度的发展,公共政治活动中职位、权力的转移需要明确的,独立于血缘亲疏关系的标准和程序。稳固的统治不仅要实现权力于“在场”政治参与者中的合理分配和有效制衡,也必须考虑权力的“世代流转”。虽然儒家圣人描绘了年老官吏与统治者惺惺相惜、互请互让的理想场景,但现实中的官吏和权贵并不一定会自认“难堪重任”而主动让出权柄。因此,统治者一方面以礼法制度为名义,将年龄与能力相联系,建立基于确定标准的致仕制度;另一方面以“养老礼”、“三老”或“致仕礼遇”对政治权力的实际行使者们作出“退休后”的生活待遇、社会地位乃至一定程度参与政治生活的承诺,以使其能够安然地让渡出其职位和权力,保障权力在不同世代的政治参与者间的平稳转移。当然,此种致仕制度并不能完全消除世代间的矛盾,唐、宋、明等朝代的官员拒绝致仕而“贪恋权位”“知进不知退”的现象屡见不鲜。[①] 这是因为,致仕制度真正的适用范围是相当有限的。无论是“三老五更”之职,还是“致仕”“养老”之礼遇,都限于勋亲贵族或高级官吏,即使隋唐之后范围不断扩大,也限于“流内官”。同样行使国家权力的下级官员和吏员均无从享受。正如蒲坚指出,致仕制度既是为了保障官僚集团的新陈代谢,也是为了鼓舞和拉拢集团成员,巩固统治秩序。这种国家养老制度,实则是统治者构造明确而稳定的政治权力秩序的结果。

故而,古代的国家养老制度实则是政治生活中年龄秩序的体现。商周时期的“国老”与“庶老”身兼血亲、老年人和长辈三重身份,被统治者安置在咨询决策的位置,受到尊奉和供养。而随着封建官僚制度的发展,年龄成为衡量官吏之能力和资历的标准,成为辞退官吏的正当理由。法律一方面将“年老”与“气血衰弱”“时日无多”相联系,为要求官员让出权力、职位与资格提供正当性依据,另一方面通过明确“退休”后的待遇,从而减少权力和公共资源在不同世代的社会成员间流转时可能发生的冲突。总体而言,古代国家养老制度的运作逻辑更接近于“社会交换”。老年人能否获得国家之供养,取决于他所拥有的社会资源,比如在长期参政实践中积累的经验与人脉。封建的统治者通过供养、优待和各种特权的承诺,在让老年人“退出”的同时,又维系了一定的合作关系,从而得以利用老年人所拥有的社会资源。

---

① 参见蒲坚:《关于我国古代官吏的致仕制度之研究》,载《政法论坛》1988 年第 4 期。

3. 家庭失格时的弱者救济

在先民的视野中，年龄增长往往伴随体能衰退、精力减退，故而老年人也与“弱者”的身份相联系，得到国家的救济和扶助。商周时期的国家养老制度明确提及对“死政者之老”的供养和以“引户校年”的方式养庶人之老。所谓死政者，是指为国事而死难者。商周时期，“供养死政者之老”是礼法秩序规定的国家养老方式之一，由专门的官吏负责以及国家财政支持。《周礼·地官·司徒》所载之“司门”和“遗人”等官职便有用征收的罚金养育死政者父母及其孤儿的职责。[①] 为国事而死者，自然无法完成“尽孝守祀”的人生使命，而国家则代替他们“尽孝守祀”，使其宗法上的世系不至于断绝，从而为其履行职责和使命免除后顾之忧。同时，无人供养的孤寡老人亦得到统治者的救济。比如《礼记·王制》记载，“少而无父者谓之孤，老而无子者谓之独，老而无妻者谓之矜，老而无夫者谓之寡。此四者，天民之穷而无告者也，皆有常饩”[②]。此处“矜”“寡”“独”等特殊境遇下的老人与后文的“瘖、聋、跛、躃、断者”等“残障者”同列的社会弱者，得到国家的经常性救济和供养。“鳏寡孤独，皆有所养”亦成为中华民族千百年来的政治理想，得到各封建王朝的实践。西汉文帝颁布《振贷诏》：“方春和时，草木群生之物皆有以自乐，而吾百姓鳏、寡、孤、独、穷困之人或陌于死亡，而莫之省忧。焉悯父母将何如？其议所以振贷之。”后世法令中，“鳏、寡、孤、独”等群体常与“不能自存”的状况相联系，从而成为救济与扶助对象。[③] 未及清朝时，救济辖区内的孤寡老人，就已经成为地方官的法定义务。《大清律例》规定“收养孤老”条款，明确：“凡鳏寡孤独及笃疾之人，贫穷无亲属依倚，不能自存者，所在官司应收养而不收养者，杖六十。若应给衣粮而官吏克减者、以监守自盗论。”“老人九十以上，地方官不时存问其或鳏寡及子孙，贫不能养赡者，州县查明赈恤，详报督抚奏。”[④]

考虑到老年人在体能方面的衰弱，统治者亦时常考虑减免老年人及其家庭

---

① 《周礼·地官·司徒》：“司门掌授管、键，以启闭国门……犯禁者，举之，以其财养死政之老与其孤。”《周礼·地官·司徒·遗人》：“遗人掌邦之委积，以待施惠……门关之委积，以养老孤。”参见贾公彦：《周礼注疏·十三经注疏》，中华书局1980年版。

② 郑玄注，孔颖达正义：《礼记正义·十三经注疏》，上海古籍出版社2008年版，第578页。

③ 关于此类诏令的记载，参见骆明、王淑臣主编：《历代孝亲敬老诏令律例》，光明日报出版社2013年版。

④ 《大清律例》，文渊阁《四库全书》（第672册），第535～536页。

的赋税、徭役,这也是在中国古代真正得到制度化、普遍化推行的养老惠老制度,即王制四种养老方法中的“引户以养庶人之老”。“引户校年”是指逐户校对家庭成员年龄,对于有八九十岁以上老人生活的家庭免除一定的力役,以支持其家庭来供养老人。① 根据《睡虎地秦墓竹简》记载,即使是以法令严苛闻名的秦朝,亦有“其老当免老”的规定。② 汉代更以年龄、爵位为尺度确定了系统化的“免老”制度,成为后世封建王朝之标杆。减免老年人及其家庭的赋税、徭役成为最常施行的优待老年人的政策,而且相较于赏赐财物、赐给鸠仗等仪式性政策,更具普惠意义。唐朝不仅对达到特定年龄的老年人给予赋税、徭役方面的优免,还建立“侍丁”制度,由国家为老年人的生活照料提供支持。《旧唐书记载》,唐玄宗下诏“十丁以上免二十,五丁以上免一丁,侍丁孝者(丁壮在家孝敬父母者)免徭役”③。如果说汉代之“免老”是从制度的角度明确了应当对老年人及其家庭给予某种优待,那么唐代之“侍丁”则进一步从实施效果来要求实现每个老人都“老有所养”。法律对负有赡养家中老人的子孙给予免除徭役、许可孝假的待遇,支持他们履行赡养侍奉的职责,也从侧面保障了老年人的日常生活照料。“凡庶人年八十及笃疾,给侍丁一人,九十,给二人,百岁,三人。”④此处的“侍丁”并不限于嫡亲子孙,而是从嫡亲、近亲甚至外侍中根据亲疏远近进行选任,均由地方官吏根据律令规定指定。这种由国家法律指定照料者的制度实践,某种程度上已经体现出独立于“孝亲”的“敬老”政策的发展趋势。

救济和宽宥老年人的法律制度反映出古人将老年人与社会弱者相联系的观念。“老年”往往伴随着气血衰弱、时日无多的特征,常常与“残”“幼”并列,老年人被视为无法自存而需要他人或社会扶助的弱者。衰老本身带来的身心特征更为重要,使得相关制度实践表现出更为强烈的“普惠”意义。无论老年人是否享有尊贵的身份、是否具有经验与知识,或是否适逢统治者展示其恩典,都能获得法律的优待。即使因为某种原因得不到子孙的供养,老年人也能在国家的支持下获得一定的保障,这构成古代社会老年人维系生活水准的底线。

---

① 参见郑玄注,孔颖达正义:《礼记正义·十三经注疏》,上海古籍出版社 2008 年版,第 830 页。

② 参见《秦律十八种·仓律》,载睡虎地秦墓竹简整理小组编:《睡虎地秦墓竹简》,文物出版社 1990 年版。

③ 骆明、王淑臣主编:《历代孝亲敬老诏令律例》,光明日报出版社 2013 年版,第 235 页。

④ 杜佑撰:《通典》卷七《食货七·丁中》,浙江古籍出版社 1988 年版。

4. 保家弘家的敬老实践

商周时期，早期国家组织在各宗族不断冲突、兼并和吸收的过程中形成，“德”成为国家内部通行的行为规范，而“孝德”的对象随之扩展，不再以现实的生育和血缘关系为必要之前提。因此，国家中的老年人往往也是宗法世系中的长辈，“孝养自己的父母”便自然而然地发展到“尊敬同族亲属的老年父母”，并形成了一系列尊老、敬老的礼法实践。宗族内部的孝悌之行，在宗族之外便是尊老敬老之举。① 虽然这种宗法关系已然随着社会发展不复存在，封建王朝的统治者们亦不会把社会中的老年人视作自己的亲族，但“敬老”与“孝亲”已然被理解为在经验层面有着密切联系的概念，并在儒家“复礼”的政治实践中得以保留。

各个封建王朝均颁布诏令，以“年龄”为标准，为高龄者提供一系列优厚待遇，而这些优待又往往与其特定的社会身份相联系。例如，汉代诏书和出土竹简《二年律令·傅律》记载，年满 90 岁的老年人均能享受每月“一石米”的物资供给。② 但这种恩赐又与爵位等级密切相关，处于社会最底层的“公卒”和“士伍”需要达到 95 岁才能享受此等待遇，而“庶人”可能根本无权获赐。③ 又如，汉代继承先秦时期“七十赐仗”的礼法传统，并确立了王杖制度。国家向达到一定年龄的老年人赐予王杖，并授予其一系列特权。比如，甘肃武威出土的汉代《王杖诏令册》便明载“年七十以上人所尊敬也，非首杀伤人，毋告劾也，毋所坐”，“年七十以上杖王杖，比六百石，入官府不趋，吏民有敢殴辱者，逆不道，弃市”。汉代对 70 岁或 80 岁的老年人赐予“王杖”，使其享有刑罚豁免权、免除徭役赋税，以及获得比肩朝廷官员的定期供养和优越地位。④ 不过，目前发现的关于汉代王杖制度的文献虽然以年龄为唯一标准，但在实践中，并非所有符合年龄标准的人都能获赐王杖。有学者考证，汉代实际获得王杖的老人数量可能不及适龄人数的 1/10。获赐王杖而享有特权的老年人，也相应地被赋予劝化百姓的职责，而这往往只有在地方上有一定地位、受到乡里崇敬的人才能担当。⑤

---

① 参见周斌：《〈礼记〉〈周礼〉所载尊长养老礼仪与制度》，载《喀什师范学院学报》2000 年第 4 期。

② 参见张家山二四七号汉墓竹简整理小组编著：《张家山汉墓竹简（二四七号墓）》，文物出版社 2001 年版，第 18 页。

③ 参见曹骥：《秦汉简中的“公卒”和“庶人”》，载《唐都学刊》2013 年第 4 期。

④ 关于汉代王杖制度的规定，可以参见朱红林：《汉代“七十赐杖”制度及相关问题考辨——张家山汉简〈傅律〉初探》，载《东南文化》2006 年第 4 期。

⑤ 参见臧知非：《“王杖诏书”与汉代养老制度》，载《史林》2002 年第 2 期。

同时,封建时代的统治者还多次以诏令形式给予地方上的老年人以物质赏赐、官爵颁授等非制度化的优待。比如汉文帝元年颁布《养老诏》,“老者非帛不暖,非肉不饱。今岁首,不时使人存问长老,又无布帛酒肉之赐,将何以佐天下子孙孝养其亲?今闻吏禀当受鬻者,或以陈粟,岂称养老之意哉!具焉令”①。综合来看,这种赏赐虽然宣称是基于礼法的应然之意,但实际上出于统治者的个人意愿,往往与新帝登基、节日庆典、祥瑞预兆等事件相联系,本质上是皇帝宣示权威、拉拢人心和宣扬忠孝教化的举动。而且从其执行效果来看,这种对老年人的普遍性恩赐与优待能否切实和持续地推行,很大程度上取决于封建王朝的经济状况和统治者的执政方针。比如,朱元璋曾尝试建立普惠的国家养老保障制度,针对全国范围内达到一定年龄的老年人均由地方政府给予常态化供养,被奉为中国古代尊老敬老养老之制度实践的经典例证。但从后续史料来看,此种制度并未得到普遍推行和延续。② 事实上,历朝历代史料关于此类优待政策的记载均着重表现提议者或决策者的伟大恩德和崇高品行,描写物资赏赐或官爵嘉奖之丰盛,而至于此类赏赐与优待的实际效果,以及接受赏赐的老年人是否需要,或哪些老年人需要此种恩惠,这些恩惠给他们的生活境遇带来了怎么样的改善,则并非决策者、执行者和记述者所关注的重点。

从这个意义上来说,封建时代的老年优待制度更接近于彰显统治者恩德和弘扬孝道主导地位的仪式,其目的在于向天下确立尊奉老人的榜样,以宣扬亲亲、尊尊的伦理观念和激励人们尊奉以孝亲为核心的行为规则。这些优待措施并非常态,更无普惠之义。老年不过是赏赐对象作为“一族尊长”的注脚。但是,赏赐内容部分反映出古人对老年人的特征与需求的认识,比如以“鸠仗”作为赏赐和老年身份象征的做法,既来源于礼法规定,也出自老年人行动不便的观念。关于酒水、布帛等方面的赏赐,则侧面显示出古人对于老年人营养需求的认识和养生的方法。

时日无多亦是法律中老年人的重要形象。由于身体衰弱,老年人不堪忍受刑罚带来的剧烈痛苦;由于时日无多,施加酷刑便无多少意义。故而老人得到刑

① 骆明、王淑臣主编:《历代孝亲敬老诏令律例》,光明日报出版社 2013 年版,第 4 页。

② 参见李岩:《中国古代尊老养老问题研究》,中国社会科学出版社 2016 年版,第 55 页。

罚方面的宽宥。“幼弱”“老旄”“蠢愚”便为先代“三赦”之属。[①]《汉书·刑法志》亦记载,汉宣帝发布诏书,“朕念夫耆老之人,发齿堕落,血气既衰,亦无逆乱之心,今或罗于文法,执于囹圄,不得终其年命,朕甚怜之。自今以来,诸年八十非诬告、杀伤人,它皆勿坐”[②]。可见,对犯下罪行的老年人予以赦免和宽宥,既是出于对其衰弱之态的怜惜,不忍对其加以酷刑惩戒,也是由于高年之人“无逆乱之心”,社会危害性相对较弱。老、幼、废、疾得以减、免刑罚亦成为《唐律疏议》的基本原则,即“诸年七十以上、十五以下及废疾,犯流罪以下,收赎”。“八十以上、十岁以下及笃疾,犯反、逆、杀人应死者,上请。”“九十以上,七岁以下,虽有死罪,不加刑;缘坐应配没者不用此律。”[③]此种原则在宋、元、明代律法中基本得以延续,而且日渐规范化,逐渐成为中国传统刑事政策的重要组成部分,直到今天依然有相当的影响。[④]

二、传统老年法制中的老龄化应对机制

家庭既是独立的法律主体,也是每个家庭成员安排其老年生活和身后事务的最主要的社会单元。关于家庭的老年法律制度形成了稳定的生命历程规范,即每个社会成员在其“年轻”时作为卑幼履行其对家庭的义务,维系家庭的秩序和家庭的存续,而随着年龄增长和生老病死的事件获得“尊亲”的身份地位,通过家庭获得老年生活支持和死后得享祭祀的待遇。这种规范实则包含两个方面:一方面,所有社会成员都应当归属于某个家庭,以家庭身份为首要社会身份。另一方面,法律以辈分为基础确定家庭成员的地位、权利和义务,并运用公共资源保障此种家庭生活秩序。

(一)法律确立家庭的主体地位

中国古代,“家”与“户”的意涵时常混同。《辞源》释“户”字为“住户,一家曰一户”,《周书·异域传上》有“大者万家,小者千户”的互文用法,而在律法文书中“家”也时常与“户”互释。[⑤] 在今天,“家”与“户”的意蕴并不完全符合。无论

---

① 参见贾公彦:《周礼注疏·十三经注疏》,中华书局1980年版。

② 骆明、王淑臣主编:《历代孝亲敬老诏令律例》,光明日报出版社2013年版,第34~36页。

③ 长孙无忌等著,袁文兴、袁超注译:《唐律疏议注译》,甘肃人民出版社2017年版,第113页。

④ 参见王春林:《论中国古代法律中的矜老恤幼原则》,载《广西青年干部学院学报》2006年第4期。

⑤ 参见黄宽重、刘增贵主编:《家族与社会》,中国大百科全书出版社2005年版,第5~16页。

是家庭养老中的家,还是作为"事业社群"的家,都是一个用以描述社会事实的社会学概念,所表征的是具有亲属关系的人的集合,是人们因婚姻、生育等行为而产生的社会组织形式。而"户"则更具法律意义,是传统法律秩序中开展社会治理的基本单位,是基于"编户齐名"的户籍制度并通过法律程序产生的法律主体。蔡枢衡在梳理中国刑法发展历程时指出,"家"之字义的经历从指代实在的"居住场所"演变为指代虚拟的"生活和生产单位"的过程,以及"家"作为封建王朝的统治和剥削单位的实质。[①] 史尚宽则归纳"家"在中国民事法律发展过程中的四种含义,包括家为人的居住环境,为室内的指称,为男女同居的所载,以及为父子、兄弟、夫妇等亲属的共同生活团体。[②] 瞿同祖亦以此义梳理中国古代的相关法律制度。[③] 亲属指具有法律意义上亲属关系的人,亲属关系既包括为法律所确认的前述之血亲关系和婚姻关系,也包括因收养、过继等行为而产生的拟制之亲属关系。无论是经法律所确认还是由法律所拟制,发轫于社会现实并根据人们的行为而发生成员变动的家庭都经过特定的程序而获得规范层面的明确界定。[④] 而所谓"共同生活"的法律要义在于财产的共同所有,即《唐律疏议》所规定的"同居谓同财共居"。[⑤] 拥有特定血缘姻亲关系的人与确定的财产紧密结合,确立了家庭在中国传统法律的主体地位。

"家族本位"是中国传统法律制度的特征。正如史尚宽先生阐释,"在以家为中心之家族制度,家为永远继续存在之有机的团体,为社会组织单位非个人,而为家之本身"[⑥]。家庭法而非人法,成为传统法律制度体系的重要组成部分。关于户的法律规定可以追溯至战国时期的《法经》。汉代的《九章律》则在此基础上增设了专章——户律,此后封建王朝之法典均以专章规制"户"和家庭。而在此类法律制度中,家庭既是民事法律关系中最主要的主体,也是公法意义上的治

---

① 参见蔡枢衡:《中国刑法史》,中国法制出版社 2005 年版,第 8 页。

② 参见史尚宽:《亲属法论》,中国政法大学出版社 2000 年版,第 786 页。

③ 参见瞿同祖:《中国法律与中国社会》,中华书局 2003 年版,第 23 ~ 24 页。

④ 历史上也存在法律上被登记为"同户"而"不同居"的现象,如中小地主、自耕农主动"投效"官绅和大地主所产生的荫户,有时候人们为了避免户内人数过多而被征收高额赋税,也会想方设法新立户籍,导致"同居"但"不同户"的现象。但这并非古代户籍制度的常态,其对于家庭养老功能的影响,还需另行他就。

⑤ 参见长孙无忌等著,袁文兴、袁超注译:《唐律疏议注译》,甘肃人民出版社 2017 年版,第 186 页。

⑥ 史尚宽:《亲属法论》,中国政法大学出版社 2000 年版,第 778 页。

理单位。在民事上,家庭是实际的财产所有者。虽然中国法律传统中并无人格之概念,但家庭是事实上的独立人格者,是婚姻嫁娶、土地交易等民事活动的主体,对外享有权利、承担义务,实现物质生产资料的分配、消费与生产,从而维系家庭成员的生计。正如日本学者滋贺秀三提出,"中国语所提及的家,可以说意味着共同保持家系或家计的人们的观念性或现实性的集团,或者是意味着支撑这个集团生活的财产的综合"①。同时,家庭也是公法意义上的主体,如唐代专设有司制作"手实"、"户籍"与"计帐",统计各家之人口组成与财产状况,以此作为征收赋徭、管理交易、选任官吏等治理活动的依据。② 为了实现有效的社会治理,法律制度需要维系家庭组织的稳定和家庭行动的有序。

作为组织,家庭之种种决策和行为事实上需要其家庭成员来进行。若家庭成员发生矛盾,家庭的行动就会发生混乱。正如今日之公司法关于公司内部关系的规定,法律制度首先要确立家庭内部的行为秩序,维护家庭的成员和财产的稳定并构建行之有效的内部决策、执行和监督机制。在治理手段尚不发达的古代社会,家庭内部尊亲与卑幼之间的关系,往往不能以平等且友爱的亲密关系来型构,而是被塑造成等级分明、尊卑有序的压制性秩序。古代的法律制定者基于稳定性的考虑和家庭的生成逻辑选择"长辈"作为家庭之尊主和决策者。大大小小的家都是由"父母—子女"的三角形发展演变而来,作为"长辈"的"父母"自然是先在的、确定的。法律不问能力和年龄,而以此种自然的血缘辈分为依据,更能保障家之尊长地位的稳定流转,减少尊主去世引发的不稳定因素。若以确定的年龄为依据,其效果可参见前文所述之"致仕"制度,掌控家庭资源和权威之人,即使到了年龄也恋栈不走,免不了与继任者的冲突。而若以能力为标准,情况则可能更加糟糕。正所谓,"治国如治家",反过来"治家如治国"。自古以来封建王朝权力流转有"立长不立贤"的说法,或许能为此种制度设计提供些许解释。

法律制度以辈分确立"家长"或"尊亲"的身份,并赋予其对于家庭事务的统治权威,以稳固家庭单位。不同世代的成员在法律制度的规制下共同维护家庭

① ［日］滋贺秀三:《中国家族法原理》,张建国、李力译,法律出版社 2003 年版,第 40 ~ 44 页。

② 参见周子良:《户与中国古代民法文化》,载俞荣根主编:《寻求法的传统》,群众出版社 2009 年版,第 465 ~ 495 页。

机构的存续,促使其兴旺发达,从而实现"养老"和"送终"社会分工的世代绵延。封建统治者则可以借由"移孝作忠""家国同构"的社会观念,将家庭内部的权威拟制为主君对于臣属的绝对权威,进而证成了封建等级秩序的正当性。同时,法律制度和国家暴力对家庭秩序的维护,也使政府与作为统治对象的家庭达成了合作关系,让统治者能通过家庭的媒介将其意志传达给每个社会成员。家庭内代际关系的稳定、家庭财产和成员数量的不断增长,也代表着社会财富和人口数量的不断增长。历代统治者皆重视宣扬孝道、维护家庭秩序,便是此种逻辑的体现。比如,尊亲触犯法律而需要接受制裁的情况下,由子女代尊亲受罚,便不至于让家庭失去"主心骨",也不会因此打乱尊亲之权柄在世系内流转的规则,看似是"为孝屈法",但其实符合法律"保家"之目的。优免复仇、留存养亲等种种宣扬孝道的法律实践也是此种道理。

(二)法律支持家庭的延续与繁荣

传统老年法律制度若要实现前述之目标,就要先维系家庭这个组织单元的稳定与发展。为此,法律设定了生育的义务,明确了分家的规则,以及对于家庭成员的奖惩机制,将所有社会成员深深嵌入且牢牢捆绑于各家庭单元。

家庭组织的延续,首先有赖于成员的延续与更替。若要完成"反馈模式"的代际链条,必须依赖于三代亲属组成的家庭,即处于老年期或即将迈入老年期的亲世代,处于青壮年期的子世代,以及未婚的孙世代。青壮年之子世代为家庭供养老年人提供充足的劳动力,而处于儿童时期的孙世代则成为子世代未来组建的新家庭的"人力资源储备"。如果家庭的后代断绝,或成年家庭成员可以不顾后果地脱离家庭,那么家庭也会趋于崩解。由此,增加家庭人口以及维持家庭统合便成为法律层面的义务。前者表现为"不孝有三,无后为大"的道德说教,而能否生育更具有重大的法律意义。无法生育,历来是封建社会休弃妻子的法定理由,而拒绝生育对男性而言亦是不孝之举,以及严重的社会污点。关于"分家析产"的法律规则要求家庭成员无论身份如何,都只能通过"分家"和"建籍"这种有限的、确定的方式脱离家庭。通过非经社会认可的行为脱离家庭,也就等同于脱离了社会,将招致法律的严惩和道德的谴责。子世代的家庭成员只有亲世代逝世后才能"分家析产",按照宗法秩序和礼法规则的要求举行相应的仪式,在公众的见证下划分原家庭的财产,建立新的户籍和三代模式的家庭结构。在古代社会,分家的行为是普遍的,既是基于家庭内部矛盾和经济效率考量的理性选择,也是一种约定俗成的制度文化。[①] 分立的家庭各自占有继承的部分财产,建立新的户籍,成为法律上的主体。而在养老分工方面,分家代表旧"养老单位"使命的部分完成以及新"养老单位"的诞生。分立后的各家虽然在经济和法律地位上彼此独立,但在宗教、文化意蕴上依然紧密结合,在社会生活中密切合作,共同完成绵延血脉和祭祀家族的职能。而儒家文化中所倡导的累世同居、世代共财的大家族则往往是极为注重儒家伦理教育和占有大量土地资源的仕宦家庭,可以理解为一种相对少见的特例。[②]

法律赋予尊亲以专横的权威,而这种权威只有在家庭内部或针对家庭成员才有意义,故而尊亲的行事和决策也须以维系家庭的存续和兴旺为虑。从现世的角度来说,尊亲是家庭财产的支配者,家庭财富和其他社会资源的增加也就意味着自己老年生活水平和社会地位的提高。从宗教的角度来说,祖先崇拜和生死轮回的观念也赋予尊亲对子孙后代的某种义务。正如前文所述,这种观念的核心内容在于,每个人在逝世后依然以某种形态存在于世并且与其子孙维持着密切的联系,他们能否获得期许的死后生活(无论这种生活表现为前往极乐世界、阴间生活还是飞升成仙)必须依靠现世子孙的支持,而现世的子孙也要依靠祖先的庇护来增进其福祉。子孙的数量越庞大,社会地位越高,所占有的财富越多,身为先祖的尊亲所可能享有的祭祀规格也就越高。这便要求尊亲在使用和处分家庭资源时,必须考虑子孙的生存、发展与繁衍。为子孙的功名和婚姻而倾尽家财的实践例子,以及将财产遗留给子孙后代的制度文化,都是此种隐性义务的体现。而对于卑幼而言,家庭的规模越大、财富越多,他在成为家主后所能支配的资源也就越多。这使得子女愿意按照尊亲的意愿积极地履行生养后代和从事生产的义务,以维系家庭存续和财富增长。

为了维持家庭的稳固与内部秩序,传统法律制度首先赋予"孝"及其所代表的家庭秩序以最高的价值地位,对违背此种秩序的行为予以严惩。卑幼对尊亲的质疑、反对、告发、诅咒和人身侵害,私自处分家庭财产,违背孝道礼法,以及脱离家庭等行为,均被认定为犯罪,甚至可能被处以极刑。即使在没有违背相关规则的情况下,尊亲也能够近乎无条件地请求地方长官伤害、惩戒、驱逐子女乃至

---

① 参见麻国庆:《分家:分中有继也有合——中国分家制度研究》,载《中国社会科学》1999 年第 1 期。

② 瞿同祖:《中国法律与中国社会》,中华书局 2003 年版,第 4 ~ 5 页。

剥夺子女的生命，即呈送发遣。相关司法实践又显示，假如个人与家庭的尊长对立而想要脱离家庭的话，其下场很有可能是被判为“不孝”而遭受极刑或是被家主申请流放。也就是说，脱离家庭就是脱离社会，背弃家庭便是背弃社会。故而除非出家修行、落草为寇等特殊情况，“子孙永远不能远离家庭”①。同时，以孝的伦理为全体社会成员共同遵循的道德准则，是否行孝成为分辨文明与野蛮、判断个人能否成为诸夏之人的标准。“以礼入法”的中国古代法律制度不仅惩治“不孝”的言行，也将孝道伦理作为司法裁判的考虑因素。政府在治理活动中授予“孝义之家”特权以鼓励孝行，更将“孝廉”的道德评价作为官吏选拔、考核的重要标准。以家庭延续、稳定和繁荣为目标的生活秩序据此得到了法律制度的多方面保障。此外，基于报应轮回的生死观念亦为家庭秩序提供了文化层面的动因。或许个人能够摆脱家庭与社会的桎梏，不为名利道德所引诱，在山野林间过完自由的人生，但也无法逃脱死亡的命运。无子孙祭祀而沦为孤魂野鬼，或在阴曹地府被控诉“不孝”而永世受刑的死后想象，也会驱使他们去完成自己对家庭和社会应尽的使命。

（三）法律维护家庭内部的代际合作

在传统法制中，所谓尊亲身份，实则是家庭组织中的“岗位”。作为尊亲的家庭成员，也就是家长，是家庭对外的代理人，而这种代理职能之实现，则有赖于他对于家庭所占有之资源，包括成员之人身、土地田宅等家产以及种种可兹利用的社会关系的支配权。当然，尊亲或家长也需要代表家庭对外承担义务和责任。比如《唐律疏议》规定若家庭犯下荒芜田地、不缴纳赋税的过错，则由“家长”接受惩罚。② 故而法律规定，尊亲得以支配家庭共有财产，甚至其他家庭成员——家属的人身，对于家庭生活中的种种决策，包括婚姻、生产等，皆有至高的决策权，这样其便自然可以掌控家庭所拥有的各种资源，以供自己老年生活所需。另外，尊亲身份根据血缘和辈分确定，其“任期”持续到生命终点，不与年龄、才能等任何其他要素挂钩。在这种情况下，尊亲可以放心地将财富、地位、社会关系等自己所掌握的家庭资源交给其他家庭成员使用，无须担心地位和身份会因其衰

① 瞿同祖：《中国法律与中国社会》，中华书局 2003 年版，第 14 页。

② 当然，由于唐代鼓励“子孙代父母受过”，这种惩罚很有可能实际上由子孙卑幼承受。参见长孙无忌等著，袁文兴、袁超注译：《唐律疏议注译》，甘肃人民出版社 2017 年版，第 373 ~ 377 页。

老或失能而遭到其他家庭成员的侵犯和篡夺。而身为卑幼的家庭成员,则必须根据“孝”与“顺”的规则行事。法律层面上,卑幼没有自己的财产,亦不存在自身的利益,服从尊亲的权威,顺从年老父母的要求,而不以自身的得失和力量为考虑。正如前文所述,父母教令不如意的子孙,责罚殴打致死亦不承担法律责任。在这种制度框架下,尊亲与卑幼间自然谈不上社会资源的交换。“孝”的准则要求卑幼必须以礼法所载的各项标准约束自己的行为,甚至不以父母尊亲的态度为转移。儒家伦理所要求的理想家庭秩序是“父父子子”,即父母要像父母那般行动,子女要像子女那般行动。“尽孝”不仅是回报父母天恩,也是法律明确规定的行为准则,更是不可动摇的天理。“孝”的各种义务,实际上是社会成员对于家庭组织乃至整个社会的义务,进而往往受到国家法律的高度关注。“不孝”的行为不仅是对尊亲利益的侵犯,也是对家庭组织的破坏甚至是对整个社会秩序的悖逆,往往被确定为严重的犯罪,招致严酷的惩罚。

但是,家庭秩序的维系也并非完全基于国家暴力、道德宣教或者宗教怖吓。若从古人的整个生命过程来看,此种家庭秩序也可以理解为“卑幼”对于自己未来生活的一种预先安排或者选择,是不同世代关于“养生送死”之社会分工的合意。正如前文所述,“养老”和“送终”都属于个人无法自己完成而需要仰仗他人的事业,也就是需要社会机构的支持,而且这种社会机构不仅需要在长达数十年的生命历程中保持功能的稳定运行,还必须满足个人在情感和价值观念方面的特别需要。对于古人来说,家庭可能是目之所及范围内最佳甚至是唯一的选择。另外,传统社会中所有的“尊亲”都是由“卑幼”身份转化而来。服从以孝为核心的行为准则,是个人维持家庭成员资格,在未来取得“尊亲”身份的充分且必要的条件。根据法律规则,“不孝”之人应当被家庭和社会驱逐,自然无法拥有接受“养老”和受人“祭祀”的资格。同时,遵守孝道且充分履行家庭义务的社会成员,则会在尊亲逝世后,当然地依据血缘和辈分这种先天条件而取得尊亲身份。其在取得该地位后,便当然地享有在家庭生活中的优越地位,享受子女的孝养,而不问其能力和地位,也不问其能够对子女提供的对价。这便为身体机能随年龄增长而不断衰减的成年人提供了关于老年生活的确定且有保障的承诺,缓解其对衰老和死亡的恐惧。

总而言之,中国传统老年法律制度便以此种家庭秩序为主轴确定了整个老年生活的制度范式。由于确定的生命长度,老年人往往是血缘宗法秩序中的尊亲,是家庭生活中的“强者”,支配着家庭共同财产和卑幼的人身自由,而法律手段则用以保障此种家长权威免受身躯老朽之影响。老年法律制度以家庭为支点构建老年人与国家的关系。在老年人与其所在家庭和家属的关系层面,国家运用各种手段确保老年人履行身为尊亲和家长的职能,对内统合家庭成员,维系家庭秩序,对外作为家庭的代理而承担封建法律义务。政府不仅支持老年的尊亲镇压不服从其意志的卑幼,也要求尊亲必须按照尊亲的角色行事,对卑幼的行为承担起责任。社会层面“尊老”“助老”的实践也可以从国家与家庭的关系来解释。老年人作为部分显贵家族的“家长”而受到统治者的优待、拉拢和尊崇,以“体能日益衰弱而又拥有经验与智慧”的社会成员身份享有特殊的待遇。针对困境老年人的救济也是对其所在之家庭的救济,是政府尝试维系家庭单元以及以家庭为中心的社会秩序不致因天灾人祸而灭失崩解的手段。

第二节　关于家庭赡养的当代老年法律制度梳理

“孝亲敬老”的伦理是中国传统文化的重要特征,而且嵌入千百年来形成的家庭生活秩序,成为中华民族处理家庭关系的重要规范依据。在中华民族应对个人之老龄化的实践中,家庭是老年生命阶段的个人获得照料、保护以及实现人生价值的重要途径,也是不同世代社会成员进行资源和情感交互的重要纽带。家庭代际关系受到当代中国老年法律制度的重点关注和专门调整。我国《宪法》第 49 条第 3 款明确了当代家庭生活的准则,即“父母有抚养教育未成年子女的义务,成年子女有赡养扶助父母的义务”。《老年人权益保障法》明确要“弘扬中华民族敬老、养老、助老的美德”,并设置专章规定家庭赡养相关内容。家庭赡养是当代中国老年法律制度的重要内容,也是老龄化应对的主要机制。中国老年法律制度所规定的赡养关系可以从三个角度来理解:首先,赡养关系的成立以法律上的父母子女关系为前提,确定了纵向的家庭关系的法律边界。其次,与赡养相关的权利义务的内容体现了法律所支持和保护的家庭生活方式。最后,关于赡养纠纷解决机制的法律规定,反映了法律保护家庭组织本身的立场与态度。

一、家庭赡养关系的成立前提

《民法典》第 26 条和《老年人权益保障法》第 14 条均规定，赡养关系发生于“老年父母”与“成年子女”之间。更为确切地说，赡养关系发生于年满 60 周岁的父母和年满 18 周岁的子女之间。何为赡养法律关系中的父母和子女，可参见《民法典》第 1127 条第 3 款和第 4 款之规定：

> 本编所称子女，包括婚生子女、非婚生子女、养子女和有扶养关系的继子女。
>
> 本编所称父母，包括生父母、养父母和有扶养关系的继父母。

根据《民法典》之规定，我国法律中的“父母”“子女”身份之成立，分别以自然生育事实和收养、结婚等法律事实为基础。前者所形成的是婚生和非婚生的自然血亲关系，后者所形成的是法律拟制血亲关系。

有观点认为，基于权利与义务相对应的法律原则，赡养义务往往被解读为来源于抚养的事实和报答的伦理要求。成年子女在未成年时享有接受父母抚养教育的权利，故而成年后履行赡养老年父母的义务，而老年父母的权利义务亦与之对应为抚养教育未成年子女的义务和接受成年子女赡养的权利。老年父母在赡养法律关系中是纯粹的权利主体，那么必然有相对应的义务以分离的形式存在于另一种法律关系中。根据“报答父母恩”的伦常逻辑和通行观念，成年子女赡养父母，便是报答父母抚养教育的道德义务的法律转化。父母和子女要在平等的法律关系模式中，形成“父慈子孝”的关系模式。“子女对父母的孝敬，不只是为了回报父母的养育之恩，也是肯定父母一生的操劳以及对家庭和社会的贡献。”①

然而，此种解读并不符合当前关于赡养义务的法律构造。《老年人权益保障法》第 19 条第 1 款规定“赡养人不得以放弃继承权或者其他理由，拒绝履行赡养义务”。在实务中，此条规定往往被解读为赡养义务法定，不可以受赡养人未履行抚养教育义务为理由拒绝履行。《民法典》第 26 条之“抚养”和“赡养”义务的

---

① 曹贤信：《亲属法的伦理性及其限度研究》，群众出版社 2012 年版，第 169 页。

规定也被解释为法定的、独立的义务,互不为前提。也就是说,我国法律中的“孝敬赡养”并不以“慈爱抚育”为前提,“回报恩情”的代际互惠逻辑体现的只是传统孝敬道德,并不完全符合法律制度的逻辑。家庭赡养关系是父母子女关系的组成部分,以事实而非合意为基础。只要个人之间基于自然血缘或法律拟制的父母子女关系成立,“子女”或“父母”的身份建立,成年子女便要无条件地承担保障老年父母之基本生活的义务。父母抚养子女的义务和子女赡养父母的义务实则彼此独立,互不统属,赡养义务不以履行抚养义务为前提,亦不得以放弃继承权等理由拒绝履行。只要自然血亲关系成立,子女便要承担赡养老年父母的义务。①

由于生育的事实已经发生且不可改变,立基于此的生父母与生子女间的赡养关系相对确定。法律所规定的解除子女与生父母间权利义务关系的法定情形仅有《民法典》第1111条第2款之规定,养子女与生父母以及其他近亲属间的权利义务关系,因收养关系的成立而消除。

法律关于拟制血亲关系的规定又有所不同。司法实践中,继父母和继子女间是否形成父母子女的权利义务关系,以是否形成“事实的抚养教育关系”为标准分为两种情况。如果未形成“事实的抚养教育关系”,则二者关系被解释为“直系姻亲”关系,继子女不负赡养义务;若形成“事实的抚养教育关系”,则二者关系被解释为拟制的父母子女关系,继子女负担赡养义务。② 在收养关系存续期间,养子女需要承担对养父母的赡养义务,而其与生父母的权利义务关系则因收养关系成立而解除;若收养关系解除,养子女与养父母间的权利义务关系自此解除,但是否恢复与生父母间的权利义务关系则需要协商确定。③ 关于赡养关系成

---

① 参见王莹等:《伦理孝道传统美德 赡养老人义务法定》,载《法治日报》2022年1月16日,第6版;《赡养义务,该不该如此“绝对”》,载《检察日报》2022年2月22日,第5版。事实上,关于赡养人是否得以父母未能履行抚养教育义务或遗弃等犯罪行为为由拒绝履行赡养义务,学术界和司法实务中意见并不统一。较为主流的观点是,赡养义务源于父母子女身份关系,父母履行抚养义务并非子女承担赡养义务的前提。

② 参见《最高人民法院关于继母与生父离婚后仍有权要求已与其形成抚养关系的继子女履行赡养义务的批复》(〔1986〕民他字第9号);潘芳芳:《动态视角下继父母子女间法律规范重构》,载《黑龙江省政法管理干部学院学报》2019年第5期。

③ 参见《民法典》第1111条、第1117条。值得注意的是,第1117条规定收养关系解除后,“成年养子女与生父母以及其他近亲属间的权利义务关系是否恢复,可以协商确定”。同时,第1118条规定“收养关系解除后,经养父母抚养的成年养子女,对缺乏劳动能力又缺乏生活来源的养父母,应当给付生活费”。可见,养子女对养父母承担的赡养义务,不仅取决于收养关系之存续,也要结合是否在未成年时接受养父母之抚养教育,综合确定。

立的三种形式，详见表4.1。

表4.1　赡养关系成立的三种形式

赡养义务人	受赡养人	赡养义务的成立
婚生子女、非婚生子女	生父母	未与他人形成收养关系的情况下，因生育而产生血缘纽带而自然成立
继子女	继父母	因子女未成年时形成实际抚养教育关系而成立
养子女	养父母	随收养关系的存续而存续，随收养关系的解除而消失

孙子女、外孙子女以及子女的配偶在特定条件下承担补充性或辅助性的赡养义务。根据《民法典》第1074条第2款，孙子女、外孙子女在自身"有负担能力"且"子女已经死亡或者子女无力赡养"的特定条件下，承担对祖父母、外祖父母的赡养义务。根据《老年人权益保障法》第14条第3款之规定，赡养人的配偶负有协助其履行赡养义务的义务。[①]《民法典》第1129条规定"丧偶儿媳对公婆，丧偶女婿对岳父母，尽了主要赡养义务的"可以作为"第一顺序继承人"参与继承，也体现了法律对赡养人之配偶在"赡养人无法履行赡养义务"的情况下替代履行其义务的支持与鼓励。可见，赡养关系的成立条件超出了单纯父母子女关系的范畴，而扩展到祖父母、外祖父母与孙子女、外孙子女的关系乃至老年人与赡养义务人之配偶的关系。从《民法典》关于家庭成员的规定来看，赡养关系中的权利义务主体，没有超出家庭成员的范围，而且表现出"直属血亲代际关系"特征。也就是说，赡养关系是一种基于先在的"生育"和"养育"（实际抚养教育关系）事实而建立的关系。

此外，赡养关系的成立不以父母达到特定年龄为前提。根据《民法典》第26条第2款之规定，成年子女对父母负有赡养、扶助和保护的义务。《老年人权益保障法》第二章主要规定了年满60周岁的老年人之"接受赡养的权利"的内容以及履行方式。《民法典》的相关规定能够容纳《老年人权益保障法》的相关内容，年满60周岁而拥有父母及其延伸身份的自然人当然享有受赡养的权利。2018年《个人所得税专项附加扣除暂行办法》新增赡养老年人专项扣除规则。其第

① 《老年人权益保障法》第14条规定："赡养人应当履行对老年人经济上供养、生活上照料和精神上慰藉的义务，照顾老年人的特殊需要。赡养人是指老年人的子女以及其他依法负有赡养义务的人。赡养人的配偶应当协助赡养人履行赡养义务。"

23 条规定该办法所称被赡养人是指年满 60 岁的父母，以及子女均已去世的年满 60 岁的祖父母、外祖父母。相应法律主体在未年满 60 周岁的情况下，如何向相关义务主体主张受赡养的权利，法律并无明文规定。现有司法实践通常援引《民法典》第 1067 条之规定，通过父母“缺乏劳动能力或者生活困难”的理由证成子女的赡养义务，并诉诸中华民族传统美德加大论证力度。① 此种规定似乎是现行规范语境下“年老”等于“缺乏劳动能力”隐喻的例证。

二、家庭赡养的权利义务内容

法律关于赡养关系中所含之权利义务内容的规定通常表现为赡养人所应当履行的赡养义务。《老年人权益保障法》将赡养义务规定为“经济上供养、生活上照料和精神上慰藉的义务，照顾老年人的特殊需要”。我们可以对关于赡养义务的法律规定做如表 4.2 的梳理。

表 4.2 赡养义务的法律规定

分类	规范依据	具体内容
经济供养	《老年人权益保障法》第 15 条第 1 款	赡养人应当使患病的老年人及时得到治疗和护理；对经济困难的老年人，应当提供医疗费用
	《老年人权益保障法》第 16 条第 1 款和第 3 款	赡养人应当妥善安排老年人的住房，不得强迫老年人居住或者迁居条件低劣的房屋。 老年人自有的住房，赡养人有维修的义务
	《老年人权益保障法》第 19 条第 2 款	赡养人不履行赡养义务，老年人有要求赡养人付给赡养费等权利
	《民法典》第 1067 条第 2 款	成年子女不履行赡养义务的，缺乏劳动能力或者生活困难的父母，有要求成年子女给付赡养费的权利
	《老年人权益保障法》第 17 条	赡养人有义务耕种或者委托他人耕种老年人承包的田地，照管或者委托他人照管老年人的林木和牲畜等，收益归老年人所有

① 比如广东省高级人民法院在“李某辉、李某晓与汕头市澄海区鹏达汽车运输有限公司、汕头市威鹏汽车运输有限公司、中国平安财产保险股份有限公司澄海支公司机动车交通事故责任纠纷一案”［广东省高级人民法院（2017）粤民申 4062 号］的再审过程中指出，“法律并无父母必须在六十岁以上子女才有赡养义务的规定，子女对父母的赡养义务不受父母年龄的限制，只要父母无劳动能力或者生活困难，子女就有赡养的法定义务”。

续表

分类	规范依据	具体内容
生活照料	《老年人权益保障法》第15条第1款	赡养人应当使患病的老年人及时得到治疗和护理；对经济困难的老年人，应当提供医疗费用
	《老年人权益保障法》第15条第2款	对生活不能自理的老年人，赡养人应当承担照料责任；不能亲自照料的，可以按照老年人的意愿委托他人或者养老机构等照料
	《老年人权益保障法》第16条第1款和第3款	赡养人应当妥善安排老年人的住房，不得强迫老年人居住或者迁居条件低劣的房屋。 老年人自有的住房，赡养人有维修的义务
精神慰藉	《老年人权益保障法》第18条第1款和第2款	家庭成员应当关心老年人的精神需求，不得忽视、冷落老年人。与老年人分开居住的家庭成员，应当经常看望或者问候老年人
消极义务	《老年人权益保障法》第16条第2款	老年人自有的或者承租的住房，子女或者其他亲属不得侵占，不得擅自改变产权关系或者租赁关系
	《老年人权益保障法》第19条第3款	赡养人不得要求老年人承担力不能及的劳动
	《老年人权益保障法》第20条第1款	经老年人同意，赡养人之间可以就履行赡养义务签订协议。赡养协议的内容不得违反法律的规定和老年人的意愿
	《老年人权益保障法》第21条第1款	老年人的婚姻自由受法律保护。子女或者其他亲属不得干涉老年人离婚、再婚及婚后的生活
	《老年人权益保障法》第22条第1款和第2款	老年人对个人的财产，依法享有占有、使用、收益和处分的权利，子女或者其他亲属不得干涉，不得以窃取、骗取、强行索取等方式侵犯老年人的财产权益。 老年人有依法继承父母、配偶、子女或者其他亲属遗产的权利，有接受赠与的权利。子女或者其他亲属不得侵占、抢夺、转移、隐匿或者损毁应当由老年人继承或者接受赠与的财产
	《老年人权益保障法》第25条；《反家庭暴力法》	禁止对老年人实施家庭暴力
	《民法典》第1069条	子女应当尊重父母的婚姻权利，不得干涉父母离婚、再婚以及婚后的生活
	《刑法》第260条第1款	【虐待罪】虐待家庭成员，情节恶劣的，处二年以下有期徒刑、拘役或者管制
拒绝履行积极义务的处罚	《刑法》第261条	【遗弃罪】对于年老、年幼、患病或者其他没有独立生活能力的人，负有扶养义务而拒绝扶养，情节恶劣的，处五年以下有期徒刑、拘役或者管制

关于家庭赡养的法律规定,形式上表现为在父母子女关系的框架内设定成年子女所需要承担的积极或消极的赡养义务。消极义务均是公民尊重他人之财产权、人身权、婚姻自由权等合法权利之义务的重复与强调。法律的此种规定,为各职能部门就老年虐待等侵权问题制定特别保护措施提供了上位的规范依据。《刑法》关于虐待、遗弃罪的规定,也显示了国家保护家庭生活以及老年人权益的态度与决心。关于积极义务的规定则从侧面显示老年父母能够向赡养人主张的"受赡养的权利"之具体内容。我们可以将法律中关于"赡养义务"的规定提炼为如表4.3所示的几种权利。

表4.3 受赡养的权利的法律依据

<table>
<tr><th>赡养义务</th><th>受赡养的权利</th></tr>
<tr><td>赡养人应当使患病的老年人及时得到治疗和护理;对经济困难的老年人,应当提供医疗费用</td><td>老年人在患病时有权要求赡养人保障其获得治疗和护理服务,在经济困难的情况下有权要求赡养人支付医疗费用</td></tr>
<tr><td>赡养人应当妥善安排老年人的住房,不得强迫老年人居住或者迁居条件低劣的房屋。
老年人自有的住房,赡养人有维修的义务</td><td>老年人有权要求赡养人提供适当的住房。
老年人有权要求赡养人维修其自有住房</td></tr>
<tr><td>赡养人不履行赡养义务,老年人有要求赡养人付给赡养费等权利</td><td rowspan="2">缺乏劳动能力或者生活困难的老年人,在赡养人不履行赡养义务的情况下,有请求赡养人给付赡养费的权利</td></tr>
<tr><td>成年子女不履行赡养义务的,缺乏劳动能力或者生活困难的父母,有要求成年子女给付赡养费的权利</td></tr>
<tr><td>赡养人有义务耕种或者委托他人耕种老年人承包的田地,照管或者委托他人照管老年人的林木和牲畜等,收益归老年人所有</td><td>老年人有权要求赡养人耕种或者委托他人耕种其承包的田地,照管或者委托他人照管老年人的林木和牲畜等,所得收益归老年人所有</td></tr>
<tr><td>对生活不能自理的老年人,赡养人应当承担照料责任;不能亲自照料的,可以按照老年人的意愿委托他人或者养老机构等照料</td><td>生活不能自理的老年人,有权要求赡养人承担照料责任,或在赡养人不能亲自照料的情况下,按照自身的意愿委托他人或者养老机构等照料</td></tr>
<tr><td>家庭成员应当关心老年人的精神需求,不得忽视、冷落老年人。与老年人分开居住的家庭成员,应当经常看望或者问候老年人</td><td>老年人有权要求家庭成员关注自身的精神需求。
老年人有权要求分开居住的家庭成员经常看望或者问候自己</td></tr>
</table>

从《老年人权益保障法》条文来看，老年人“受赡养的权利”可以从经济供养、生活照料和精神慰藉三个方面进行解释。经济供养通常表现为给付日常生活费用、替代承担医疗费以及提供适当的居住条件。法律并未明确给付的限度。部分地方立法作出细致的规定，比如安徽、福建、甘肃等省份制定的地方性法规明确经济供养的方式为给付赡养费用或供给生活物资，标准为“保障老年人的生活水平不低于家庭成员的平均水平”；新疆、辽宁、广西、云南、四川、黑龙江等省（自治区）则以“基本生活所需”为准。就司法实务而言，最高人民法院发布的部分典型案例中出现以当地“人均消费性支出”计算的标准。① 法律对于生活照料和精神慰藉的规定则相对较为单薄，更偏重宣示和鼓励的功能，而且对于生活照料和精神慰藉本身未加区分。

三、家庭赡养纠纷的解决机制

《老年人权益保障法》等法律规范规定了赡养人拒不履行赡养义务情况下的救济方式。赡养人所在单位可以根据法律对赡养人拒不履行赡养义务的行为给予督促和惩罚。比如，《老年人权益保障法》第 24 条明确了有关单位要对不履行赡养义务的赡养人予以督促；《公职人员政务处分法》和《行政机关公务员处分条例》等法律规范亦明确对赡养人拒不履行赡养义务的行为给予轻则警告，重至开除的惩罚措施。此外，行为严重到涉嫌家庭暴力或达到遗弃罪、虐待罪之标准的，可以依据《反家庭暴力法》等法律规定给予行政或刑事处罚。根据《老年人权益保障法》第 73 条，受赡养人可以依据上述规定向各单位举报赡养人不履行赡养义务的行为，要求对方调查处理。受赡养人也可以通过司法渠道获得救济，《老年人权益保障法》第 19 条和《民法典》第 1067 条规定老年人在“缺乏劳动能力或者生活困难”的情况下有权利要求赡养人给付赡养费用。《民事诉讼法》《诉讼费用交纳办法》等也对受赡养人运用诉讼手段维护自身权益予以特别支持。

2012 年《老年人权益保障法》修订后第 18 条第 1 款和第 2 款首次规定了“精神赡养”的义务，即“家庭成员应当关心老年人的精神需求，不得忽视、冷落老年

---

① 参见《最高法院公布婚姻家庭纠纷典型案例（北京）》，载中华人民共和国最高人民法院网 2015 年 11 月 20 日，https://www.court.gov.cn/zixun/xiangqing/16035.html。

人。与老年人分开居住的家庭成员,应当经常看望或者问候老年人”。从《老年人权益保障法》的体系来看,生活照料和精神赡养方面的权利也应当是“可诉”的。但是由于与精神赡养相关的规定较为抽象而且较难转为可执行的行为模式,关于救济精神赡养权的司法案例较少。有学者梳理,2013 年 7 月 1 日《老年人权益保障法》实施以来,全国各级法院受理老年人赡养案件共计 815,576 件,其中涉及精神赡养的诉讼只有 352 件,占比仅为 0.0432%。①

第三节 围绕家庭的老年法律制度的传统特征与现代发展

当代老年法律制度尤为重视家庭对于保障老年人权益和实现积极老龄化的价值与意义。可以说,关于家庭的老年法律制度是围绕家庭赡养与抚养建立起来的,以保障老年的父母享有接受成年子女经济供养、生活照料和精神慰藉的权利为主线,以家庭成员间互相扶养支持的和谐关系为辅助。当代老年家庭法律制度在观念基础、制度内容等方面都表现出对传统老年法律制度的批判与继承,试图构造顺应社会发展需要,符合社会主义法治建设要求和道德观念的家庭关系,以此保障社会成员得以通过家庭生活实现其在老年生命阶段的权利。老年法律规范明确家庭成员对老年人的赡养、扶养义务,致力于构造符合社会主义道德和老年人权利保障要求的家庭关系,促进每个人在不断老龄化的生命历程中享有符合人权标准的家庭生活。

一、传统孝亲规范的二重属性

“礼法结合”体制下的传统老年法律制度与规范家庭代际关系的“孝道”伦理关系密切,而当代的老年家庭法律制度依然呈现出强烈的文化特征。比如《民法典》第 1043 条规定:“家庭应当树立优良家风,弘扬家庭美德,重视家庭文明建设。夫妻应当互相忠实,互相尊重,互相关爱;家庭成员应当敬老爱幼,互相帮助,维护平等、和睦、文明的婚姻家庭关系。”“敬老爱幼”是家庭成员应当遵循的

① 参见王雅倩:《人口老龄化背景下老年人赡养权益保障研究——以 500 份赡养纠纷判决书为分析样本》,载《黑龙江生态工程职业学院学报》2021 年第 2 期。

"家庭美德",是"平等、和睦、文明"之婚姻家庭关系的真实写照。《老年人权益保障法》第1条也明确以"弘扬中华民族敬老、养老、助老的美德"为目标。许多学者主张,中国古代社会中道德规则法律化带来了许多负面的结果,既损害了法律的理性,又基于畏惧惩罚和贪图奖励的功利取向影响了社会成员的道德思辨。比如,黄修明列举种种事例,说明孝亲原则与司法实践相结合的结果往往是司法理性被孝道伦理所扭曲,导致"以孝枉法""屈法徇孝"的现象。[①] 李拥军则指出基于"身份"的传统孝道伦理不符合现代法治的"契约型"构造,也不符合平等和权利等现代法治理念。[②] 屈永华在梳理我国历史"以孝入法"法律实践的历史实效后指出,"国家通过利益的诱惑、刑罚的威慑和意识形态的灌输来维持儒家高标准的孝道,这尽管可以充分显示国家控制人们外在行为的丰富手段和强大力量,却对提升人们内心的道德有害无益"[③]。相关理论的主要路径如学者郑玉双归纳,或"采取文化论立场,主张应当发掘传统孝道文化中与现代法治相融合的因素,摒弃其不合理的因素",或"采取进化论立场,对孝道价值进行改造,使之适应现代社会的发展要求"。[④] 根据郑玉双的观点,道德规则是否能够法律化,取决于相关道德规则的属性。如果"孝"的道德规则所调整的是具有特定关系的个人之间的关系,是一种私人道德,那么以法律干涉私人道德决策,很难取得理想的效果。重新定位传统孝道在当代法治中的地位,需要首先明确孝道的公共道德属性。[⑤]

如本章第一节所述,基于"孝道"的传统家庭规范,既包含今天所理解的私法规则和伦理内容,也在"家国同构"的传统政治文化中被赋予极为强烈的公共治理意义。家庭既是具有血缘、姻亲关系的自然人的集合,也作为独立的法律主体参与政治生活与法律实践。处理家庭关系的社会规范兼具道德与法律的双重属性。

---

① 参见黄修明:《论儒家"孝治"司法实践中"孝"与"法"的矛盾冲突》,载《江西社会科学》2010年第6期。

② 参见李拥军:《"孝"的法治难题及其理论破解》,载《学习与探索》2013年第10期。

③ 屈永华:《从儒家孝道的法律化看法律维护道德的限度》,载《法商研究》2013年第5期。

④ 参见郑玉双:《法律保卫家庭:重构孝道的法治形象》,载《河南大学学报(社会科学版)》2021年第5期。

⑤ 参见郑玉双:《法律保卫家庭:重构孝道的法治形象》,载《河南大学学报(社会科学版)》2021年第5期。

首先,家庭内部的代际关系呈现出鲜明的伦理关系属性,通过以身份义务为基础的社会规范予以调整。纵向的家庭代际关系建立在“生育”和“抚育”的事实基础上,有着自然性和情感性的特征,往往由更强调义务的道德规范予以调整。因为,基于“生育”事实的代际关系具有鲜明的生物性特征,是生命繁衍的自然事实在社会规则层面的体现。建立在“婚姻”基础上横向的家庭关系,至少在理想的状况下是社会成员自主选择的结果。血缘意义上的父母子女关系一旦建立,便无法更易,更无法选择。虽然特定的社会制度赋予个人改变、否定父母子女关系的权利,但生物学和血缘意义上的父母子女关系是不可改变的,也不可能被解除,故而很难用“契约”构造的社会规则来解释和规制。正如儒家思想在解释子女对父母的“孝”之义务的必要性和合理性时常常援引动植物现象和自然法则,父母子女关系往往呈现出自然色彩。同时,关于父母子女关系的认知也反映了特定社会对于族类延续的观点和看法。故而,不同文化背景的社会中调整父母子女关系的规则也往往表现为先定的、强制性的且偏重义务的伦理规则。即使在宣扬人权与自主的今天,父母对于未成年子女的抚养依然是强制性义务,而背后也依然反映出子女在未成年时依赖和服从父母并在成年后赡养父母的社会观念。此外,基于“养育”家庭内部的代际关系往往受到父母与未成年子女长期共同生活和频繁互动之事实的形塑,呈现出强烈的情感色彩。建立在血缘基础上的家庭成员间形成了独特的互动模式。[①] 这种独特性可以从父母的利他主义行为中得以体现。父母为照顾、抚养未成年子女花费大量金钱、时间与精力的举动或许可以从法定义务的角度解释,但现实中广泛存在的代际财产流转、遗产继承等实践则难以完全用法律的契约理性来解读。

其次,关于家庭代际关系的道德规范已经在人类的社会实践中转化为法律规则。从生命历程的角度来看,关于家庭代际关系的道德规则,不仅调整父母与子女间的私人关系,还关涉不同世代的家庭成员应对老龄化之合作的维系,以及生养死葬社会分工的世代继替,自始便具有公共道德属性。为了实现繁衍和抚育新生儿、支持和照料老年人以及在社会成员逝世后妥善安置,每个社会都建立了相应的组织机制,而最具共性的应对机制是家庭。家庭实则是所有社会成员

① 参见廖小平:《伦理的代际之维——代际伦理研究》,人民出版社2004年版,第139页。

合力构建的"赡养单元"。[①] 法律以家庭为中介,从"子女与家庭"和"父母与家庭"的关系来确定每个人的"权利"和"义务"。在古代社会,家庭是法律上的实体组织。绝大多数社会成员都被嵌入特定的家庭组织,以家庭成员的身份参与社会生活。而在家庭内部,法律以辈分划分等级秩序,明确每个等级位置中成员的行为规范。如史尚宽所述,"过去之家虽也由家长、家属构成,但家长仅为家之公私法上之负责人或代表,并负刑事上的责任。在家庭内部,家长以其尊长之身份,统制约束家属(尊长权)。尊长对于卑幼之权利义务,依其亲属关系(例如父祖对于子孙,伯叔对于侄甥)而有不同。家财为公物,由家长管理处分"[②]。因此,家庭不仅是私法意义上的组织,也是公法意义上的组织。涉及家庭关系和家庭内部秩序的法律规定,反映出来的是一种确定个人对社会义务的公共道德,规定的也是个人对国家所肩负的义务。

事实上,家庭组织凭借其世代相继的属性和源于血缘亲情的强力纽带成为应对老龄化风险的良好载体。围绕血缘家庭组织,以子女对于父母之义务为主要表现形式的社会规范在人类文明史上屡见不鲜。基督教、伊斯兰教和佛教的宗教经典都将孝敬父母作为代表善的行为准则,拒绝赡养父母不仅在中国是严重的罪行,也被许多欧洲国家的法律确定为应当接受制裁的违法行为。[③] 教会、行会、慈善机构等社会组织所提供的养老照护,主要针对无法从家庭处获得足够支持的儿童与老年人,是一种替代性、补充性的做法。比如,对于中世纪欧洲的农民而言,家庭同样是其老年生活的重要依仗,而且这种依仗同样得到法律的确认和保护。在英格兰的农村,年老的农民并不与其成年子女共同生活,但是会与更加"年轻力壮"的成年子女签订协议,以转让财产权益或允诺未来的继承权来换取对方一次性的物资给付或定期供养,并由庄园法庭保障实施。[④] 中世纪南欧地区的老年生活方式则与同时期的中国更为类似。老年父母与成年子女共同生活,组成扩大式家庭,而父母所享有的罗马法之家长权得到了更大程

---

① 参见穆光宗:《家庭养老制度的传统与变革——基于东亚与东南亚地区的一项比较研究》,华龄出版社 2002 年版。

② 史尚宽:《亲属法论》,中国政法大学出版社 2000 年版,第 786 页。

③ See Shulamith Shahar, *Growing Old in the Middle Ages' Winter Clothes Us in Shadow and Pain*, Routledge, 1997, p. 90.

④ 参见徐浩:《中世纪英国农村的行政、司法及教区体制与农民的关系》,载《历史研究》1986 年第 1 期。

度的延续。[①] 个人自取得“家长”地位到生命终结都掌控家庭财产与家庭生活的主导权,享有对“没有得到解放”的子女的人身支配权。从父亲的家长权下得以解放是个人获得参与商业活动、签订法律协议之资格的前提条件,在此之前个人只能接受家长的主宰,作为家长的附庸。年老的家长借由支配成年的子女获得财富收益,获得生活照料以及维持社会地位。此种家长权和家庭生活秩序即使在工商业和雇佣劳动发达的意大利城邦也得到了确认与维护。

家庭,不仅是中国古代社会的治理实体,更是每个社会成员应对老龄化过程之影响的主要机制。老年人先归属于特定的社会组织(家庭、寺庙等)确定其身份,然后再从特定身份的视角得以规划生命历程。所以,社会成员在年老时的社会地位,以及如何度过老年生活,首先取决于其所属组织的性质及其在该组织的地位,其次才取决于生理和社会老龄化带来的影响。比如,家庭赡养先由“父母”与“子女”的代际身份关系奠定其基础,然后才是以“老年”与“成年”的能力与需求所细化的具体内容。中国古代“国老”凭借统治者亲属的身份获得尊荣地位,而国家的制度性供养和尊奉则用以在其老年时期维系此种尊荣。个人必须跻身官僚行列才可能获准“致仕”,而所能享有的优遇与特权也取决于其在政治生活中的地位。绝大多数“礼遇高年”的制度并非指向“高年”的年龄事实或是经验、才干等个体属性,而是指向“高年”的社会组织身份。受到统治者礼遇和尊敬的老年人往往是权贵家庭或地方上颇具影响力之家庭的成员。因此,传统老年法律制度的老龄化应对逻辑在于——维护和发展家庭组织,通过针对所有家庭组织成员的强制性的行为规则约束人们对生命历程的规划和实际行动,从而形成生养死葬社会分工的代际合作和社会继替。

二、家庭赡养规范的当代流变

“生养”与“死葬”依然是当代中国人必然经历的生命事件,也是老龄化应对机制所必须解决的重要事项。关于新中国成立以来老年法制历史的梳理显示,家庭在老年法律制度中始终扮演着重要的角色。在“国家养老”的计划经济体制下,家庭是隐性的照料提供者,也是老年人在遭遇困境时的首要行动者。在当前

---

① See Shulamith Shahar, *Old Age in the High and Late Middle Ages: Image, Expectation and Status*, in Paul Johnson and Pat Thane, eds., Old Age from Antiquity to Post-Modernity, Routledge, 1998, p. 57 – 58.

老年法律制度中,家庭赡养与扶养占据不可忽视的重要地位。家庭是老年人的主要生活场所,家庭生活中的环境要素、人际关系和服务供给情况,是老年人生活水准的重要影响因素;家庭成员间的互动更是老年人参与社会生活的重要渠道。更不用提,家庭依然是中国社会最主要的组织形式和人口再生产单元。因此,构建有利于实现积极老龄化的家庭生活秩序,支持家庭发挥其老龄化应对机制的价值与功能,依然是当代老年法律制度的重要目标之一。

(一)保障老年生活的家庭功能

在传统老年法律制度中,家庭是最为主要的"赡养单元",家庭及其成员承担起全部的"养老"职责。随着社会的变迁,社会保障、社会服务、消费市场、老年金融等基于平等交换的老龄化应对机制逐渐形成。家庭与其他老龄化应对机制协调、配合,成为包括家庭、社会、国家等"多元"老龄化应对体系的组成部分,从而能够满足不同生命历程下社会成员的老龄化应对需求,为其权利保障提供了更加全面和稳定的方案。

比如,法律所规定的"接受物质方面赡养的权利"可以从更为"社会化"的角度来理解,即家庭赡养是国家保障老年人基本生活水准的手段,是国家法律构建的老年生活保障机制的组成部分。《宪法》规定公民在年老时有接受物质帮助的权利,而这种权利一方面通过社会保障机制实现,另一方面由家庭成员的赡养义务予以补充。在赡养关系中"父母"与"子女"表征家庭成员身份,而"老年"与"成年"则代表社会代际身份。成年子女赡养老年父母的义务,实则是成年公民赡养老年公民之义务的转化,是国家要求公民履行的社会义务,只是这种义务表现为"为具有特定亲缘、血缘身份的社会成员提供基本生活保障"。关于物质赡养之种种义务的规定,是国家法律以父母子女关系为基准,以物质赡养权为表现形式,要求成年公民为其老年的"父母"提供基本生活保障的体现。

保障老年人实际享有物质帮助权和适当生活水准权的制度体系,实则是包含家庭和社会保障机制的多层次构造。我国老年人之"基本生活水准权"源于《宪法》第45条关于"物质帮助"之规定,是"物质帮助"的当然结果。老年人不仅因身体机能之退行性变化而面临日益增高的罹患疾病和失能之风险,而且往往在就业、消费方面处于不利地位,难以获取满足自身物质需要的商品和服务,往往更容易遭遇经济问题或陷入贫困境地。调查数据显示,中国老年人群贫困发生率在所有年龄人口中处于较高水平。[①] 公民在年老的情况下能够获得生活保障,是由宪法确认的基本权利。从相关法律规定来看,家庭赡养可以理解为此种基本权利的保障方式。从法律文本和司法实务来看,物质赡养的权利意味着,老年人有权要求赡养人提供生活物资、住房、医疗照护服务等物质生活条件方面的基本保障,实则是由家庭成员(子女)负担的“救济”。比如,住房条件方面的义务标准是“妥善”和不至于“条件低劣”,请求给付赡养费用的前提是老年人“缺乏劳动力”或“生活困难”。正如前文提出,地方立法和相关司法实务中赡养人履行物质赡养义务多以“维持基本生活”“满足日常生活支出和就医、护理所需”为标准。[②] 这种给付标准与社会救济制度所提供的标准大体相当。部分案例中出现了“当地人均消费支出减去老年人所能获得收入”的赡养费计算方式,体现了赡养本身的补充地位。而针对老年人的社会救济则往往以包括赡养费用在内的家庭经济调查为前提。因此,老年人的“受赡养权”根本上来说是面向国家的权利,其内容为:老年人得以在赡养人拒绝履行保障其生活的赡养义务时,要求国家法律介入以强制对方履行相关义务。同时,赡养人事实上不能履行相应义务时,老年人也有权要求国家提供“物质帮助”,以维护基本生活水准。

由此,家庭赡养和养老保险、社会救济等社会保障机制彼此耦合,共同构成老年人“基本生活水准权”的法律保障框架。其运行逻辑为:个人在进入老年期后凭借自身积累之财富和收入维持生活,并得到养老保险、老年福利和为老服务等社会化机制直接或间接的支持。[③] 若无法满足自身的基本生活需求,则由成年子女负担及时发现困难和负责解决困难之义务。若不存在成年子女或成年子女无法实现前述之功能,则由国家以社会救济的方式进行“兜底保障”。[④] 从法律制

---

① 参见杨立雄:《中国老年贫困人口规模研究》,载《人口学刊》2011 年第 4 期;朱晓、范文婷:《中国老年人收入贫困状况及其影响因素研究——基于 2014 年中国老年社会追踪调查》,载《北京社会科学》2017 年第 1 期。

② 参见赵树坤、殷源:《从 2013 ~ 2018 年司法裁判文书看老年人赡养权益的司法保障》,载中国人权研究会编,李君如主编:《中国人权事业发展报告(2019)》,社会科学文献出版社 2020 年版,第 248 页。

③ “社会化”机制是指,养老保险、医疗保险是由国家、企事业单位、个人等多方面主体共同维系、运营的,社会保险提供的保障,实际上体现了国家、企业组织乃至公民自身对于老年时期生活水准的保障义务。

④ 法律规定中此种保障顺序体现为最低生活保障制度和“五保”供养等社会救济制度中对于老年人主体的限定性前提。比如《城市居民最低生活保障条例》在确定收入时,将法定赡养人应当给付的赡养费用计算在内。《农村五保供养工作条例》也将“无法定赡养、抚养、扶养义务人,或者其法定赡养、抚养、扶养义务人无赡养、抚养、扶养能力”作为供养对象的必要条件。

度的角度可以表述为：基本养老保险、补充养老保险、普惠养老福利和个人储蓄投资等收入构成第一道保障；如第一道保障积累的财富无法满足生活医疗所需，则由家庭成员承担经济供养义务；若家庭成员无法履行义务，则由社会救济承担兜底责任。

从作为赡养人的成年社会成员的角度来看，此种制度框架似乎只是以传统"孝道"为名义单纯地将由国家承担的义务强加于人。传统观念认为，成年子女孝顺父母是无可争议的天理，孝道是最大的美德。但传统美德不一定能与现代法律制度和权利理念相契合，也未必能够为当前的立法提供足够有说服力的解释。事实上，传统上认为妻子无条件承担家事活动是天经地义的观念已经遭到批判，《民法典》也已经开始关注家事劳动的价值。① 这种基于"家长权"的传统孝道观念和法制实践，是否适应当代亲子关系的平等构造，值得进一步商榷。而"老龄化应对机制"的解释可以为赡养人的义务提供另一种解释思路。

一方面，此种制度构造实现了老年生命阶段经济保障的社会分担，亦彰显了个人在生命历程中的主体能动性。基本养老保险、补充养老保险、个人储蓄投资等机制遵循社会交换原则，体现个人对自己各个生命阶段之生活体验的责任与选择；家庭赡养则彰显代际伦理和社会道德对社会成员的行为约束；普惠养老福利和社会救济等机制则体现了分配正义原则和国家人权义务。从生命历程的视角来看，"老年人"是"成年人"之后不可避免的生命阶段。成年人履行保障老年人生活水准的社会义务，那么在其随着年龄增长而自然而然地获得老年人身份后，也自然而然地享有"得到成年社会成员之生活保障"的权利。"赡养义务"与"受赡养的权利"实际上在生命历程内得到了平衡。另一方面，赡养人亦享有"要求国家为其履行物质赡养职能提供支持与帮助"的权利。事实上，现有立法已经有所体现，如《老年人权益保障法》第 27 条便明确"国家建立健全家庭养老支持政策……为家庭成员照料老年人提供帮助"。"十四五"规划也明确了"完善家庭养老支持政策体系"的政策目标，为家庭成员履行照料职责提供教育培训、护理假期以及喘息服务等支持。

---

① 《民法典》第 1088 条规定："夫妻一方因抚育子女、照料老年人、协助另一方工作等负担较多义务的，离婚时有权向另一方请求补偿，另一方应当给予补偿。具体办法由双方协议；协议不成的，由人民法院判决。"

(二)维系和谐友爱的家庭关系

当代法律所追求的父母子女关系显然超越了"困难情况下的物质给付"。正如我国学者指出,"就作为基本权利的家庭生活来说,内地和港澳方面对其的解释呈现出趋同的态势,最终都聚焦于家庭成员之间的'紧密联系'这一核心内容"①。而关于"精神赡养"的法律规定亦能体现此种趋势。

从条文来看,与"精神赡养"相关的法律规则实际上指向一种所有家庭成员"互相关心爱护"的家庭生活秩序。首先,与"精神赡养权"相关的主体结构超脱了父母子女的范畴,而扩展到所有家庭成员。《老年人权益保障法》第18条第1款规定,"家庭成员应当关心老年人的精神需求,不得忽视、冷落老年人"。根据《民法典》第1045条第3款之规定,所谓"家庭成员"包括"配偶、父母、子女和其他共同生活的近亲属"。此条规则便超出了赡养法律关系中"子女"与"父母"的代际伦理关系主体架构,形成了与物质赡养权完全不同的权利结构。其次,《老年人权益保障法》第18条第2款(也被称为"常回家看看"条款),设定了相对具体和可操作性较强的行为标准,具有一定的可诉性。但从文本来看,该条款针对"分开居住的家庭成员",所追求的更多是不同世代家庭成员共同生活或者至少维持一定程度的人际联系。实务中关于"精神赡养"之救济,也多以此条为依据,共同生活之家庭成员漠视、忽视的状况,除非严重到遗弃、虐待的程度,否则难以提供有效的法律救济。

因此,所谓"精神赡养"条款,更适宜从家庭生活和家庭关系本身的制度性保障角度来理解和构造。我国学者在解读《宪法》第49条时指出,此条不仅反映出对家庭成员(父母、夫妻、子女)之基本权利的保护,也是对家庭和婚姻制度的保护。②《民法典》第1043条之规定也揭示出家庭以及家庭关系在当代社会生活中的重要地位。法律视野中的家庭保护包含两个方面:保持家庭组织的稳定和家庭功能的有效发挥;塑造符合大众情感和社会主义道德的家庭生活方式。

家庭组织只有在世代延续的情况下才有可能发挥其应对老龄化之影响的作用。传统老年法律制度也在规定"利亲""孝养"的行为模式之外,明确每个人对

---

① 屠凯:《家庭生活权利:内地和港澳的趋同解释》,载《人权》2023年第4期。

② 参见王锴:《婚姻、家庭的宪法保障——以我国宪法第49条为中心》,载《法学评论》2013年第2期。

于维护家庭的义务，即通过生育、同财、共居与祭祀实现家庭组织的世代延续。因此，赡养法律制度在家庭关系方面的意义表现为宣示一种符合当代道德标准和大众情感的家庭关系。从规范文本来看，亲子关系层面的道德规范表现为“敬老爱幼”。[①] 然而，“敬”作为个人内心的主观感受，无法在强调平等、自由和尊严的社会主义法治理念中得以证成。故而，法律只能在可接受的范围内对其进行阐释。从目前来看，法律所确认的最主要的家庭代际关系准则可以表述为“子世代的家庭成员应当尽可能与亲世代共同生活，或者至少维持紧密的联系”，以及“在亲世代遭遇经济、生活和健康问题时给予支持和帮助”。[②] 基于此种制度构造，家庭的组织和功能得以在财产个人所有、人员自由流动的社会情况下延续并继续发挥。

三、当代老年家庭法律制度的发展思路

截至目前的论述，本书所梳理的关于老年家庭法的论述似乎只是对“家庭养老与社会养老责任划分”观点的再次重复。[③] 但也必须看到，传统老年法律制度所构造的作为“赡养单元”的家庭，与如今作为养老载体的家庭，其运作机制存在诸多方面的差异。这种差异体现在主体地位是否平等、内容是否尊重人格或保障手段是否严苛等方面。更重要的价值是，传统视角下的家庭养老对于家庭共同体的塑造以及全生命历程实践，依然值得当代老年家庭法在某种程度上借鉴、转化和再应用。

（一）以法律规制强化代际纽带

传统老年法律制度以家庭而非个人为基础构造养老模式。传统法制中，家

---

① 《民法典》第1043条规定：“家庭应当树立优良家风，弘扬家庭美德，重视家庭文明建设。夫妻应当互相忠实，互相尊重，互相关爱；家庭成员应当敬老爱幼，互相帮助，维护平等、和睦、文明的婚姻家庭关系。”

② 但是从规范内容来看，老年父母并没有反向的支持成年子女的义务。比如《广东省老年人权益保障条例》等地方性立法明确，“有独立生活能力的成年子女以及其他亲属向老年人要求经济资助的，老年人有权拒绝”。

③ 家庭养老和社会养老是我国养老体系的二元观点，深刻影响了我国的老年法理论与实践。比较普遍的观点是，家庭是传统的养老机制或养老载体，至今依然有着基础性的地位。但在老龄化、现代化进程中，家庭养老的能力与意愿已经大打折扣。因此，应该构建社会养老体系，在支持家庭养老的同时逐步淡化家庭养老的角色，或推进其社会化发展。参见肖金明主编：《老年人权益保障立法研究》，山东大学出版社2015年版，第15页；穆光宗：《家庭养老制度的传统与变革——基于东亚与东南亚地区的一项比较研究》，华龄出版社2002年版，第392～398页。

庭是法律实体,家庭成员实行“同居共财”,不同世代的家庭成员承担对家庭的义务,运用家庭财产完成生养、抚育和赡养的社会功能。随着传统法律制度的瓦解,我国逐步构建起个人本位的财产制度。在家庭法的时域下,财产归各家庭成员个人所有。具有“家庭”性质的财产规定,主要体现在夫妻共同财产和父母对于未成年子女财产的监护规则方面。而且随着婚姻制度的改革,财产的个人属性也逐渐增强。[①] 由此可见,我国民法关于家庭的法律构造,实际以“成年父母加未成年子女”的核心家庭为模板。法律关于成年子女与老年父母间的代际互动规则仅仅涵盖了赡养关系中的单方面财产给付义务、照料义务和注意义务,以及与继承相关的财产规则。此种制度架构忽视了现实中大量存在的代际财产流转现象。特别是对于独生子女世代,代际关系已经呈现出某种“再家庭化”趋势。据学者调查,当前我国家庭代际财产关系已经出现“再家庭化”的趋势。[②] 成年父母通过多种策略,介入和影响成年子女的住房决策以及其对于房屋财产的获得和处分,并在此过程中重塑代际关系。值得一提的是,调查发现,介入子女购房决策的父母对于子女保持着参与家庭事务、获得赡养回馈以及维持生活联系的期待,这种期待与当前老年家庭法所意欲构造的家庭代际关系高度契合。比如,老年的祖父承担对孙子女的照料和家庭教育已经成为几乎普遍的社会实践,但这种家务劳动的价值尚未得到法律的关注。更令人遗憾的是,此种带有浓厚家庭色彩和亲密关系属性,并且能够事实上促进代际互动、型构新型代际关系的努力,甚至会被描述为“啃老”现象而得到媒体的消极评价。对此,本书建议以家庭的视角审视当前的种种代际关系实践,运用法律手段设定符合双方期待的行为准则,并构造符合家庭内部关系的救济机制。

(二)以国家责任支持家庭生活

传统老年法律制度为了保证家庭成员履行奉养孝敬老年人的义务,不仅规定严苛的罚则,更想方设法为家庭生活提供人力和物质基础。从个人的角度来看,其生命历程与作为组织的家的发展历程同步。当个人因“别籍异财”而取得

---

① 比如2011年颁布的《最高人民法院关于适用〈中华人民共和国婚姻法〉若干问题的解释(三)》关于婚前财产、父母出资购买的房产的规定,便可以视为强化家庭资产之个人属性的例证。

② 参见钟晓慧:《“再家庭化”:中国城市家庭购房中的代际合作与冲突》,载《公共行政评论》2015年第1期;钟晓慧、何式凝:《协商式亲密关系:独生子女父母对家庭关系和孝道的期待》,载《开放时代》2014年第1期。

家主地位后，其生命历程便在某种程度上与家庭绑定。其在成年期所作出的婚姻、生育、经济等种种决策，不仅影响家庭所占有的财富、人脉等社会资源的增减和家庭成员数量和关系的变化，也影响其进入老年期所能获得的养老资源以及死后是否能得到祭祀。传统老年法律制度将养老、生育方面的制度和家庭本身的法律制度结合起来，就每个社会成员的人生轨迹作出了集体规范，并且形成了世代延续的自洽循环。同时，家庭因为自然灾害、社会动乱或残酷的阶级压迫而难以履行"生养死葬"的情况下，统治者也会运用奖励孤老孝子的仁政手段或是慈善机制提供物质方面的支持，以维系家庭组织本身的存续。

从现实的角度看，当代法治机制介入家庭赡养的主要方式在于通过判决强行要求赡养义务人履行赡养义务。然而，关于赡养的法律规则能否取得实效，不仅取决于赡养制度的执法和司法过程本身，更应当关注生育、教育、劳动等方面的制度安排。比较典型的例子是，高强度的劳动环境和碎片化的用工制度不仅占用个人大量的时间与精力，损害其履行赡养、抚养义务的能力，而且片面强调个人主体的财产制度、社保制度和教育制度，也让组建家庭、生育后代成为年轻人的负担。单身生活成为一种更经济、便利甚至有竞争力的生活选择。长久以往，家庭赡养对于无子女的老年人无疑成为一种无意义的制度设计，而人口老龄化的趋势也会让建立在社会资源代际平衡逻辑上的养老保障制度难以为继。当前老年政策已经以"一老一小"为方向，尝试寻找生命历程之起点与终点间的平衡，但同样应该关注生命历程的中间部分——成年期的角色定位，需要采取措施为其履行社会义务和备老举措提供有效的制度支持。具体而言，探索落实"探亲假""年假"等假期权益，建立针对家庭照护者的喘息服务和照料培训机制，为家庭成员履行赡养义务提供多元的支持。

本章小结

家庭是中国文化环境下老年人的主要生活场所，也是中国人在数千年的共同生活中形成的老龄化应对机制。在传统的语境下，年龄身份与家庭身份紧密结合。人们既被赋予基于生命长度的时间性特征，也因血缘层面的"辈分"而嵌入宗法秩序之中。关于"孝"的道德和法律规则，乃至国家政治生活中的齿序格局、孤老救济和敬老实践,所指向的都是隶属于某个家庭的老年人。作为家中“长辈”的老年人理应得到所在家庭的赡养和尊奉,也得到重视和维护家庭秩序的整个社会的尊敬与保护,而脱离家庭的老年人则被视为需要救济的弱者或“出尘之人”。

我国当代老年法律制度也强调“家庭”在支持老年人规划和实践理想老年生活方面的独特文化价值和支撑性作用。当代老年法律制度对传统家庭代际关系模式进行扬弃,在继承“子女对父母负有赡养义务”观念的同时,剔除了违背权利保障原则与社会主义法治精神的内容,构造起家庭赡养与扶养制度,以确保每个人能在不断老化的生命历程中享有符合人权保障要求的家庭生活。

从其运行逻辑来看,以家庭为核心的老年法律制度不仅要规范家庭成员之间的权利义务关系,更需要维系家庭组织本身的存续和发展,才能真正实现其制度目标。因此,未来的老年家庭法律相关研究可以对“隔代扶养”“家庭决议”“代际财产流转”等现实中形成的父母子女“再家庭化”现象进行分析,考虑以法律规范形式明确不同世代间的权利义务,以强化“个体化”浪潮下的代际纽带。而更具现实意义的是,与老年法治相关的实践探索应适时推出保障赡养人探亲休假的权利等可行机制,为家庭成员履行赡养义务提供支持。

第五章　老年人社会支持法律制度

老年人所面临的不利处境之间有着相互影响和促进的特征。在现代化进程中,不受劳动力市场欢迎的老年人依靠福利主义的社会保障体系来维系基本生活水准,而此种福利依赖现象固化了针对老年生命阶段和老年人的刻板印象。“福利依赖者”的群体形象与人口老龄化的危机叙事相结合,加剧了社会中的代际对立和年龄歧视,导致许多社会成员在老龄化过程中陷入权利困境。许多已经步入老龄社会的发达国家,调整和改造以社会福利为中心的老年法律体系,构建更加适应人口老龄化社会和有助于实现积极老龄化的社会环境。以积极应对人口老龄化为目标,当代中国老年法律制度发展在参考域外法律实践经验的基础上,亦强调政府、市场、社会等多种老龄化应对机制协调发展,以多样化的制度工具满足不同生命历程轨迹形成的不同需要;在尊重老年人主体性的同时推动代际合作,构建平等和谐的社会合作秩序,从而在人口深度老龄化的社会背景下维系老龄化应对机制的稳定运行。

第一节　现代化语境下的退休生活及其潜在危机

个体之老龄化——人类个体在生理、心理和社会等各个层面随年龄增长而发生变化的过程——已经成为一个由各种负面意象定义的、消极的过程。从生理健康的角度来看,生理老龄化的影响预示着人类个体会不可避免地遭遇运动、免疫、恢复、感知、记忆乃至思维等身体机能的衰退,并由此导致更高的意外伤害和疾病的风险以及更长的康复周期和治疗成本。“脆弱、依赖和缺乏能力”的病理性描述如“衰老意味着疾病多发”“衰老意味着身心失调和疾病风险”等主导着关于生理老龄化过程的学术和公众讨论,并进一步影响了个体在老龄化过程中地位、身份的转变。[①] 在资本主义的生产关系和现代社会的生活方式中,"能力减退"和"疾病风险"意味着更低的经济效率以及更高的生活成本。人力投资所能获得的边际收益会随着年龄增长而下降,使为年龄更大的员工提供工作、晋升、培训和同样的工资变得越来越不符合经济效率;疾病风险、治疗难度和康复时间意味着维护老年社会成员的生命与健康需要花费更多的金钱、人力与设施。老龄化使个人所能提供的产出无法满足他们的需要,而需要依赖自身的积蓄和他人的支持才能维持生活。正如西蒙·比格斯(Simon Biggs)指出,因其与衰弱和依赖性的关联,老年已经成为社会福利方面的重要事由。[②] 欧美国家针对年老失业导致的收入下降,构建了以年龄为基准的养老金和社会救济制度;创建了面向老年人的照护服务体系,试图营造安适、休闲和富足的退休生活图景。

一、福利主义的老年生活图景及实践

在传统社会中,大部分社会成员并不存在"退休"的余裕和条件,即使在年龄较大的情况下也必须参与生产,或是依靠家庭等组织内部的财产交换维持生活条件和社会地位。而在现代的资本主义生产关系中,劳动就业是大多数社会成员参与社会生产和获得经济收入的主要渠道,个人的社会地位很大程度上由其人力资本所决定。时间在此种资本运作逻辑中扮演着重要角色。[③] 针对时间的精确度量关涉劳动力和人力资本价值的估算过程,成为劳动力市场运行的基础。人们正是以"小时"、"日"或"月"等时间单位来"售卖"劳动力换取薪资收入。而雇主根据单位时间内的"绩效"来进行人力资本投资决策,包括给予劳动机会、薪资待遇以及培训条件等行为。时间不仅很大程度上决定了劳动力"量"的计算,更成为生命历程视角下劳动力"质"的衡量标准。个人身体机能、心理状态随年龄增长而发生的变化也会影响其对经济活动作出贡献的能力,即造成人力资本投资与回报比例的变化。理性的市场主体,包括劳动者及其雇主,逻辑上会根据此种变化过程调整雇佣、薪资等方面的决策,以提高人力资本投资的效率。因

① See Alison Kesby, *Narratives of Aging and the Human Rights of Older Persons*, Human Rights Review, Vol. 18, p. 371 - 393.

② See Simon Biggs, *Toward Critical Narrativity: Stories of Aging in Contemporary Social Policy*, Journal of Aging Studies, Vol. 15, p. 303 - 316(2001).

③ 参见郑作彧:《社会的时间:形成、变迁与问题》,社会科学文献出版社2018年版,第40页。

此,“年龄”成为影响个人与劳动力市场互动方式的重要因素,亦成为划分资本主义社会不同生命阶段的重要标志。

由于生理层面老龄化的影响,年龄增长往往意味着个人作出经济贡献值潜力的下降,从而导致其获得人力资本投资的概率下降而丧失薪资收入的风险。波斯纳在专著《衰老与老龄》中以人力资本理论为基础,提出了关于衰老的生命历程模型,用以解释老年人的收入变化、退休和就业机会问题。人力资本是相对于物质资本而言的概念,主要表征发展人的知识、技能所进行的投资,或人参加劳动所可能带来的经济收益。在这个模型中,工资收入是工人对人力资本进行投资的隐性回报,人们的工资收入往往会随着个人的人力资本投资而增加,故而在参加劳动初期呈现出工资随年龄增长而增加的趋势。但是,如同物质资本一样,人力资本也会因各种因素而贬值,其中衰老则是导致人力资本贬值的重要因素。一方面,衰老带来的记忆力变化、体能衰退会影响现有的工作技能之发挥,个人的生产能力会在某个节点后随着年龄增长而降低;另一方面,工作环境的变化使得已有的技能和知识的价值降低,人们将需要进行新的人力资本投资。即使人类个人的学习能力和教育成本并不会随着年龄增长而降低和增加,有限的预期回报周期也会影响个人的投资决策。个人的人力资本贬值带来的直接后果是于劳动市场上所能取得的收入降低,甚至丧失就业机会。[①] 经济学家拉策尔提出了职业生涯的生命周期模型。[②] 在此种模型中,雇员与其雇主往往就薪资水平随在职年限的变化趋势达成合意,雇主在固定的时间节点结束雇佣关系并支付高于其边际生产力的替代性酬劳。这种规则往往能够得到雇主和雇员双方的认可,而成为劳动力市场的“隐形合同”。对于雇主而言,他能够根据每个人的产出调整工作安排,以留下对他最有用的雇员;对于雇员而言,他能够在职业生涯结束时获得高于其边际生产率的工资补偿,也能“体面”地结束职业生涯,避免因不可避免的身心衰退而遭到羞辱性的解雇。

在理想的情况下,个人在整个职业生涯中所能获得的薪资收入,应当足以支撑其老年生命阶段的生活所需。但社会现实往往并没有那么理想,人们往往因

---

① 参见[美]理查德·A. 波斯纳:《衰老与老龄》,周云译,中国政法大学出版社 2002 年版,第 60 ~ 65 页。

② See Edward P. Lazear, *Why is There Mandatory Retirement*?, Journal of Political Economy, Vol. 87, p. 1261 – 1284(1979).

人口老龄化的社会发展趋势和雇主的经济剥夺而在老年生命阶段面临经济困境。在法律未能给劳动者提供足够的劳动保护的情况下,雇主和雇员在薪资、退休等事项决策方面的话语权力差距巨大。雇员能否在职业生涯期间获得足够弥补其薪资损失的补偿,是个非常值得怀疑的问题。为了应对日益严重的老年人贫困引发的社会动荡,19 世纪末 20 世纪初资本主义国家就初步尝试构建带有鲜明福利色彩的老年社会保障制度,以应对严重的老年贫困问题。“二战”之后,欧美各国进一步推动社会保障制度的改革,构建“福利国家”的社会保障制度体系。

在 20 世纪初的美国,因年龄或其他身体因素而被“辞退”的老年工人,并不能在职业生涯中积累足够的财富,亦不能获得替代性的经济收入。这些老年失业者若无法从家庭处获得足够的支持,就只能依赖贫困救济、乞讨以及违法犯罪活动来获得收入。据学者考据,1880 年美国济贫机构中老年人占比约 25.6%,而至 1923 年该比例已经达到 53.8%。[①] 退休工人所面临的悲惨遭遇,引发了声势浩大的汤森运动(Townsend Movement)。“汤森运动”主张联邦政府向企业征收专项营业税以建立针对老年人的福利机制,向社会中 60 岁以上的老人支付定期养老金。汤森运动得到美国中下层阶级的热烈拥护,据称其支持者超过 1000 万人,而且成为美国 1935 年《社会保障法》推出养老金相关规则的重要社会动因。1935 年《社会保障法》建立起包括救济和保险双层内容的老年社会保障体系。其中针对老年人的救济制度规定政府为符合年龄、工龄、居住状况等条件的公民提供基本救济金,领取条件、给付水平均由各州制定并经过联邦委员会批准,资金由各州财政拨付。保险方面的制度则建立了“社会保险税”为资金来源,由联邦政府统一管理老年、遗属、残疾保险项目(OASDI)。值得注意的是,政府主导的贫困老年人救济和基本养老保险虽然构成老年社会保障的“第一支柱”,但各种各样的企业养老金项目依然是美国人在退休后最主要的收入来源。

在欧洲,德国 1889 年《伤残和老年保险法》奠定了现代各国社会养老保险制度的基本框架:国家统一建立和管理养老保险基金,并由国家、雇主和雇员各自承担部分筹资责任,而参加保险的雇员则可在达到年龄和缴费条件后按月领取保险金。[②] 以强制缴费和退休为享受待遇的前提、多方分担的筹资责任、政府主

---

① 参见邓大松:《美国社会保障制度研究》,武汉大学出版社 1999 年版,第 14 页。

② 参见刘芳、毕可影主编:《社会保障制度史》,上海交通大学出版社 2018 年版,第 43 页。

导的管理模式,从此成为欧洲乃至各国养老保险体系的基本特征。社会保险的制度逻辑已经明确为民众提供保护和帮助是国家的任务的理念,而一些欧洲国家以此为基础推出针对老年人的福利制度。[①] 此类社会福利通常表现为基于年龄和财产状况向老年人给付金钱和服务。相较于社会保险制度,此类金钱给付不以参保缴费为前提。比如,英国在 1908 年颁布针对老年人的《养老金法》,规定政府为年满 70 周岁且年收入低于 21 英镑的老年人提供养老金。[②] 养老金待遇成为得到法律确认的普遍性的公民权利,但由于其相对严苛的年龄、财产条件以及给付水平,该养老金也被称为“死人养老金”。在 1942 年《贝弗里奇报告》的基础上,英国对其社会保障体系进行了大刀阔斧的改革,亦建立以“国民社会保障权”为核心理念的社会保障制度。所有国民共同缴费筹资建立由政府部门组织管理的福利给付体制,根据不同境遇与需求提供金钱给付或公共服务,从而实现“从摇篮到坟墓”的集体保障。

一些社会活动家发现单纯的金钱给付不足以满足老年人的生活所需。特别是在医疗、照护服务费用相对较高的情况下,老年人即使在享有养老金待遇的情况下依然遭遇健康危机或是遭遇照护者虐待。于是,许多国家政府的老年政策开始鼓励各种形式的养老机构的建设与发展,为老年人入住专业化、规范化的老年照护机构提供支持,以保障老年群体的基本生活和改善其健康状况。比如,荷兰建立的全民养老社会保险计划(AWBZ 项目)便以资助老年福利机构和公共养老服务为主要支出项目。“到老龄化率 10% ~14% 的阶段,各国政府开始出台政策,鼓励养老院、护理院的建设,并给予建设床位补助等。”[③]从回应生理老龄化之负面影响的角度来看,养老机构的发展是社会老龄政策的必要环节。符合质量标准的养老机构既能够满足老年人对于适老化生活环境的需求,也为全天候、专业化的医疗和照护服务提供了便利的服务接口,有利于个体在老年生命阶段的健康维护。但是,机构生活很大程度上代表着与社会和其他年龄段生活成员的隔绝与孤立,忽视了老年人的多样性与主体性。发展心理学、老年社会学等方面的研究进展表明,维持与社区的联系,尤其是维系与更年轻世代的联系,有助于

① 参见史柏年主编:《社会保障概论》,高等教育出版社 2012 年版,第 26 页。
② 参见王莉莉主编:《英国老年社会保障制度》,中国社会出版社 2010 年版,第 46 页。
③ 周燕珉、林婧怡:《国外老年建筑的发展历程与设计趋势》,载《世界建筑》2015 年第 11 期。

提高老年人的幸福感和维护其积极的心理状态;而隔绝、孤立的生活方式则剥夺了老年人参与社会的机会,不利于维护个体的心理健康。此外,由于生命历程的差异,老年人并非同质的群体。老年人不仅在健康需求方面差异巨大,对于特定服务方式、居住条件的负担能力也是如此。健康水平低、自理能力较差的老人可能对于专业化的机构服务有着更高的需求,而对于那些自理能力较强的老年人,养老机构可能并非生活方式的优先选择。无论公共的还是市场化的机构养老,都无法满足所有老年人的情况和实际需求。此外,如何保障养老机构的运行效率和服务质量,也是引起广泛关注的问题。因此,强调"机构化"的政策方向自20世纪90年代以来便遭受到越来越多的批评,许多国家的老龄政策开始强调新的生活方式——在地(居家)养老或社区养老。

总体而言,以"老年福利"为主旨的应对方案导向的是"消极的老龄化"。所谓"消极"是指相关政策的观念基础是:老龄化过程意味着个体迈向劳动力丧失、经济上无法自足、生活上无法自理的境地,老年生命阶段是"脆弱的""依赖性的"。可以说,老年福利制度实则从两个方面塑造了老年人与老年生活的意义。一方面,老年人是需要社会给予保护的弱者,需要公共资源的倾斜配置,来保障其基本的生存条件。另一方面,以年龄为标准的教育、就业与退休福利的社会制度,构造了一种"基于年龄分层的社会生活方式"(常态生平),包括童年期受保护的教育生活,成年期的职业生涯以及领取养老金和生活于机构或独立社区的老年生活。[①] 比如,针对老年人的社会保障制度为退休生活提供了固定的、长效的经济支持,但社会养老保险制度都规定申领养老金以"履行筹资责任"为前提,显示出对个人在年轻时参加劳动就业并为老年生命阶段"谋划"的期待;同时许多国家规定申领养老金以"退休"为要件,很大程度上赋予"基于年龄而剥夺个体之工作机会"的现象以合法性。针对健康危机的"机构化"政策与实践在保障老年人群健康和安全的同时,也或多或少强调了以"休闲娱乐""疾病养护"为中心的老年生活方式。对处于老年生命阶段的个体而言,此种倾向性的政策和法律在为其提供维持生活水平方面的支持的同时,也在一定程度上忽视了他们的自主意愿和主观能动性,剥夺了其平等参与社会的机会。对处于其他生命阶段的

---

① See Ann Numhauser-Henning (eds.), *Elder Law: Evolving European Perspectives*, Edward Elgar Publishing, 2017, p. 118.

个体而言，以年龄为标准的福利政策意味着他们为老年人的福祉承担额外的责任，而这往往蕴含着代际冲突的可能性。在人口老龄化的发展趋势和可能的经济危机的威胁下，巨大的福利支出带来的财政压力很容易转化为财政危机，进一步威胁老年社会保障体系的运行。

二、福利主义老年生活的消极意义及其潜在危机

人口老龄化是21世纪最为显著的社会发展趋势。从技术的角度来看，此种人口老龄化意味着人均寿命的延长，是社会发展和科技进步的伟大成就。但是，福利主义的老年生活保障制度背景下，老年人口数量和比例的增长隐含着引发更为广泛的"发展危机"的可能性，带来了"灰色海啸""银发浪潮""人口革命"等各种耸人听闻的危机叙事。一方面，更长的寿命代表着"退休后生活"之时间的延长，而家庭结构的变化和生活方式的变革又进一步削弱了家庭支持的能力，使老年人更加依赖社会福利维持生活水准。另一方面，老年人口比例的增长使"倾斜性给付"的福利逻辑难以维系。比如，人口学和社会政策领域最常用的"人口抚养比"模型便时常被用来佐证人口老龄化的影响。根据该模型，人口划分为两个类别：承担物质财富生产角色的15～64岁的劳动年龄人口，以及需要劳动年龄人口"供养"和"抚养"的其他年龄段的人口，包括14岁及以下的儿童和65岁及以上的老年人。毫无疑问，老年人口比例的增加意味着更少的劳动力以及更大的"社会负担"，会对经济社会的发展产生巨大的负面影响。许多基于此种假定的经济学研究指出，老龄化对特定社会的人均劳动力、全要素生产率、资本积累等增长要素均会产生持续的负面影响，也不利于消费、储蓄、投资等方面的经济表现。[①] 供养对象数量的增加也会给劳动年龄人口和相关社会机制带来越来越大的压力，65岁及以上的老年人口比例的增加会相应增加卫生和社会福利系统的负担，从而增加公共支出。由于医疗费用和养老金支出的增加，

---

① 关于老龄化对于增长影响的探讨，参见 Qi Chuanjun, *Analysis of the Influence of Population Aging on Economic Growth*, Chinese Journal of Population Science, Vol. S1, p. 55 (2010); Donghyun Park & Kwanho Shin, *Impact of Population Aging on Asia's Future*, ADB Working Paper No. 281, 2011; David E. Bloom & Jocelyn E. Finlay, *Demographic Change and Economic Growth in Asia*, PGDA Working Paper No. 41, 2008。

国家的社会资源和政府预算面临的压力会随着人口老龄化呈指数级增长。[①] 我国学者将其描述为"生之者寡,食之者众"现象。[②] 这种发展趋势最终引发了新的问题:现代社会能"负担得起"数量如此庞大的老年人群体吗?

在消极老龄化的背景下,人口老龄化同样导向社会文化和观念方面的危机。基于年龄分层的福利制度使得所有社会成员都在不断老龄化的过程中被嵌入"成年人—老年人"的二元结构之中,代际之间的文化差异在社会资源紧张的情况下演化为代际对立。福利制度在为老年人提供经济保障的同时,也固化了"无经济价值"的论断。西蒙·德·波娃(Simone de Beauvoir)在其著作《论老年》(*La vieillesse*)中论及"工业化社会"中的老年人时总结,是阶级斗争而非代际冲突形塑了社会对于老年人的态度。[③] 资本对个人的经济剥夺,武断地否定老年人的价值与能力,剥夺老年工人获得收入的能力并拒绝提供足够的补偿。经济收入的降低或损失也让老年人在消费市场不受重视,从而导致"老年"在整个资本主义生产关系中受到贬低,进一步形塑了"赞美青春"和"侮辱老年"的社会文化氛围。也有学者指出,"自然衰老的身体影响被描述为现代工业社会中具有重要意义的个人属性的丧失……老年人在生产和再生产过程中的价值遭到忽视"[④]。老年人被认为处于非生产性地位,其对社会的价值和贡献遭到低估。[⑤] 老年人被塑造为无经济价值的"福利接受者",被轻易地涂抹以吝啬、守旧、自甘堕落等种种负面意象。另外,退休社区的生活被描述为闲适、富足而优渥的生活。老年人同时被描述为"富裕"而"强大"的群体,缺乏经济价值但需要昂贵的物资与服务,利用自己的选票要求政府为自己的安逸生活"埋单",攫取宝贵的公共资源。[⑥] 年龄歧视观念将人群划分为"老年人"与"成年人"两个区别而对立的范畴,给老年人赋以"衰弱""自私""无价值"等负面印象。老年人成为冲突和对立于其他

---

① 参见世界银行编:《防止老龄危机:保护老年人及促进增长的政策》,劳动部社会保险研究所译,中国财政经济出版社 1996 年版,第 2 ~ 5 页。

② 参见穆光宗:《银发中国:从全面二孩到成功老龄化》,中国民主法制出版社 2016 年版,第 48 页。

③ 参见[法]西蒙·德·波娃:《论老年》,邱瑞銮译,漫游者文化事业股份有限公司 2020 年版。

④ Richard Hugman, *Embodying Old Age*, in Teather EK, ed., Embodied Geographies: Spaces Bodies and Rites of Passage, London: Routledge, 1999, p. 195.

⑤ See Frédéric Mégret, *The Human Rights of Older Persons: A Growing Challenge*, Human Rights Law Review, Vol. 11, p. 37 – 66 (2011).

⑥ See Alison Kesby, *Narratives of Aging and the Human Rights of Older Persons*, Human Rights Review, Vol. 18, p. 371 – 393.

年龄群体的“他者”，代际关系成为关涉“公平”和“冲突”的矛盾关系。老年人以其资历、过去的贡献和在社会文化中的地位为武器，而年轻人则以能力、生命历程内的公平和未来发展为反驳，在工作机会、公共财政、社会服务乃至家庭内部等诸多领域进行争夺与对立的“零和博弈”。

第二节　人口老龄化浪潮中的老年生活保障制度改革

现代社会越来越严重的老年危机引发广泛的关切。无论是对于“老年”还是“年轻”的社会成员，由失业、贫困和病痛所定义的老年生命阶段都是不理想的。改善每个人在老年生命阶段的生活，是现代社会发展不得不解决的问题。为此，欧美国家建立起家庭之外的老年人社会保障机制——基于“弱者保护”的老年福利制度。然而，由福利制度所建构的老年人身份，既是享受社会保护的“弱势群体”，同时也是区隔于主流社会之外的“社会负担”。随着人口老龄化进程的推进，此种观念及其指导下的福利性质的老龄化应对机制不仅越来越难以为继，对社会代际团结和老年人之尊严和权利的潜在伤害亦越发暴露无遗。早在世界卫生组织提出积极老龄化倡议之前，人们就开始反思现代社会中酬劳系统、公共服务、消费市场、老年住宅等方面的社会实践，尝试寻求有助于实现积极、健康、成功的老龄化的方案。许多国家也开始调整个体和社会层面的老龄化应对战略，营造满足健康、参与和社会融入需求的社会环境，为实现更加积极的个体老龄化过程提供制度支持，以应对汹涌而来的人口老龄化现实。

一、老年经济安全的法律保障

美国老年法学家佛罗里克将老年法的本质总结为“在身心不可避免地衰退的情况下的晚年生活进行法律规划（later life planning）”①。个人在老龄化过程中所产生的各种需要往往可以转化为关乎财产的管理和使用的具体法律问题。比如，可预见的退休意味着人们需要通过参加养老金、退休计划、资产管理来规

---

① Lawrence A. Frolik, *The Developing Field of Elder Law Redux: Ten Years After*, The Elder Law Journal, Vol. 10, p. 1 (2002).

划老年期内很可能是相当有限的财产;疾病与失能的风险意味着需要制订预先医疗计划、考虑监护或代理问题、参加长期照护计划以及在可能的纠纷中运用法律手段维护自身的利益;临近死亡的事实也让人们不得不开始关心遗嘱与继承,乃至安乐死的问题。故而,保障老年生命阶段的经济安全,实则为积极的老龄化奠定经济基础,也是老年法律制度改革的重要内容。

经济安全可以理解为用以综合评估个人的收入水平、财产状况能否获取“足够”的生活所需的指标。法律可以成为应对老年贫困问题,促进老年人经济安全的权威性、规范性工具。在老年法律制度改革的过程中,人们开始反思由“退休”所定义的职业生涯系统和人力资本随年龄增长而“贬值”的能力主义假定,采取制度性措施保障每个人在老年生命阶段通过劳动获得收入的资格与能力;构建效率更高、责任共担且与职业生涯平滑过渡的社会保障制度,提高老年社会保障的可及性、可接受性以及可持续性。另外,个人在老年期的经济状况很大程度上受前期生命历程的影响,储蓄、投资和保险既是现实生活中老年生命阶段重要的收入来源,也反映出个人对于自己生命历程的能动把握。因此,应当提供安全可靠的全生命历程内财产规划与分配的法律方案,使每个人都通过收入和财富积累来满足老年生活所需。

(一)薪资劳动与养老保障的平滑过渡

早期的养老保险制度实践在为个人的老年生活提供经济保障的同时,也普遍设立了法定退休年龄,或是以退出工作岗位作为领取退休金的条件,或是赋予企业解除雇佣关系的单方面权利。[①] 由此,老年生命阶段曾意味着退出劳动领域而通过正式和非正式的社会支持维持生活。此种强制要求老年人退出工作岗位的制度设计可能侵犯老年人的自主权、就业权,涉嫌基于年龄的歧视。在人口老龄化的背景下,此种制度设计也会阻碍低龄老人参加就业,加剧劳动力供给危机。废除法定退休年龄,为老年人通过劳动获取收入提供平等的法律保护已经成为老年法律制度发展的重要趋势。

在美国,以企业保障为主的老年社会保障体系自始注重雇员与雇佣者间的平等协商结果。美国不存在严格意义上的法定退休制度,何时退休、如何退休以及退休后的福利待遇取决于雇主和工人的自主协商。《就业年龄歧视法案》和

---

① 参见李海明:《论退休自愿及其限制》,载《中国法学》2013 年第 4 期。

《老龄工作者利益保护法》(Older Workers Benefit Protection Act)等法律则保护工人在协商过程中免因年龄、性别、种族等理由而受到歧视。而在基本养老保险方面,美国建立起根据申领养老金年龄调整的弹性机制,以鼓励参保者根据自己的实际需求选择养老金领取方案。取消界限分明的强制退休,允许个人自主选择退休时间的法律实践也逐渐影响了欧洲国家。① 比如,英国《1989 年社会保障法》(Social Security Act 1989)明确个人可以在享受国家养老金的同时参加就业,2006 年《雇佣平等(年龄)条例》明令要求不能以达到退休年龄为由解除雇佣关系,废除了法定的强制退休,并于 2011 年正式废除了当然的强制退休,增加人们在老年生命阶段获取收入的选项。② 此外,许多国家通过推广灵活就业方案、投资终身学习机会等激励人们在退休后重返工作岗位,延长人们的"工作寿命"。比如,日本"老龄化社会应对"的相关改革就以"延长雇佣年龄"为主要改革方向,以打造"终生就职"社会为目标。③ 日本相继出台《有关高龄者的雇佣安定法》《改正高龄者等雇佣安定法》《雇佣对策法》等法律,明确政府、企业合作延长雇员工作时间,共同推进延长工作年龄甚至终身工作战略的施行。

(二)社会保障体系的多支柱发展

如今,从单一支柱向多支柱发展成为世界范围内老年社会保障制度的共同发展趋势。国际劳工组织发布的《世界社会保护报告(2020—2022)》显示,如今世界范围内 77.5% 的达到退休年龄的人可以领取某种形式的养老金,接受调查的 195 个国家中有 106 个国家选择建立非缴款型与缴款型相结合的保障制度。就非缴款型保障而言,其中 21 个国家为达到特定年龄的老年人提供普遍的养老金(社会福利),而 85 个国家则为没有领取其他任何养老金的老年人提供基于经济状况调查的养老金(社会救济)。就缴款型保障而言,90% 的国家推行以集体筹资为基础的固定福利养老金计划(社会统筹),仅有 7.3% 的国家完全依赖于个人账户模式。④ 人口老龄化的深入推进使许多国家的养老保障计划面临"可持续

---

① See Nick Adnett & Stephen Hardy, *The Peculiar Case of Age Discrimination: Americanising the European Social Model?*, European Journal of Law and Economics, Vol. 23, p. 29 – 41 (2007).

② 参见李海明:《英国强制退休的立法规制、判例及启示》,载《法学》2013 年第 9 期。

③ 参见蔡定剑、刘小楠主编:《反就业歧视法专家建议稿及海外经验》,社会科学文献出版社 2010 年版,第 92 页。

④ 参见肖金明主编:《积极老龄化法律对策与法制体系研究》,山东大学出版社 2015 年版,第 225 ~ 237 页。

性危机”,养老保险基金在可预见的未来将陷入枯竭的事实,迫使欧洲福利国家政府推出各种形式的改革方案,老年社会保障制度由国家主导的单一支柱转向增加企业保险、个人商业保险的多支柱模式。比如,英国 1986 年社会保障制度改革时便在国家养老保险的基础上推行企业养老金计划,鼓励人们参加各类商业保险或进行个人储蓄,以分担养老金压力。又如,德国于 1991 年通过的《社会保险改革法》(Pension Reform Act),在调整法定养老保险费率和替代率的同时,创设了积累制的私人养老保险制度,养老保险转向多支柱模式。

值得注意的是,各国老年社会保障制度的改革往往伴随着“令人不安”的降低待遇水平的趋势。根据国际劳工组织《社会保护监测》收集的数据,2010 年至 2020 年世界多个国家和地区的政府总共发布了 291 项调整政策。最主要的政策方案是提高领取养老金(退休)的法定年龄,引入延迟退休奖励机制或提前退休惩罚机制。英、法、德、美、日等几乎所有老龄化社会国家都采取了不同程度的延迟退休方案。① 同时,另一种缓解压力的方式是主动或“被动”地降低养老金待遇,比如改变基于物价的养老金待遇调整机制,从而使得给付待遇无法跟得上物价的变化。② 这种发展趋势无疑可能严重影响老年人的经济安全,构成对其基本人权的侵犯。正如人权与赤贫问题独立专家马格达莱纳·赛普尔韦达·卡尔莫纳指出,“虽然(养老金)计划的成本可以通过增加老年人的资格年龄或减少福利的规模来减少,但应努力在惠及所有需求者与提供福利使老年人有最低的生活水准之间达到平衡”③。

(三)老年财产安全的法律保障

所谓老年人的财产安全,是指个人能够保存和利用进入老年期之前所积累的财产,并在适当的情况下使其增值。因为未能消除的职场年龄歧视、衰老带来的身心影响,以及当前养老保障的可及性和充分性等问题,财产安全对于老年人的经济安全有着极为重要的意义。老年期通常被想象为依靠积蓄生活的生命阶

---

① 参见阳义南、谢予昭:《推迟退休年龄对青年失业率的影响——来自 OECD 国家的经验证据》,载《中国人口科学》2014 年第 4 期。

② See International Labor Organization, *World Social Protection Report* 2020 – 22: *Social Protection at the Crossroads-in Pursuit of a Better Future*, https://www.ilo.org/wcmsp5/groups/public/@dgreports/@dcomm/@publ/documents/publication/wcms_817572.pdf.

③ 《人权与赤贫问题独立专家马格达莱纳·赛普尔韦达·卡尔莫纳的报告》,A/HRC/14/31。

段,而可以想见的是,人们在老年期之前所能积累的财富是因人而异的。法律制度的作用在于构建稳定有效的全生命历程的财产规划机制,让每个人都能够为自己老年生命阶段的财产安全做好准备。

从这个意义来讲,老年期的财产安全涉及不同领域不同层次的法律制度。比如,通常情况下人们可以通过储蓄、投资等方式积累财富,但所有类型的投资不可避免地面临市场波动、违约等风险。考虑到以养老为目的之投资的时间长度,老年人面对的风险无疑更加巨大。国家主导建立企业、行业自主筹资的养老金计划,或是规范商业性质养老金计划的发展,为人们提供更为稳定且风险更低的"终身储蓄"方案。同时,这也涉及传统的基于家庭内部代际财产流转的"储蓄"方案的维护与更新,或者说家事法律制度的变革。[①] 传统的代际关系中,老年人通过遗产、赠与或赡养协议等形式,将财产转移给子女,以此换取子女的供养和照顾。在如今这个时代,与家庭、财产相关的法律制度发生深刻变化,传统的代际财产规则已经不再有传统社会中的强大约束力,甚至引发了广泛的"财务虐待"(financial abuse)现象。家庭成员、照护者利用与老年人间的亲密关系,或是直接要求老年人的财产,或是滥用代理或监护权侵犯老年人的财产利益。特别是考虑到遗产问题时,老年人对于财产的自主权可能与关于代际关系的传统观念(年轻世代有资格获得遗产,即继承期望)产生冲突,从而导致家庭成员间的矛盾甚至暴力犯罪。如何以法律的形式确定此种财产转移的性质以及维护双方的权利,是现代家事法律的关键问题。

另外,老年人财产安全问题的复杂性意味着对于专业化法律服务的需求。某种意义上,欧美国家的老年法学正是在此种巨大的法律服务需求刺激下发展起来的。首部关注老年与法律的专题刊物《老年法杂志》发起人之一,老年法学者佛罗里克在回顾 20 世纪 90 年代的学术实践时指出,是"老年客户"的法律需求而非其"年龄特征"定义了老年法的学术关切和发展方向。即使在不考虑诉讼的情况下,老年人,或者说即将成为老年人的成年人,所需的法律服务内容也非常广泛且多样,包括订立遗嘱、签订长期照护和医疗服务协议、申领和管理养老

---

① See International Labor Organization, *World Social Protection Report* 2020 – 22: *Social Protection at the Crossroads-in Pursuit of a Better Future*, https://www. ilo. org/wcmsp5/groups/public/@ dgreports/@ dcomm/@ publ/documents/publication/wcms_817572. pdf.

金、预先进行医疗决策等,涉及不同领域的法律制度。老年人需要法律服务的支持,维持自己在人生晚期的财产安全,以免有限的财富在生命耗尽前耗尽。可以说,在当时美国的法律体制下,老年律师可以说是老年人的“必需品”。考虑到老龄化不断深入发展的今天,个人的生命历程越来越长,世界各国的养老金和为老服务机制越来越多地引入市场和个人责任的要素。在这种语境下,对于长远而周密的老年财务规划以及法律服务的需求只会更高,司法诉讼等法律手段也会成为老年人维护自身合法权益的必要工具。对此,国家应当承担起为老年人提供法律服务的某种责任,通过促进相关行业发展或拓展法律援助渠道,提高此种法律服务的覆盖率。

老年人可以借由监护、信托、保险、诉讼等法律制度为自己的晚年生活做好准备,妥善地规避或者减小衰老过程中不可避免的身心衰退之影响,推动享有适足的生活条件和医疗服务。此种规划以及准备也是老年人维持社会参与的重要表现。同时,跨越生命历程的行动凸显了每个人对自己老年期生活的个人责任,有助于平衡个人、家庭、社会在保障老年人权利方面的责任负担,增加老龄化条件下整个老年保障机制的可持续性。

二、老年生活的新理念及其制度实践

“机构养老”能够为老年人提供安全的生活环境和专业化的健康服务,但也隐含着经济效益低下、加剧代际割裂和忽视老年人意愿甚至老年虐待的隐忧,遭到越来越多的批评。许多国家开始对以机构为中心的老年服务政策进行改革,为更理想的老年生活方式——在地(居家)养老或社区养老提供制度支持。相较于机构养老,在地化的老年生活方式的重点在于“常态化”,即将老年生命阶段的各种需求视为人类生活的正常组成部分,尽可能在尊重个体意愿和自由选择的基础上,维持生活方式和生活环境在整个生命历程内的稳定性。

(一)从机构化到在地化的老年生活理念转型

由于传统的家庭老年生活已经解体,护理机构中的老年生活也日益成为非常不受欢迎的选项。20 世纪 90 年代以来,在地化的老年生活或就地养老(aging in place)已经成为许多国家老龄化应对战略的重要组成部分。1991 年的《联合国老年人原则》便强调“老年人应尽可能在家里居住”。联合国前秘书长安南在《筹备和举办 1999 年国际老人年的方案的概念框架》报告中提出了“不分年龄人人共享的社会”的美好愿景，并就这种愿景下的老年生活方式提出了初步的构想。[①]《马德里老龄问题国际行动计划》特别强调“促进在社区内就地养老”，其倡导的行动方案，也围绕为老年人提供符合需要的住房以及可负担的支持性服务展开。[②] 从目前相关讨论的结果来看，就地养老依然是个不够精确的概念，总体上包括居家养老和社区养老两种生活方式，而这两种生活方式的重点在于安全且宜居的生活环境以及以此种环境为载体的服务供给。随着相关政策的演变，发达国家的养老居住模式也经历了由“医院养老”过渡到“机构养老”，再到“居家养老”和“社区养老”的转变过程。[③]

1. 居家养老的老年生活

所谓居家养老的概念，意指老年人在不改变住所的情况下获得环境改造、生活服务等额外老龄化应对支持的生活方式。居家养老不等于传统意义上的家庭养老。一方面，居家养老强调作为家庭成员的老年人需要“重新融入”更广阔的社区环境，即老年人在居住于家庭的情况下与所在社区环境进行积极、频繁的正向互动。老年人可以在此过程中寻找新的社会身份和生活意义，适应快速变迁的现代生活。另一方面，居家养老并不必然意味着从家庭成员处获得支持，老年人可以通过来自社会组织、服务企业的嵌入式服务或其他支持方式维系日常生活。比如，中国许多城市社区内喘息服务、日间照料等“居家养老服务”迅速发展。此类服务能够在老年人家庭成员“力所不能及”的情况下提供助餐、购物、理发、指导服药等日常生活功能。当然，如果新的生活方式要填补传统家庭老年生活的“空缺”，则不仅要关注建筑环境和服务供给等实体层面的内容，还要考虑精神需要之满足。如代际共融活动塑造的共同生活意象、适老化的公共参与途径以及有利于原有社会关系的生活方式等。

居家养老的价值在于，老年人可以留在自己熟悉的生活环境中，有助于他们维系与家人和朋友的社会联系，而且能够享有相对独立、自主和有尊严的生活。[④]

---

① 参见联合国大会：《筹备和举办1999年国际老人年的方案的概念框架》，A/50/114。

② 参见2002年《马德里老龄问题国际行动计划》，https://www.un.org/chinese/esa/ageing/actionplan19.htm。

③ 参见周燕珉、林婧怡：《国外老年建筑的发展历程与设计趋势》，载《世界建筑》2015年第11期。

④ See Janine L. Wiles et al., *The Meaning of "Aging in Place" to Older People*, The Gerontologist, Vol. 52, p. 357 – 366(2012). 值得注意的是，在不同的文化背景下，在地化养老对于老年人社交关系、社会参与的影响是截然不同的，而且此种影响的程度与方式，也需要进一步的实证调查数据支持。

而且在很多文化背景下,此种生活方式有助于老年人从传统文化中寻找自身的身份与价值。比如,在中国,老年父母与子女共同生活、相互支持的“天伦之乐”历来是老年期的理想图景,而维护与促进家庭成员间的纽带也成为许多老年人的自认的“使命”。此种生活方式有助于填补衰老的社会化进程给老年人带来的身份、角色缺失。同时,居家养老往往因相对低廉的成本而受到决策者的重视。[①]居家养老使老年人及其家庭成员分担设施改造、场所营建以及部分人力资本投入,从而可以节约公共资金和社会劳动力资源。相对而言,居家养老模式也更“节省”治理资源,比如老年人无须出售自己已有的房产,无须签订长期且“庞大”的机构入住协议,等等。这往往意味着更小的法律风险,而且相对熟悉的亲友间建立的合作关系也更为容易、高效和安全。

2. 老年社区生活

围绕社区的老年生活则意指创建针对特定年龄群体(或全年龄群体)的社区项目,为老年人提供安全但通常封闭的,能够同时满足休闲、社交以及照护甚至护理需求的生活方式选项。此类社区有着不同的名称和多样化的表现形式。在美国,“持续护理退休社区”(continuing care retirement communities)是目前规模最大的老年社区项目之一。“持续护理退休社区”是专门针对老年人的综合性社区,以护理需求为标准划分为独立生活、支助性生活和持续护理生活三个层次的项目类型,涵盖多方面老年生活需要。[②] 此外,活跃老人社区、老年公寓、独立生活社区、支助生活社区等社区形式,也能够为不同财产状况、身体条件和生活导向的老年人提供多元化的选择。类似的老年社区在澳大利亚和新西兰则被称为“退休村”(retirement village),由单层私人住宅和体育馆、社区中心和服务设施组成。生活照护等服务以家庭为单位供给。[③] 这种模式的英国版本则淡化了社区属性。老年人可以根据自己的实际需求从老年住房(age-exclusive housing)、支持性住房(housing with support)、额外护理住房(extra care housing)和封闭护

---

① 参见仉媛:《人口老龄化背景下中国城镇社区居家养老模式探析》,载《河北学刊》2015 年第 1 期。

② See U. S. Government Accountability Office (2010) “Older Americans: Continuing Care Retirement Communities can Provide Benefits, but not without Some Risk”, Doc GAO – 10 – 611, published 21 June 2010, publicly released 21 July 2010.

③ See Maree Petersen et al., *Living in a Retirement Village: Choice, Contracts and Constraints*, Journal of Housing For the Elderly, Vol. 31, p. 229 – 242(2017).

理住房(closed care housing)中进行选择。[①] 日本、美国、英国、澳大利亚、荷兰等地还出现了针对老年痴呆症患者的专属社区。在荷兰,此类社区在为老年人以及家庭成员/照护者提供护理、医疗层面的服务和支持的同时,最大限度地向周边社区开放,以促进社会包容与社会融入。[②] 此外,老年人的自我管理或共同居住住宅也是一种较新的选择。此种住宅设计通常由环绕公共空间(绿地、厨房或活动中心)的住宅组成,居住于其中的老年人在独立生活的同时可以融入拥有共同价值观的"同辈人"之中,从共同生活和相互支持中受益。[③] 自 20 世纪 80 年代中期出现以来,这种居住方式在欧美国家越来越受欢迎。很明显,围绕社区的老年生活虽然有不同的名称和表现形式,但存在某些共同的关键要素:适宜老年身心条件的适老龄化居住环境,有助于老年人融入的社区设施,以及灵活和多样化的配套服务。

社区老年生活往往被描述为人生的理想目的地,或者说"家"的另一种表现形式。选择居住于上述的"老年社区"还是"通常社区"中的居家生活,往往取决于老年人自身的财务情况、服务需求以及对于老年期的愿景。老年人可以在社区内享受安全适宜且符合老年期健康需求的生活环境、恰当的照护和医疗服务以及积极的社交生活。在年龄歧视尚未得到根除的情况下,生活在由年龄相仿的人组成的社区可能意味着建立新人际关系的可能性,以及降低遭到孤立和排斥的风险。[④] 在老年人的家庭关系相对薄弱的情况下,此种生活方式可能更有利于老年人的身心健康。

(二)营造老年友好环境建设的制度实践

通常意义上来讲,能够享有何种老年生活是非常私人化的事情。在经济状况合适的情况下,老年人当然可以选择利用自己的财富搬入环境优美的社区,享受充分的服务和舒适的退休生活。然而现代化进程带来了老年人的普遍贫困化

---

① See Eleanor K. Johnson, *Ageing in Extra-care Housing: Preparation, Persistence and Self-management at the Boundary between the Third and Fourth Age*, Ageing & Society, Vol. 40, p. 1 – 21(2019).

② See Anne Glass, *Innovative Seniors Housing and Care Models: What can we Learn from The Netherlands*, Seniors Housing and Care Journal, Vol. 22, p. 74 – 81(2014).

③ See Claudia Baldwin et al., *Initiating Senior Co-housing: People, Place, and Long-term Security*, Journal of Housing For the Elderly, Vol. 33, p. 358 – 381(2019).

④ 当然,此种生活方式是否会导致不同年龄层社会成员间的另一种隔绝,也是个值得思考的问题。这也是此类老年社区受到批评的原因。某种程度上,老年社区只不过是范围更大的"养老院"罢了。

和系统性的生活危机。在前期生命历程中有着固定收入和体面生活的社会成员,也有可能在步入老年期后面临“老无所居”“老无所依”的窘迫境地。在许多文化语境下,老年人不仅是“社会弱者”,更带有“曾为家庭与社会作出贡献”的长者标签。保障老年人能够享有适宜的老年生活便成为老龄化政策体系的重要内容。

1. 政府主导的“社区照顾”方案

作为老牌福利国家,英国 1990 年《国家卫生和社区照顾法案》(National Health Service and Community Care Act 1990)便明确地方当局要为所有“因年龄、疾病、残疾或其他情况需要照顾和照顾的人提供居住条件(以及照顾服务)”①。具体而言,政府需要评估辖区内老年人的服务需求,并负责规划服务体系和组织服务供给。服务供给遵循“在社区照顾”和“由社区照顾”的方针,包含两个方面的内容,即国家健康服务系统下的医疗卫生服务和社区照顾系统下的老年照料服务。符合条件的老年人可以选择居家或者入住专门的老年住宅的形式接受服务,其服务内容包括居家照护(domiciliary care)、日间照护(day care)和喘息服务(respite care),以及针对家庭照料者的服务,基本覆盖了不同家庭状况、自理状况的老年人的生活服务需求。从运作机制来看,英国的社区服务表现出鲜明的公共服务属性,由政府统一定价,收取服务费用并组织相关机构提供服务,同时进行监管并针对无法承担价格的老年人提供补贴。英国亦不断对该体系进行改革,以应对人口老龄化带来的巨大压力,比如,改革内部市场机制和推进国家健康服务系统和社区照顾系统的进一步整合。② 英国的社区照顾方案是在国家主导下经由特别法令建立的,但在实际运作中表现出鲜明的福利多元主义倾向。政府有关部门是公共服务系统的组织者和监管者,由政府运作的社会保险也是服务资金的重要来源,但服务供给过程却实际交由社会工作者、私营部门甚至传统的家庭成员等多元主体完成,以提高服务系统的经济效益。

---

① National Health Service and Community Care Act 1990.

② See Judith Barnes et al., *The Care Act* 2014: *The Key Points for Local Authorities*, https://localgovernmentlawyer.co.uk/index.php?option=com_content&view=article&id=18757%3Athe-care-act-2014-the-key-points-for-local-authorities&catid=52&Itemid=20; Mithran Samuel, *What Social Workers Need to Know about the New NHS*, https://www.communitycare.co.uk/2013/03/28/what-social-workers-need-to-know-about-the-new-nhs/.

德国、日本、韩国等国家通过构建统一的长期照护社会保险支持“在地化养老”。1995 年德国《护理保险法》正式生效,长期照护保险成为德国社会保险的第五大险种。所有适格公民强制参保,并在因患病、残疾或年老而产生护理需求时根据相关规则享受护理服务和现金给付。日本同样建立了强制性的“介护保险”制度,规定所有 40 岁以上公民强制参加介护保险,等到其 65 岁时可根据缴费情况申请介护服务(若患有特定疾病可以提前到 40 岁)。

2. 市场运作的“退休社区”型方案

美国是最早运用法律手段解决“老年人问题”的国家。1965 年,美国国会通过《老年人法案》(the Older Americans Act),在其目标部分宣言致力于实现美国老年人在收入、社会服务、居住环境以及自由和尊严方面的广泛的平等权利。其第 3 章明确了全美范围内针对老年人的居住与社会服务体系建设方案,包括支助性服务和老年人中心方案、营养服务方案、疾病预防与健康促进服务方案,以及全国家庭照护者支援方案,涵盖送餐、体检、健康咨询、职业介绍以及家庭照顾者培训等多个方面的服务需求。同时该法案第 7 章还明确为权利遭受侵犯的老年人提供法律服务保障的专项方案。以该法案为根据,美国政府每年向相关服务项目给予大量拨款,为老年人(特别是低收入老人)提供无条件的为老服务。[①] 当然,美国《老年人法案》并非美国保障老年人生活的唯一政策依据。至少在联邦层次,还有针对老年人住房需求的低收入住房税收抵免计划、老年人住房支持计划、住房选择优惠计划、协助生活转化计划和集中养老居所服务项目等。[②] 而在养老服务方面,以医疗保险(medicare)为依托的美国老年人全包容服务项目(the Programof All-inclusive Care for the Elderly, PACE)于 1997 年启动,为健康不佳的老年人提供长期照护服务。

美国老年社区和服务体系建设呈现出鲜明的市场化、多元化特征。政府主导和设计的各项服务项目主要面向低收入老年人,采用政府购买服务式运作逻辑。政府承担拨款或筹资职责,同时提供服务供应商名单和服务项目清单。老年人自主选择服务项目,与服务供应者对接并对服务质量进行评估。而各类老

---

① 参见胡薇丽:《美国老年人福利法案(1965)简介》,载《社区发展季刊》1991 年第 9 期;CRS Reports, *Older Americans Act: Overview and Funding*, https://crsreports.congress.gov/product/pdf/R/R43414。

② 参见王承慧:《美国社区养老模式的探索与启示》,载《现代城市研究》2012 年第 8 期。

年社区项目更加社会化。从历史的角度看,美国老年社区发源于宗教性质的民间互助组织,如今已经高度商业化,民间互助组织或公益组织,以及营利企业始终是老年社区发展最主要的动力。① 在这种环境下,老年人可以在储蓄、养老金、长期护理保险计划以及政府资助项目的支持下,根据自身需求选择不同层次、不同类型的老年社区环境,以及与之配套的服务。毫无疑问,这种高度商业化的运作机制有利于提高资源配置效率,降低政府的财政压力,也能充分尊重个人在选择老年具体生活条件以及生活方式方面的自主权利,但也蕴含着诸多隐忧。比如,虽然关联服务体系的老年社区需要在各州政府的监管下建设和运营,但这种监管的有效性一直受到部分消费者团体和老年团体的质疑。② 对于老年人而言,长期的居住和服务协议往往意味着高额的财务负担和巨大的法律风险。此外,如何提高商业化的老年社区对贫困老年人、老年妇女和边缘群体的可及性也是值得探讨的问题。③

3. 居家社区环境改造项目

针对选择自宅居家生活的老年人,许多国家也推出公共属性的居家环境改造项目,以支持老年人改善生活环境。在北欧的高福利国家,生活环境适老化改造由公共服务部门负责,地方政府财政负担。比如,丹麦《老年住宅法》规定,有住宅改造需要的老年人可以无条件向当地政府部门申请住宅改造方面的资金和服务支持。瑞典也为老年人提供住宅改造的公共服务,并有专业的建筑师评估改造需求和设计改造方案。④ 在实行长期照护保险的国家,居住环境适老化改造一般作为服务的配套环境被包括在长期照护的服务项目之中,从而形成空间改造的"硬件"和服务体系的"软件"的协调。比如,德国《护理保险法》所规定的服务项目中就包括住宅改造费用。参保者可经由与其他服务项目相同的程序,申请住宅改造金。日本在 20 世纪 90 年代初针对老年建筑发布了《老龄化社会公

---

① See Jane E. Zarem, *Today's Continuing Care Retirement Community* (*CCRC*), https://www.naccrau.com/RGHyland/AAHSA%20on%20CCRC%20Characteristics.pdf.

② See U. S. Government Accountability Office (2010) "Older Americans: Continuing Care Retirement Communities can Provide Benefits, but not without Some Risk", Doc GAO-10-611, published 21 June 2010, publicly released 21 July 2010.

③ See Tetyana Pylypiv Shippee, *On the Edge: Balancing Health, Participation, and Autonomy to Maintain Active Independent; Living in Two Retirement Facilities*, Journal of Aging Studies, Vol. 26, p. 1-15.

④ 参见司马蕾:《发达国家住宅适老化改造政策与经验》,载《城市建筑》2014 年第 5 期。

共住宅设计指南》《老龄化社会独立式住宅设计指南》《老龄化社会住宅设计指南》等法律规范，强调老年建筑设计不仅要满足老年生活需要的安全性、舒适性，更要适应不断发展的老龄化进程的可变性。随着通用设计理念的推广，可变性进一步演化为普适性，建筑环境不仅要回应老年人的生活需要，也要符合其他年龄段人口的住宅选择需求。此外，老年建筑建设和老年人生活环境改造与介护保险制度紧密结合。根据不同老年人的介护类型和等级，提供各有侧重、标准不一的居住选项，比如为介护需求较高的老年人提供特别养护院，而对于轻度介护的老年人则设计“高龄居住者特护单元”“代际同居住宅”“双拼住宅”等。

第三节　中国老年生活保障的法律制度

我国《宪法》第 14 条第 4 款规定，“国家建立健全同经济发展水平相适应的社会保障制度”。《宪法》第 45 条第 1 款规定，“中华人民共和国公民在年老、疾病或者丧失劳动能力的情况下，有从国家和社会获得物质帮助的权利。国家发展为公民享受这些权利所需要的社会保险、社会救济和医疗卫生事业”。21 世纪以来，国家不断推进养老制度改革，构建多层次、多主体的社会养老保险体制。其主要目标在于，老年社会保障制度不仅要实现社会财富在同时域下社会成员间的公平分配，对老年社会成员提供稳定收入和兜底救济来维持适当的生活水准；还需要为所有社会成员提供安全、稳定和可持续的老年生活规划方案，以确保每个人都能有准备地迎接老年生命阶段的到来。综合来看，当前我国老年人社会保障制度分为四个子系统：第一，以各类养老金计划为代表的缴款型社会保险，为每个社会成员应对老年期财务风险提供多样化方案。其中国家设计并维持的公共养老保险计划，通过法律强制个人、国家和其他社会组织各自承担养老保险基金的筹资责任，保障每个人能够在老年期获得确定的收入，也可以实现社会财富的公平分配。第二，老年社会救济制度，为陷入财务困境的特困老年人群体提供金钱给付、物资援助、社会服务供给等兜底保障，以维持其基本生活需要。第三，以高龄津贴、服务补贴为代表的老年福利制度，通过以年龄为标准的金钱给付、税费减免表现社会对老年群体的优待与包容，是我国尊老敬老传统文化的体现。第四，老年社会服务制度支持、引导和规范老年服务供给,推动各种形式的为老服务高质量发展和可及性供给,降低老年人维持适当生活水准的潜在花费和风险。

一、退休养老保险制度

(一)养老保险待遇的前提——退休

我国《宪法》第44条明确,“国家依照法律规定实行企业事业组织的职工和国家机关工作人员的退休制度。退休人员的生活受到国家和社会的保障”。在我国,退休和退休后的保障待遇相关联,是劳动者所享有的宪法权利。根据《社会保险法》第16条之规定,我国申领基本养老保险金以达到法定退休年龄和满足累积缴费年限为条件。《劳动合同法》第44条规定劳动者开始依法享受基本养老保险待遇的,劳动合同终止。《劳动合同法实施条例》第21条规定,劳动者达到法定退休年龄的,劳动合同终止。一方面,从劳动合同立法的角度来看,退休以达到法定的退休年龄为要件,直接导致劳动合同终止的法律事实。另一方面,达到法定退休年龄和满足累计缴费年限是领取基本养老金的必要条件。劳动领域的退休制度与社会保障的养老保险制度形成制度上的强关联。

如前文所述,目前我国依然实行法定强制退休年龄制度。1951年《劳动保险条例》(已失效)、1978年《国务院关于安置老弱病残干部的暂行办法》和《国务院关于工人退休、退职的暂行办法》等规范性文件,结合《劳动合同法》《社会保险法》等相关规定,构成目前我国法定退休制度的主要制度依据,而且形成基于性别、工种和岗位的区分。具体规定如表5.1所示。

表5.1 我国关于法定退休的法律规定

退休形式	制度依据	退休标准
一般退休	《国务院关于安置老弱病残干部的暂行办法》(1978) 《国务院关于工人退休、退职的暂行办法》(1978) 《劳动和社会保障部关于制止和纠正违反国家规定办理企业职工提前退休有关问题的通知》(1999) 《国务院办公厅关于进一步做好国有企业下岗职工基本生活保障和企业离退休人员养老金发放工作有关问题的通知》(1999) 《公务员法》(2018)	男性年满60周岁,女性年满50周岁,女干部或从事管理技术岗位的女性职工年满55周岁,连续工龄或工作年限满10年[1]

续表

退休形式	制度依据	退休标准
延迟退休	《国务院关于高级专家离休退休若干问题的暂行规定》(1983) 《中共中央组织部、劳动人事部关于女干部离休退休年龄问题的通知》(1987) 《国务院关于延长部分骨干教师、医生、科技人员退休年龄的通知》(1983) 《中共中央组织部、人力资源社会保障部关于机关事业单位县处级女干部和具有高级职称的女性专业技术人员退休年龄问题的通知》(2015)	少数高级专家、专业技术人员等,在征得本人同意且经过有关部门批准的情况下,其离休退休年龄可以适当延长
提前退休	《国务院关于安置老弱病残干部的暂行办法》(1978) 《国务院关于工人退休、退职的暂行办法》(1978)	男性年满50周岁,女性年满45周岁,连续工龄或工作年限满10年,经医院证明,并经劳动鉴定委员会确认,完全丧失劳动能力的; 因工致残,经医院证明,并经劳动鉴定委员会确认,完全丧失劳动能力的
	《公务员法》(2018)	公务员符合下列条件之一的,本人自愿提出申请,经任免机关批准,可以提前退休:(1)工作年限满30年的;(2)距国家规定的退休年龄不足5年,且工作年限满20年的;(3)符合国家规定的可以提前退休的其他情形
	《国务院关于安置老弱病残干部的暂行办法》(1978) 《国务院关于工人退休、退职的暂行办法》(1978)	特殊危险工种,如井下、高空、高温、特别繁重体力劳动或者其他有害身体健康的工作,男性年满55周岁、女性年满45周岁,连续工龄或工作年限满10年[2]

〔1〕2001年《国家经济贸易委员会、人事部、劳动和社会保障部关于深化国有企业内部人事、劳动、分配制度改革的意见》明确企业不再套用政府机关的行政级别,不再比照国家机关公务员确定管理人员的行政级别,取消"干部"和"工人"的行政等级划分,女性退休年龄中的"女干部"改为"女性管理技术岗位工作人员"。

〔2〕关于工作岗位是否属于"提前退休特殊工种",由劳动和社会保障部门核准批复。

由此可见,我国实行"以年龄为主,以劳动能力为辅"的一般法定退休标准,同时以性别和工作性质为基准进行差异化规定。结合《劳动合同法》、《劳动法》和《社会保险法》之规定,法定退休年龄制度适用于所有劳动关系。《劳动合同法》与其实施条例针对达到法律规定的退休条件是否当然导致劳动关系终止的相关规定并不一致。司法实务中多以《劳动合同法》之"是否实际领取养老保险待遇"的实质要件为标准进行判断,也有部分地区补充"是否办理退休、合同终止手续"的形式要件。根据2015年最高人民法院的意见,对于达到或者超过法定退休年龄的劳动者(含农民工)与用人单位之间劳动合同关系的终止,应当以劳动者是否享受养老保险待遇或者领取退休金为标准。①

由此可见,对于劳动者而言,达到或超过法定退休年龄,是享受基本养老保险待遇的条件之一,也是其要求雇佣者提供约定或法定的退休待遇的法定理由。对于国家机关、事业单位、企业等雇佣者而言,劳动者达到退休年龄并享受养老保险待遇代表着劳动关系的终止,也意味着劳动合同义务的终结。"法定退休年龄届至意味着劳动者丧失了劳动法意义上的劳动能力。"②如本书第三章所论述,享有养老保险待遇的个人即使通过"返聘"等方式实现再就业,其与雇佣者之间的关系也往往被认定为劳务关系。从这个意义上讲,现有规范语境下个人享有养老社会保障待遇和劳动法保护之间是相斥的关系。

2024年9月13日,第十四届全国人民代表大会常务委员会第十一次会议通过《国务院关于渐进式延迟法定退休年龄的办法》(以下简称《延迟退休办法》),并宣告《国务院关于安置老弱病残干部的暂行办法》和《国务院关于工人退休、退职的暂行办法》中有关退休年龄的规定不再施行。《延迟退休办法》参考了各国老年就业与社会保障制度变革的经验,是我国老年人权利保障制度向着"积极老龄化"方向转型与发展的重要标志。一方面,延迟退休方案的落地表明老年人法律定位向"积极老龄化"转型。正如前文所述,老年人的"社会弱者"定位来源于随年龄增长发生的身心变化以及由此带来的健康支出增长、劳动收入下降、年龄歧视等侵权风险。延迟退休方案中的年龄变化则在一定程度上打破了"弱者"身份的证明链条。若特定年龄的社会成员能够如同年轻同事那样胜任工作且不至于遭受无法接受之负面影响,无疑说明年龄增长给个人带来的脆弱性并不像之

---

① 如《最高人民法院民一庭关于达到或者超过法定退休年龄的劳动者(含农民工)与用人单位之间劳动关系终止的确定标准问题的答复》(〔2015〕民一他字第6号)明确"对于达到或者超过法定退休年龄的劳动者(含农民工)与用人单位之间劳动合同关系的终止,应当以劳动者是否享受养老保险待遇或者领取退休金为标准"。

② 叶姗:《劳动权利能力的三重限制》,载《环球法律评论》2013年第4期。

前所设想的那般线性和显著。因此,未来的老年法治和老年权利保障制度也需要摆脱基于年代年龄的老年人刻板定位,进而从更加积极的视角和多元灵活的维度来审视老年人和老年人群体。另一方面,《延迟退休办法》第 6 条规定,用人单位招用超过法定退休年龄的劳动者,应当保障劳动者获得劳动报酬、休息休假、劳动安全卫生、工伤保障等基本权益。国家加强灵活就业和新就业形态劳动者权益保障。该办法承认了现实生活中大量“退休返聘”“退休再就业”人员的劳动者身份,并为其部分劳动权益保障提供了规范依据。同时,该办法再次强调终身职业技能培训、困难人员就业援助、就业年龄歧视的防范和治理等事项,显示出对高龄、超龄劳动者平等享有劳动与就业相关权益的关注。

(二)多层次的养老保险制度体系

《老年人权益保障法》第 28 条明确宣示“国家通过基本养老保险制度,保障老年人的基本生活”。从生命历程的角度来看,养老保险制度的内涵远远超出老年期与老年人的范畴。所有职工、居民都有资格参加基本养老保险计划,按照法律规定缴纳费用,并在满足条件后享受保险待遇,其合法权益跨越成年和老年的生命阶段,覆盖大部分的生命历程。从相关法律制度的发展趋势来看,个人参加企业年金、职业年金以及各类商业养老保险的资格和权益也就随着立法进程而被纳入法律规制范围,从而形成全生命历程的多层次的养老保险制度体系。

2010 年颁布的《社会保险法》为我国统账结合型基本养老保险制度提供了最主要的制度依据。所谓“统账结合”是指基本养老保险基金包含“社会统筹”和“个人账户”两个部分。其中“社会统筹”部分由用人单位缴费或政府补贴组成,由所有参保人共享,以“现收现付”的方式根据政府确定的标准发放给当前享受养老金待遇的社会成员,强调基本养老保险的公共属性。而个人缴费部分则全部进入“个人账户”,奉行个人累计制,待参保人达到领取条件后根据缴费数额和退休年龄逐月发放给本人,并可以作为遗产继承,实际上更接近于一种强制储蓄。机关事业单位工作人员基本养老保险、职工基本养老保险、城乡居民基本养老保险基本遵照该逻辑运行,但在保障对象、参保方式、筹资来源、筹资方案和支付标准等方面存在差异,具体如表 5.2 所示。

表 5.2　我国关于基本养老保险的法律规定

对比项	机关事业单位工作人员基本养老保险	职工基本养老保险	城乡居民基本养老保险
制度依据	国发〔2015〕2 号	国发〔1997〕26 号 国发〔2005〕38 号	国发〔2014〕8 号 人社部规〔2018〕3 号
保障对象	机关事业单位工作人员	城镇就业群体,包括企业职工、个人劳动者、灵活就业人员等	年满 16 周岁(不含在校学生),非国家机关和事业单位工作人员及不属于职工基本养老保险制度覆盖范围的城乡居民
参保方式	强制参保		自愿参保
筹资来源	用人单位和个人缴费		政府补贴加个人缴费
筹资方案	按照工资比例缴纳,用人单位承担 16%,个人承担 8%		设定不同档次标准,个人选择性缴费,政府根据档次进行补贴
账户分配	社会统筹 + 个人账户		全部进入个人账户
领取条件	达到法定退休年龄时累计缴费满 15 年的,按月领取待遇		年满 60 周岁、累计缴费满 15 年,且未领取国家规定的基本养老保障待遇的,可以按月领取城乡居民养老保险待遇
支付标准	统筹养老金:根据社会平均工资、缴费指数、缴费年限综合计算 个人账户养老金:按照个人账户全部储存额除以 139 逐月发放,可继承		基础养老金:中央确定,地方政府可自行调整 个人账户养老金:按照个人账户全部储存额除以 139 逐月发放,可继承

由表 5.2 可见,机关事业单位工作人员和职工在基本养老保险待遇方面基本一致,其养老保险待遇的差别主要体现在所谓养老保障"第二支柱"即企业年金或职业年金方面。根据 2015 年《机关事业单位职业年金办法》,国家为所有参加基本养老保险的机关事业单位工作人员建立起职业年金制度,由单位和个人共同缴费形成职业年金基金,实行市场化投资运营。由于强制推行,基本养老保险和职业年金事实上合为一体,机关事业单位工作人员实际上享有"双层次"的养老保障待遇。[①] 根据 2017 年发布的《企业年金办法》,企业年金方案由企业、职工协商建立,由当地人力资源和社会保障行政部门审批。从实践来看,目前事实

① 《国务院关于机关事业单位工作人员养老保险制度改革的决定》(国发〔2015〕2 号)明确要求"建立职业年金制度。机关事业单位在参加基本养老保险的基础上,应当为其工作人员建立职业年金"。

上只有少数企业建立企业年金制度,享受其待遇的职工更是少数。[①] 在商业养老保险方面,2018 年国家开始在三个地区开展个人税收递延型商业养老保险试点,通过税收优惠鼓励个人参加商业养老保险,以壮大养老保障的“第三支柱”。2022 年国务院办公厅发布《关于推动个人养老金发展的意见》布局建设推广个人养老金的保险制度。有资格“参加城镇职工基本养老保险或城乡居民基本养老保险”且“尚未达到基本养老保险待遇领取条件”的人员,可以通过国家社保平台或商业银行渠道开设个人养老金账户,通过投资相关理财产品为老年生活积累资金。目前个人养老金或商业养老保险制度都处于试点或推广阶段,其制度实效还有待考察。

目前中国“双轨制”基本养老保险制度的覆盖范围不断扩大,待遇调整机制基本确立,为参保人的老年生活提供了有效的经济支持。统账结合的制度构建,借由社会统筹部分彰显了责任共担、社会互助的保险原则以及社会财富公平分配的制度功能,又以积累制的个人账户支持和激励民众为老年生活进行预先的财务规划。从这个意义上讲,我国多层次的老年社会保障制度,实际上是为每个人提供了由政府信誉担保的纵向的生命历程内的财富分配方案。

二、老年社会救济制度

养老保险制度提供了关于老年期经济安全的多层次的终生规划和预先准备方案。由于生命历程的多样性,部分老年人可能因各种各样的原因遭遇经济问题,从而陷入生存困境,这就需要通过社会救济制度给予财物接济和生活扶助,以保障其最低生活需要。《老年人权益保障法》第 31 条第 1 款明确规定,“国家对经济困难的老年人给予基本生活、医疗、居住或者其他救助”。此外,该法同样明确要对“经济困难”的老年人给予养老保险个人缴费部分、护理服务、养老服务方面的专项补贴。目前我国针对老年人的社会救助主要表现为城乡最低生活保障、特困人员供养以及各类专项救助方案,参见表 5.3。

---

① 参见郑功成:《中国养老金:制度变革、问题清单与高质量发展》,载《社会保障评论》2020 年第 1 期。

表 5.3　我国关于老年社会救助的法律规范

项目	规范依据	救助对象	救助方式
城市最低生活保障	《社会救助暂行办法》 《城市居民最低生活保障条例》 《国务院关于进一步加强和改进最低生活保障工作的意见》	共同生活的家庭成员人均收入低于当地最低生活保障标准,且符合当地最低生活保障家庭财产状况规定的家庭; 收入计算包括法定赡养人给予的赡养费	按照共同生活的家庭成员人均收入低于当地最低生活保障标准的差额,按月发给最低生活保障金,保障标准结合物价确定; 对获得最低生活保障后生活仍有困难的老年人、未成年人、重度残疾人和重病患者,县级以上地方人民政府应当采取必要措施给予生活保障
农村最低生活保障	《社会救助暂行办法》 《国务院关于在全国建立农村最低生活保障制度的通知》 《国务院关于进一步加强和改进最低生活保障工作的意见》 《关于做好农村最低生活保障制度与扶贫开发政策有效衔接的指导意见》	家庭年人均纯收入低于当地最低生活保障标准的农村居民,主要是病残、年老体弱、丧失劳动能力以及生存条件恶劣等原因造成生活常年困难的农村居民	按照申请人家庭年人均纯收入与保障标准的差额发放救济金; 保障标准逐步与国家农村扶贫标准保持一致,并结合物价建立动态调整机制
特困人员供养	《社会救助暂行办法》 《国务院关于进一步健全特困人员救助供养制度的意见》 《农村五保供养工作条例》	无劳动能力、无生活来源且无法定赡养、抚养、扶养义务人,或者其法定赡养、抚养、扶养义务人无赡养、抚养、扶养能力的城乡老年人	通过实物或者现金的方式保障基本生活条件; 对生活不能自理的提供日常生活、住院期间的必要照料等基本服务; 给予医疗救助和住房救助; 办理丧葬事宜
医疗救助	《社会救助暂行办法》	最低生活保障家庭成员、特困供养人员	给予医疗保险个人缴费部分的补助,以及基本医疗自负费用补助
住房救助	《社会救助暂行办法》	住房困难的最低生活保障家庭、分散供养的特困人员	配租公共租赁住房、发放住房租赁补贴、农村危房改造等
临时救助	《社会救助暂行办法》	流浪、乞讨的老年人	及时引导、护送到救助管理机构

前文提及,当前中国老年人社会救助与家庭成员赡养相互补充,共同构成老年生活的兜底保障。从制度设计来看,城乡最低生活保障制度中关于救助对象经济调查的认定标准中提及要按"共同生活"的家庭成员人均收入计算老年人的收入水准,且非共同生活的法定赡养人给予的赡养费用也要纳入收入范围。特困人员供养和农村"五保"供养也明确救助对象需满足"无法定赡养人"或"法定赡养人无能力"的前提条件,凸显出社会救助对于家庭赡养的补充性制度定位。关于家庭赡养的法律规定明确了家庭对于保障老年人生活水平的优先责任,而当家庭或家庭成员无能力满足老年人所需时,则由社会救助制度给予支持和保障。家庭依然在当前的制度架构中承担着第一位的养老责任,但国家和社会对家庭的支持与保障也随着制度发展越来越明显和重要。

三、老年社会福利制度

2005 年全国老龄工作委员会等 21 个部门就联合发布《关于加强老年人优待工作的意见》,2012 年修订的《老年人权益保障法》设专章规定老年人的社会优待事宜。地方各级政府或是颁布专门的老年人优待办法,或是在地方老年人权益保障法实施办法中就老年人社会优待作出专门规定。从政策内容上看,当前中国老年人社会优待主要包括普惠性老年津贴,政务与公共服务的费用减免和优先服务,以及独生子女优待三个方面的内容。

第一,我国尚没有全国统一的普惠性老年津贴,但各地方普遍建立不同标准、不同内容的高龄老年人津贴或补贴制度。[①]《民政部关于我国居家社区养老发展亟需实现新跨越等三个提案答复的函》中提及,我国已经在 2019 年实现高龄津贴在省级层面的全覆盖,总共有"2680 万老年人领取高龄津贴,354 万老年人得到养老服务补贴,61 万失能老年人享受护理补贴"。覆盖面不断扩展,保障水平不断提升。截至 2022 年年底,老年人高龄津贴、经济困难老年人服务补贴、失能老年人护理补贴等制度已经分别惠及 3406.4 万人、574.9 万人、94.4 万人。[②] 从政策内容来看,各地高龄津贴的发放标准多以户籍、年龄为限定条件,部

---

① 《老年人权益保障法》仅仅规定"国家鼓励地方建立八十周岁以上低收入老年人高龄津贴制度",以及"地方各级人民政府在实施廉租住房、公共租赁住房等住房保障制度或者进行危旧房屋改造时,应当优先照顾符合条件的老年人"。

② 参见《根据人权理事会第 5/1 号和第 16/21 号决议提交的国家报告》,A/HRC/WG.6/45/CHN/1。

分辅之以收入条件。比如2019年发布的《北京市老年人养老服务补贴津贴管理实施办法》规定,对具有北京户口的80周岁老年人以年龄为基准发放高龄津贴。高龄津贴可以与最低生活保障待遇、特困人员供养待遇以及助残补贴同时享有,属于普惠性、非缴费的社会福利。

第二,公共服务和设施的费用减免和优先服务。各地制定发布的老年人优待办法和老年人权益保障条例均明确老年人在政务、医疗、公共交通、公共文化休闲和法律服务机构相关服务方面享有优先地位和费用减免待遇,比较典型的是各级公共文化设施面向老年人免费或优惠开放,以及老年人乘坐公交交通工具可享受免费或半价等优待政策。

第三,留守老年人、独生子女家庭老年人的特别优待。目前尚无全国统一的独生子女家庭的老年人特别扶助之规定,但特别优待和扶助待遇在各地的老年政策中均有所体现。比如,北京、浙江等许多省份特别规定了独生子女在父母年老时享有"陪护假",部分省份明确为"失独老年人"发放特别补助金并建立了相应调整机制。同时,以2017年民政部等九部门发布的《关于加强农村留守老年人关爱服务工作的意见》为基础,各地纷纷出台面向农村留守老年人的信息建档、定期探访、生活慰问、服务保障等方面的政策。这些政策为农村留守老年人提供了兜底性质的保障,同时也带有福利优待的制度逻辑。

四、老年社会服务制度

相较于其他的老龄观念,积极老龄化和健康老龄化的重要进步表现为从为老年人提供直接的生活所需转向创造有利于实现积极老龄化的社会环境。自确立积极应对人口老龄化的战略方向以来,中国相关政策越来越关注通过建设包含物理空间、服务体系和文化氛围在内的"老年友好""老年宜居"环境来推进积极老龄化战略的实现。相较于前期的规划,2021年年底发布的"十四五"规划对医养结合的养老服务和健康支撑体系,以及老年友好型社会环境建设给予重点关注,充分显示出中国老年法律制度发展的重点方向。但总体而言,我国关于老年社会服务和老年宜居环境的制度体系尚不健全。相关规范性文件多为部门规章和地方性法规,具体事项多以指导性文件和发展规划进行原则性规制。各种规范性法律文件的适用对象、效力范围、位阶等级甚至内在逻辑都不尽相同,反映了我国老年法律制度正处于战略转型期的事实,但也在实践中造成了一定的混乱与冲突。

养老服务对于老年人享有并维持适当的生活水准具有关键意义。传统观念中,家庭中老年人的生活照护、健康监测等服务需求主要由其子女或其他家庭成员满足,国家支持的养老服务机构往往针对无人赡养或赡养人无能力的老年人。但随着老龄化、城市化进程的推进,家庭越来越难以满足老年人的服务需求,服务供给普惠化和服务保障社会化已经成为必然的发展方向。在市场化环境下,老年人可能在服务消费领域遭遇歧视性待遇,或是其切实的服务需求遭到忽视,从而在拥有足够财富的情况下也难以及时获取符合需求的高质量服务。因此,国家有义务规范、引导、支持相关行业的发展,构建社会化的服务供给机制,巩固老年生活的物质基础。

《老年人权益保障法》为我国养老服务体系建设提供了主要的国家法律依据。其第 5 条第 2 款宣示"国家建立和完善以居家为基础、社区为依托、机构为支撑的社会养老服务体系",明确了我国养老服务体系的建设方针;第 30 条明确了国家采取措施满足老年人的医疗和护理服务需求。值得注意的是,虽然《老年人权益保障法》设立社会服务专章,但其主要内容围绕养老机构展开。养老服务之整体发展方案,居家养老服务、社区养老服务的建设、运作、管理、监督等事项,多体现于国务院及相关部门制定的规章、地方性法规以及各类指导性文件之中。具体内容如表 5.4 所示。

表 5.4 我国关于老年社会服务的法律规范

类型	年份	名称	内容
法律	2012(修订)	《老年人权益保障法》	国家建设服务体系,保障服务供给
部门规章	2013(发布,已失效)	《养老机构设立许可办法》	养老机构设立问题,因"放管服"改革已废止
部门规章	2013、2020(修订)	《养老机构管理办法》	明确养老机构设立、管理、运行和监督,2020 年顺应"放管服"改革,取消许可程序
部门工作文件	2008	《全国老龄办等部门关于全面推进居家养老服务工作的意见》	居家养老服务的主要内容以及社会化发展

续表

类型	年份	名称	内容
部门工作文件	2013	《民政部关于推进养老服务评估工作的指导意见》	提出建设养老服务评估体系
国务院规范性文件	2013	《国务院关于加快发展养老服务业的若干意见》	明确居家、社区、机构分别的发展目标,强调市场机制,提出医养结合
部门工作文件	2014	《民政部、国家标准化管理委员会、商务部、国家质量监督检验检疫总局、全国老龄工作委员会办公室关于加强养老服务标准化工作的指导意见》	推动养老服务的标准化
部门工作文件	2014	《民政部、中国保险监督管理委员会、全国老龄办关于推进养老机构责任保险工作的指导意见》	开展养老机构责任保险工作
部门工作文件	2014	《民政部、国土资源部、财政部、住房城乡建设部关于推进城镇养老服务设施建设工作的通知》	养老服务设施的规划和建设
部门工作文件	2014	《住房和城乡建设部、民政部、财政部、中国残疾人联合会、全国老龄工作委员会办公室等部门关于加强老年人家庭及居住区公共设施无障碍改造工作的通知》	养老服务设施的无障碍建设
部门规范性文件	2014	《财政部、国家发展和改革委员会、民政部、全国老龄工作委员会办公室关于做好政府购买养老服务工作的通知》	推进"放管服"改革,调动社会力量参与
国务院规范性文件	2013	《国务院办公厅关于政府向社会力量购买服务的指导意见》	政府购买服务
部门规范性文件	2014	《财政部、国家发展和改革委员会、民政部、全国老龄工作委员会办公室关于做好政府购买养老服务工作的通知》	政府购买服务
部门规范性文件	2014	《民政部关于民政部门利用福利彩票公益金向社会力量购买服务的指导意见》	推进"放管服"改革,调动社会力量参与
部门规范性文件	2014	《关于鼓励外国投资者在华设立营利性养老机构从事养老服务的公告》	推进"放管服"改革,调动社会力量参与
部门规范性文件	2015	《民政部、国家开发银行关于开发性金融支持社会养老服务体系建设的实施意见》	推进"放管服"改革,调动社会力量参与

续表

类型	年份	名称	内容
国务院规范性文件	2015	《关于推进医疗卫生与养老服务相结合的指导意见》	医养结合发展
国务院规范性文件	2016	《国务院办公厅关于全面放开养老服务市场提升养老服务质量的若干意见》	推进“放管服”改革,调动社会力量参与
部门工作文件	2016	《人力资源社会保障部办公厅关于开展长期护理保险制度试点的指导意见》	长期护理保险试点
部门工作文件	2017	民政部等发布的《关于加快推进养老服务业放管服改革的通知》	推进“放管服”改革,调动社会力量参与
国务院规范性文件	2017	《国务院办公厅关于制定和实施老年人照顾服务项目的意见》	发展照顾服务,补齐服务空缺
部门工作文件	2018	《民政部办公厅关于进一步做好养老服务领域防范和处置非法集资有关工作的通知》	规范养老服务市场
国务院规范性文件	2019	《国务院办公厅关于推进养老服务发展的意见》	推进“放管服”改革,调动社会力量参与
部门规章	2020	《政府购买服务管理办法》	政府购买服务
国务院规范性文件	2011	《中国老龄事业发展“十二五”规划》	老龄事业发展规划
国务院规范性文件	2011	《社会养老服务体系建设规划(2011—2015年)》(已失效)	居家、社区、机构养老的定位、功能以及发展方案
发展规划	2011	《城乡社区服务体系建设“十二五”规划》	社区养老服务建设内容
发展规划	2011	《社会养老服务体系建设“十二五”规划》	社会养老服务体系方针
部门工作文件	2011	《全国民政标准化“十二五”发展规划》	提出养老服务标准化要求
党内法规制度	2016	《城乡社区服务体系建设规划(2016—2020年)》	社区养老服务建设内容
部门工作文件	2017	《智慧健康养老产业发展行动计划(2017—2020年)》	智慧健康养老产业发展规划
国务院规范性文件	2017	“十三五”规划	社会养老服务体系方针
部门规范性文件	2017	《“十三五”健康老龄化规划》	老年健康服务

续表

类型	年份	名称	内容
国务院规范性文件	2021	“十四五”规划	社会养老服务体系方针
标准	2009	《养老护理员国家职业标准》	养老护理员职业标准
部门规范性文件	2011	《护理院基本标准(2011 版)》	护理院建设标准
部门规范性文件	2011	《人力资源和社会保障部办公厅关于印发养老护理员等四个国家职业技能标准的通知》(部分失效)	养老护理员职业标准
标准	2012	《养老机构安全管理》	养老机构标准
标准	2012	《养老机构基本规范》	养老机构标准
标准	2013	《老年人能力评估规范》	失能老年人判断标准
标准	2014	《养老机构医务室基本标准(试行)》	养老机构标准
标准	2014	《养老机构护理站基本标准(试行)》	养老机构标准
标准	2016	《社区老年人日间照料中心服务基本要求》	社区养老服务标准

综合来看,虽然尚无行政法规层级的规范性文件,但相关规章政策从两个方面为我国为老服务体系建设提供制度保障。

从服务内容来看,养老服务包含普惠性质的居家养老服务和社区养老服务,以及特惠性质的机构养老服务。2006 年国务院办公厅转发的《关于加快发展养老服务业的意见》(已失效)首次提出在发展补缺型福利服务的同时大力发展居家服务、社区服务等普惠性质的养老服务。随着相关政策的完善,居家养老、社区养老和机构养老的内涵、功能和建设方针逐渐明晰。如今,居家养老服务主要指面向具备一定自理能力的老年人的日常生活服务,为老年人的出行、购物、餐饮、家政、沐浴等日常活动提供全天候支持,其供给主体可以是家庭成员,也可以是相关机构的工作人员。而社区养老服务则作为居家养老服务的支撑和补充,主要包括在家庭照料者无法照料时提供的日间照料服务(喘息服务),以及集中供餐、巡回关爱服务等。故而居家养老服务和社区养老服务往往统称为居家社区养老服务。[①] 机构养老服务则主要针对失能、半失能老人，在照料外更关注康复护理与紧急援护方面的内容。可见，养老服务领域的“普惠”与“特惠”主要针对老年人的生活自理能力，或者说是针对老年人所需服务的内容、程度以及服务方式的层次化构造。随着医疗卫生和养老服务结合进程的推进，各类为老服务机制将进一步整合，逐渐摆脱基于能力或身份的分流模式，构建基于老年人具体需要的综合性、全局性供给模式，在保障老年人享有适足生活水准和高标准健康的同时，最大限度地将老年生活“常态化”和“普通化”。

从服务保障来看，现有法律和政策明确要在夯实政府服务保障责任的同时，不断引导和支持社会力量参与服务体系建设。因此，关于服务管理和保障的制度规范也分为公共服务和服务市场两个方面。在公共服务方面，我国政府出台《养老机构管理办法》等部门规章和一系列行业标准，规范各类养老机构的服务行为，其中大部分为公立养老机构。随着政府职能和养老服务体系建设方针的转变，越来越多公共养老服务通过政府购买社会服务的方式供给。2013 年《国务院办公厅关于政府向社会力量购买服务的指导意见》、2014 年《财政部、国家发展和改革委员会、民政部、全国老龄工作委员会办公室关于做好政府购买养老服务工作的通知》和 2020 年《政府购买服务管理办法》为各级政府通过购买社会服务的方式提供公共养老服务的购买内容、服务标准、监管机制等问题提供了基本的制度规范。而在服务市场方面，2013 年《国务院关于加快发展养老服务业的若干意见》便强调要完善市场机制。但是社会化并不仅仅意味着要将服务的责任与职能转交给市场、公益或民间机制，更重要的是构建一整套的主体参与、利益激励、多方协调、服务管理、监督和救济机制，营造以老年人权利为目标的可持续的社会化服务体系。2019 年《国务院办公厅关于推进养老服务发展的意见》则将政策着眼点转向养老服务的规范化建设方面，着力完善监管体系、规范消费市场和提升服务质量，提出要“强化信用为核心、质量为保障、放权与监管并重的服务管理体系”。我国虽然已经就此制定了一系列国家标准、行业标准以及部分规章制度，但难以覆盖所有的服务场域，尚未构建起完备的老年人合法权益保障制度。

---

① 参见同春芬、张健：《居家养老概念辨析》，载《社会福利(理论版)》2018 年第 1 期。

第四节 积极老龄观指导下的老年社会支持法律制度发展

人们在现代化的过程中探索出应对个体老龄化之负面效应的社会保障制度体系,又在应对人口老龄化挑战的过程中不断推动制度探索和理论创新,形成了许多行之有效的制度经验。通过前面的制度梳理,我们可以看到不同文化、社会背景的国家在构建个体老龄化之社会应对机制方面的共通逻辑。每个人的积极老龄化既是贯穿个人生命全程的命题,也是需要各界通力合作的社会事业。故而,老年人社会支持法律制度的要义便在于"支持",即为个人应对老龄化之影响的努力与规划创设稳定有序的制度环境,维持跨越世代的社会合作机制的持续健康发展。

一、老年人社会支持法律制度的要义

衰老是全体人类的共同命运,人口之老龄化是世界各国共同面临的严峻挑战。自古以来,中华民族就有尊老、敬老、养老的优良文化传统。当代中国宪法明确宣示国家尊重和保障人权,《宪法》第14条第4款、第21条第1款、第44条、第45条第1款、第49条分别从社会保障、医疗保健、劳动就业和家庭关系方面规定了保障老年人权利的制度方针。① 在此基础上,中国参考其他国家已有先进经验,结合中国的文化传统和社会现实,反思福利导向之老年法的弊端,吸纳积极老龄化的理念,构建有中国特色的老年法律制度体系。从福利主义到积极老龄化,各国老年法律制度发展的显要特征便在于从"一"到"多"的变化:多层次、多样化的制度设计,适应和满足不同社会成员生命历程分异导致的差异化需要,以

---

① 我国现行《宪法》第14条第4款规定,"国家建立健全同经济发展水平相适应的社会保障制度"。《宪法》第21条第1款规定,"国家发展医疗卫生事业,发展现代医药和我国传统医药,鼓励和支持农村集体经济组织、国家企业事业组织和街道组织举办各种医疗卫生设施,开展群众性的卫生活动,保护人民健康"。《宪法》第44条规定,"国家依照法律规定实行企业事业组织的职工和国家机关工作人员的退休制度。退休人员的生活受到国家和社会的保障"。《宪法》第45条第1款规定,"中华人民共和国公民在年老、疾病或者丧失劳动能力的情况下,有从国家和社会获得物质帮助的权利。国家发展为公民享受这些权利所需要的社会保险、社会救济和医疗卫生事业"。《宪法》第49条规定,"婚姻、家庭、母亲和儿童受国家的保护。夫妻双方有实行计划生育的义务。父母有抚养教育未成年子女的义务,成年子女有赡养扶助父母的义务。禁止破坏婚姻自由,禁止虐待老人、妇女和儿童"。

凸显老年人的主体性。构建政府、市场、社会组织乃至老龄化个人的多元合作机制,从而实现老龄化应对责任在不同世代间的公平分担以及人口老龄化浪潮下社会合作机制的可持续发展。

(一)尊重生命历程差异特征

医学、心理学、社会学等各个学科的老龄问题研究虽然时点不同、结论各异,但都显示由年龄定义的老年人群体内部高度分化的、异质性的特点。每个社会成员因为生命历程轨迹的天然差异或是仅仅因为处于生命历程的不同阶段,其生理状况、情感体验、财产状况、教育水平等社会条件和由此产生的资源需要、偏好可能截然不同。然而,消极老龄观及其影响下形成的福利主义的老年法律实践,反映的是以不准确的刻板印象为基础的"标准化"老龄化应对方案,忽视了老龄化过程本身的多样性以及个体在此过程中作出能动选择的可能性,也难以回应人口变迁、科技进步和生活方式变革带来的新挑战。

本章所述之福利主义的老年法律制度通过强制退休、社会保障和机构化的老年服务,共同描述和定义了缺乏经济价值、饱受病痛折磨、依赖他人照顾的老年人形象,固化了老年人"脆弱"和"依赖"的刻板印象。以年龄为条件终结雇佣保护的法律制度塑造了迫使老年人离开工作岗位的"常态生平",从而使个人不得不在老年生命阶段依赖正式和非正式的社会支持;忽视主观意愿和多样化事实的"机构化"生活事实上将老年人置于与世隔绝且受到他人宰治的社会空间,孕育着严重的老年虐待危机。"老年人被'嵌入'……在多种机构和社区服务机构并因强制退休和养老金政策"而变得更依赖。① 片面关注个人在老龄化过程中所发生的脆弱性的法律理论和制度实践往往会加剧社会层面的脆弱性——固化老年人缺乏能力的年龄歧视假设,以家长主义的姿态为所有的老年人设定所谓的"理想生活方式"。其结果往往是老年人在"保护"的名义下丧失表达意愿和参与社会的机会,沦为被同情、保护而在极端情况下被抛弃的"客体"。② 此种福利导向的老年法律制度,难以实现老年人权利保障的法治目标,而且往往与人口老龄化的人口发展趋势相结合孕育新的社会危机。

---

① See Ann Robertson, *Beyond Apocalyptic Demography: Toward a Moral Economy of Interdependence*, Ageing & Society, Vol. 17, p. 425 - 446(1997).

② See Margaret Hall, *Equity Theory: Responding to the Material Exploitation of the Vulnerable but Capable*, in Israel Doron, eds., Theories on Law and Ageing: The Jurisprudence of Elder Law, Springer, 2009.

尊重不同生命历程所形塑的老年生命阶段的多样性和异质性,为老年人提供多样化的制度选项,成为老年法制度改革的重点方向。欧美国家老年社会保障制度发展的共同特征便在于,由单一的基本养老保险体系向基本养老保险、企业养老保险和个人商业保险共同支撑的多支柱体系发展。2021年《中共中央、国务院关于加强新时代老龄工作的意见》也强调要"完善多层次养老保障体系",规范和支持以企业(职业)年金为主的第二支柱和以个人养老金为主的第三支柱养老保险。从横向的社会合作角度来看,多支柱的养老保障体系能够分担政府财政压力,增加制度灵活性的同时更大限度地发挥金融市场机制的作用,提升社会资源的利用效率。从纵向的生命历程角度来看,养老保险可以理解为个人对老年生命阶段的长期投资。基本养老保险计划是为所有社会成员的老年生命阶段提供兜底性质的强制性"投资"方案。其"现收现付"的制度构造彰显当前劳动年龄人口对于老年人口的责任,也蕴含着劳动年龄人口在其年老后同样能够享受生活保障待遇的期待。从这个意义上来说,社会成员参加养老保险并履行筹资责任,既是履行维系社会保障制度运行的社会责任,也是对自己老年生命阶段的规划与筹备。对于有余力的社会成员,规范运行、长效发展的企业养老保险和商业养老保险则为他们规划老年生命阶段的财务管理提供了更多元化的选项。第二支柱、第三支柱保险的市场化特征也彰显了个人自主判断和选择的主体地位。与之相类似的是,英国、德国、日本等国家的老年社会服务体系改革也逐渐引入市场化机制。一方面,政府采取措施促进居家养老服务、社区日间照料、全日制机构照料服务、医疗机构看护服务等多样化的服务模式和居住方式协调发展,提供不同健康状况和生活需要的个人选择。另一方面,"清单式""菜单式"的公共服务供给模式也逐渐流行起来。老年人可以根据公共部门提供的服务清单自主选择供应商、内容、时间和形式并对服务过程提出评估反馈。此种模式既有助于服务供应方与接受方的交流反馈以提升质量,也彰显了对服务接受者自主意愿和个人偏好的尊重。事实上,此种服务供给模式也已经成为我国许多地市养老助残服务的实践选择,形成了许多可供推广借鉴的经验。

(二)构建多元主体协作机制

通常而言,老年人相关法律制度主要出现在社会福利和社会保障领域,表现为对"弱势群体"的资源倾斜和特别保护。关于保障责任分担的讨论多从福利多元或社会保障生活化的角度切入。如今,福利供给的多主体协作,已经成为包括各类社会保障、社会服务制度体系发展的重要趋势。大概而言，政府、市场、家庭、社会组织等福利供给主体，凭借其独特优势在互动互惠的基础上协力合作，提供个体所需的财产安全、社会服务、居住条件、参与机会等社会资源。由此，福利和社会保障法律制度的要点便在于明确不同福利供给主体的地位、责任内容和履行机制，规范供给主体间的互动关系以及供给主体和福利接受者的供给关系，以提高福利体系的运作效率，最大限度地保障福利接受者的权利。就老年法律制度的现实而言，各国在改革老年福利制度，为个人提供多样化的内容选项的同时，也在推动制度运行的“市场化”或“社会化”。比如，德国、瑞典、日本等的老年社会服务供给普遍转向协作分工模式：政府主导和统筹建立社会服务的制度框架，运用社会保险或财政手段调配资源；委托第三方对服务申请进行评估和管理，市场主体、社会团体则负责服务项目的直接供给；服务供给全过程由政府、第三方社会团体和服务接受者共同监督。由此，不同性质的主体分工合作，以促进社会资源的高效流动和合理配置。正如我国学者指出，“无论福利供给主体体系的构成怎么细化或整合，各主体之间有效开展协同合作，实现极限性的融通与互惠，以极大增进福利对象的福祉，进而促进经济社会的良性运行和协调发展，方是福利治理的应有之义”①。

老年人社会支持制度中的主体多元超越了“责任分担”的意义，更多地表现为承认、维系以及引导实践中出现的老龄化应对机制之意涵。制度改革中出现的“新”方案并非法律之构建，而是人类在社会生活中早已有之的实践模式。退休社区、老年社区内个体合作、互助养老的实践最早可追溯至中世纪教会和职业行会对其老年成员的照顾和救济。② 人们通过签订协议，以继承允诺、财产转让换取非家庭成员照顾的“市场化”实践在历史上亦不鲜见。新中国农业集体化过程中构建起来的以集体经济组织为单位的老年成员救济和供养制度，某种程度上也是依托“社会组织”的老龄化应对实践。老年法律制度只是对此类市场化机制或民间互助实践中产生的各种社会关系进行确认、规制和保护，用以促进相关机制的有序发展和保障机制各方参与者的权利。

---

① 徐进：《一个简明述评：福利多元主义与社会保障社会化》，载《西南石油大学学报（社会科学版）》2019 年第 3 期。

② See Shulamith Shahar, *Growing Old in the Middle Ages "Winter Clothes Us in Shadow and Pain"*, Routledge, 1997.

如今,老龄化应对的市场机制已经成为当代老年法律制度改革的热点。毫无疑问,市场是现代社会中个人获取老年生活所需的资料和为老年生命阶段进行规划和筹备的重要方式。人们通过市场渠道将生命历程中积累的财富和其他社会资源换取食物、住房和服务等生活物资,以满足其对于老年生命阶段的期待。同时,金融理财工具也为人们提供了积累、管理和利用财富的相对可靠的工具,以便人们在整个生命历程内规划自己获取和掌握的社会资源。但是,市场运作的逻辑是平等基础上的交换,而市场主体行动的动力是对利润的追逐,这决定了通过市场机制的老龄化应对是存在风险的。金融理财存在市场波动导致的财产缩水风险,服务市场中的虚假宣传、欺诈以及不合格产品则可能导致财产损失的同时进一步造成健康乃至生命威胁。生理和社会层面老龄化带来的机能减退、收入下降等事实导致老年人在面对此种风险时更为脆弱,需要专门的法律规则,以明确各方参与者的行为标准,为年老的"消费者"提供便利可及的纠纷解决和权利救济渠道。比如前文提及,美国的老年社会保险、老年住宅计划和老年服务机制很大程度上是由市场形塑的,而美国的老年法则显示出对市场主体的规制。《就业年龄歧视法案》《老龄工作者利益保护法》保障个体在劳动就业过程中不因年龄增长而遭受不合理的歧视性待遇,《老年人司法法案》保障个人在消费养老服务的过程中免受欺诈、虐待等侵害,而《雇员退休收入保障法案》(the Employee Retiorement Income Security Act,ERISA)则对作为老年人主要收入来源的企业年金进行了专门规制。结合大量的州级立法、司法案例,美国建立起系统化的法律标准和成熟的法律流程,以保障个人在运用市场机制应对老龄化过程中的合法权益。对于社会而言,只有增强老年人面对市场风险的韧性,人们才会放心地运用市场机制,进而真正提升整个社会的老龄化应对机制的效率,实现人口老龄化的积极应对。

值得注意的是,老龄化应对机制的多元化发展,特别是市场化的发展趋势,不应当从减轻公共部门责任的角度来理解。政府支持社会成员应对老龄化过程之负面因素的责任来源于宪法法律对于权利的庄严承诺,以及社会成员对于理想老年生活的共同愿景。面对人口老龄化、经济形势波动等客观环境变化,多元化的老龄化应对机制既能够为社会成员提供多样化的选择,也能够提高资源利用的效率。政府则承担起动用公共资源支持其蓬勃发展,以及构建公平合作秩序的责任。

二、以积极老龄化为目标的社会支持机制的构建思路

老年法律制度常常建立于“老年人是社会弱者”的前提及其权利诉求预设之上。由于自然生理过程的负面影响和“不适老”的生活环境，某些情况下老年人无法实现法定的基本权利，亟须经济安全、生活环境、照护服务以及权益保障方面的特别举措。但正如本书所力图解释的那样，多样且前后相继的生命历程导致由年龄定义的老年人群体天然具有异质性的特征。特定年龄组的社会成员可能拥有截然不同的能力禀赋、社会关系、资源积累和生活预期。故而，以“弱者保护”为前提的、基于想象的优劣势和权利诉求的制度设计可能导致权利保障措施的失焦与错位，也难以构建老年人与其他世代之间的公正可持续的合作秩序。基于生命历程的视角，以权利保障为目标的老年法律制度，不仅要关注目前已经是老年人的社会成员的权利，还要关注“未来的老年人”的其他年龄段人口的权利。从这个意义上讲，老年法不仅仅是“老年人的法”，而是更普遍意义上的关于老龄化这一人类境遇的法律制度。

（一）全生命历程中的老龄化应对

就老龄化应对而言，多样化的制度内容满足了个人在老龄化过程中的不同需求，而多元协力的社会机制则为其提供了充分的资源保障，最终促成不同世代的社会成员在平等互助基础上的社会合作，共同应对老龄化的个体命运。在我国，应对个体老龄化的社会合作机制即政策语境中的“老龄事业”。《老年人权益保障法》第 1 条宣示，促进“老龄事业”的发展是我国当代老年法律制度的重要立法目的。所谓老龄事业，是指关于老年人和人口老龄化之社会事业的统称。《新编老年学词典》从外延的角度将老龄事业概括为“养老保障体系的构建、老年医疗保健、为老社会服务、老年文化教育、老年人参与社会发展、老年人合法权益保障等涉及老年人的事业”①。邬沧萍教授在《老年学概论》中指出，“凡是从事、参与解决老龄问题的各项管理和服务工作都属于老龄工作。老龄工作在本质上关系到全社会的可持续发展，所以人们常把老龄工作称为老龄事业”②。

老龄事业可以理解为应对老龄化和保障个体在老年生命阶段的权利的社会

---

① 李旭初、刘兴策主编：《新编老年学词典》，武汉大学出版社 2009 年版，第 279 页。

② 邬沧萍、姜向群主编：《老年学概论》（第 3 版），中国人民大学出版社 2015 年版，第 10 ~ 11 页。

事业。老龄事业是关乎以年龄为界分的“老年人”群体的事业。根据本书第一章的论述,老年人社会群体是老龄化过程的结果,因其生理老龄化的自然过程以及与社会环境的互动结果而呈现出独特的需求。老龄事业的目标之一便在于运用各种社会机制和调动各种社会资源,满足该群体在当前社会环境下因其生理、心理和社会地位方面的特征而产生的特殊需要,即为老年人提供特别的权利保障措施。比如《中华人民共和国老年人权益保障法注释本》强调,“老年人作为一个特殊群体,由于其生理和心理的特点,在现实生活中其合法权益容易受到不法侵害,应给予特殊保护”①。这种特殊性表现为生理层面的机能减退、心理不安定等属性,这可能意味着老年人需要更多的医疗资源、与疾病预防和健康维系紧密结合的生活照护服务,或者说适宜其身心状况的居住条件。有些特殊性则更为“社会化”,比如规制和清除老年虐待和年龄歧视现象,为老年人的人身财产权利提供特别保护。

老龄事业也是关于老龄化过程的事业。从全生命历程的角度来看,年龄表征的是生命之不可避免的纵向流动,作为生命晚期之老年人乃是所有社会成员不可避免的未来。这便使应对老龄化的各种社会机制必须遵循代际合作的原则。这种原则可以用关于环境权的经典论述表达,既要满足当代的老年人享有健康或积极的老年生命阶段的权利与利益,也不能损害未来的老年人享有他们所期许的老年生命阶段的权利与利益。老龄事业亦要关注全体社会成员的共同利益——社会的可持续发展。从世界范围内关于老龄议题的讨论来看,应对人口老龄化的影响,促进经济社会的可持续发展,自开始便是老龄议题和老龄事业的最重要目标。1982 年第一届老龄问题世界大会将人口老龄化的影响划分为人道主义和社会发展两个方面,其中人道主义侧面主要关注老龄化的社会环境下,老年人在满足各方面需求时所遭遇的困境,以及如何运用社会化机制解决此等困境;而社会发展的侧面则从更加宏观的视角,考察老龄化对整个社会的影响,包括对人口结构、劳动力供给、消费、代际冲突、社会心理等发展要素的影响。在老龄化议题的探讨中,人道主义(人权)侧面和社会

① 法律出版社法规中心编:《中华人民共和国老年人权益保障法注释本》,法律出版社 2021 年版,第 9 页。类似的提法亦广泛见于学者之著作,比如,参见赵树坤:《中国特定群体人权保护的理论与实践》,法律出版社 2012 年版,第 130 页;何燕华:《〈老年人权利公约〉理性构建研究》,法律出版社 2017 年版,第 29 页;汪地彻:《中国老龄法治研究》,华龄出版社 2017 年版,第 19 页。

发展侧面应当是并重且平衡的。关于人口老龄化的社会战略，要确保当前社会环境下老年人充分享有全部人权，不允许以克减养老待遇、片面延长工作年龄等剥夺、忽视老年人基本权利的方式应对人口老龄化带来的财政、劳动力压力。另外，相关社会战略要致力于构建公平、合理和可持续的代际合作机制，为社会发展注入源源不断的动力，以保障不同世代的社会成员都能享有实现积极老龄化的权利和机会。

代际分工与合作贯穿不同世代社会成员的生命历程，只有随着社会发展而世代继替，才能真正实现其价值和目标。这意味着要特别关注代际合作参与者的动态发展属性——每个参与者都处于不断推进的生命历程之中。从人权的角度来看，人的全面发展也是老年法律制度所意欲创设的代际合作秩序最重要的目标。故而，应当从代际合作的角度审视老年法律制度，不仅要关注老年人的权利保障，也要通过保障“成年人”甚至“未成年人”的权利来实现“老年人”的权利保障。比如，老年人之“受赡养权”能否得到实现，实则受其子女之权利保障状况的制约。如果成年人的休息权利无法得到保障，那么无论施以多么严苛的制裁，所谓的“精神赡养”最终只能沦为空谈。相类似的是，养老服务机构工作人员的薪资待遇、工作条件未能得到保障的情况下，培养人才队伍和提升服务质量的提法也难以得到实现。另外，老年是人生生命阶段的末期。身心条件、经济状况、知识储备、社会关系网络等“能力”状况必然由前期生命阶段的积累所决定。可以说，“现在的成年人”的权利保障水平决定了“未来的老年人”的权利实现前提。典型的例子在于，残障老年人在生活保障方面遭遇复合的困境。[①] 其权利困境很大程度上来源于残障者在尚未进入老年时遭遇歧视和剥夺的状况：无法获得稳定的就业就没有参加养老保险的条件，长期徘徊于基本的生活水准难以支撑长期的健康体魄，教育的缺失使其在侵权风险面前更加脆弱。

由此，老年法律制度发展应兼顾老年主体的二重特征：完善多支柱的养老保险制度、灵活的就业和劳动保护制度、终身教育支持制度和全生命周期健康支撑制度，引导和支持公民在前期生命阶段为老年生命阶段做好规划和准备；完善公

① 参见刘远：《机制整合：残障老年人权利保障的新思路》，载张万洪主编：《残障权利研究》第 9 辑，社会科学文献出版社 2021 年版。

平可及、全面系统的社会服务体系,为老年群体提供适老化、个性化和高质量的健康、照护、文娱等社会服务,满足人民群众对于美好老年生活的需要,最终实现全生命历程的人权保障。

(二)公平可持续的代际合作

如同前一章所阐述的围绕家庭的老龄化应对机制,老龄化应对的社会合作也以跨越世代为显要特征。此种社会合作必须公平、可持续才能实现其目标。公平的代际合作秩序包含两个方面的内涵:同世代的公平和代际公平。同世代的公平,意味着所有的社会成员都能在平等和非歧视的基础上参与代际合作秩序,在各个生命历程阶段所享有的权利和承担的义务不因性别、种族、障碍或其他身份条件而存在不合理的差别待遇。同世代公平的维护需要在完善和发展老年法律制度的过程中吸纳交叉视角,反思社会现实和制度安排对不同境遇和生命历程之社会成员的不成比例的影响。最典型的例子是,女性在生命历程的各个阶段都可能遭遇歧视和不公平待遇,而此种遭遇往往会对其在老年生命阶段享受代际合作带来的成果(权利保障)方面产生不成比例的影响。由于就业领域的性别歧视,女性可能难以获得参加社会保险的机会或者在缴费和计费方面面临差别待遇,从而导致其在老年生命阶段面临更高的经济风险。联合国强调,老年妇女面临更高的遭受虐待和家庭暴力的威胁,这不仅是因为老年妇女的比例(因为寿命较长)时常高于老年男性,而且源于“歧视、压迫和虐待的生命历程”①。当然,世代内的不平等在我国有另一种表现形式。由于长期以来城乡分制、多轨并行的社会保障制度,不仅农村居民和城镇居民在老年社会保险的参保机会、筹资责任和待遇水平方面存在相当的差异,城镇地区从事不同职业的社会成员也存在一定的差别。从公平的角度来看,推动养老保险、长期照护保险、医疗保险等社会保障制度的统合,消除职业与身份带来的区隔,应当成为我国老年社会保障制度改革紧要的目标。

代际公平是社会可持续发展的重要理念。一般而言,代际公平主要是指当代人和后代人利用自然资源、满足自身利益,谋求生存与发展上的利益均等。此种语境下的代际公平关涉的一方包括所有尚未出生的后代,因此也称为“不在场的代际公平”。与之相对存在一种“在场的代际公平”,即老年、中年、青年、少年

---

① 联合国大会:《第二次老龄问题世界大会的后续行动》,UN. DOC. A/69/180,第 26 段。

儿童这些不同代的人共处于一个时间维度之中的不同世代的社会成员之间的公平。不可否认的是，资源总量有限的情况下，代际之间，哪怕是父母和子女，也在社会资源占有上存在竞争关系。只有通过公平的资源分配，才能最大限度地满足更多个体的需求；也只有如此，才能更大程度地使不同世代的人群接受并遵循契约的内容，代际团结和社会团结才能得以维系。老年法视角下代际公平如何转化为法律概念是个颇具难点的问题。首先，"代"及其相关概念"太过抽象"而难以通过"法律概念的形式表达出来"[①]。其次，后代人作为一个观念上的存在，他们的需求、处境和掌握的能力只能通过当代人的想象来确定，相关法律制度所阐释的利益难免出现偏差和漏误，而且随着社会现实的变化，很容易造成相关承诺的"落空"。典型的例子在于，基于福利主义的代际合作秩序，营造了"从摇篮到坟墓"的生活所需全部由社会保险和国家财政支撑的福利制度承担。在经济迅速发展的繁荣年代，此种秩序可以承担当代老年人富足和悠闲的生活，也为当代的成年人或年轻人提供了可期许的未来允诺。然而由于石油危机和经济的不景气，高标准的福利难以维系，待遇水平的削减事实上构成了"代际违约"。

现代的老年法律制度便通过基于年龄的社会集体分工角度来实现代际公平的法律转化。基于此种分工，个人之生命历程根据年龄而制度化地划分为三个阶段，其在每个阶段享有的权利和承担的义务经由教育、劳动就业和社会保障等领域的法律制度所确认并由法治手段予以保障和确定履行。

处于劳动年龄的社会成员享有参加劳动并通过劳动获得收入的权利，也有参加劳动的义务。法律往往出于促进劳动年龄人口就业和尊重企业用工规划的目的，对老年社会成员劳动就业权的保护作出一定的限制。[②] 由此，所有社会成员都通过期限标准化的"劳动合同"进行可预期的职业生涯规划，并以此构建起个人工作权的代际平衡机制。当然，不同国家对于此种集体的"劳动合同"的态度差异巨大。在美国，禁止基于性别、种族和年龄的歧视原则是美国"自由就业"劳动法律制度的核心。欧盟也在"灵活就业"的发展趋势下开始调整其"标准化劳动合同"制度，逐渐取消法定退休，规制就业年龄歧视现象。日本同样通过调

---

① 朱小静：《代际公平的理论依据及其法律化之途径》，载《环境与可持续发展》2008 年第 4 期。

② 如本章第二节所述，针对符合年龄和养老金权利条件的雇员自动终止雇佣合同是许多成员国就业法的长期特征，也在实际就业中得到广泛应用。这是一种基于政治、经济、社会、人口与预算考虑之间的平衡的机制。

整劳动制度来应对日益严峻的人口老龄化现象,然而却是通过强化“标准化劳动合同”的执行——以终身就业为目标和“年功序列”为驱动的集体方案。[①] 在社会保障方面,各种形式的保险成为保障个人在老年生命阶段需求的主要渠道。老年生命阶段的保险待遇往往以劳动年龄阶段的义务为前提,比如为保险基金提供资金或履行实际的行动义务。无论此种义务是基于法律的强制性要求,还是出于个人的自主决策,都构成他在老年生命阶段享有特定保障措施的前提。对于现在的老年人来说,他所能获得的保障和优待并非无代价的,某些代价在他尚未进入老年期时已经给付,而某些代价则表现在他在当前情况下的义务和责任。

今天老年法领域出现的种种热点问题,或多或少都表现为上述代际合作机制的崩坏或失范。正如前文所提及,许多国家的养老金出现重大缺口,以劳动保护换取养老待遇的社会承诺出现无法兑现的风险。年轻世代作为社保基金的主要承担者日益感到不满和沮丧,并且将此种情绪转化为针对“福利接受者”的敌意。事实上,代际合作秩序的失范不仅源于“老年人越来越多”的人口发展趋势,而且是整个社会生产生活方式快速演化的当然结果。现代社会的“社会时间”日益加速,灵活就业、零工经济成为主流的时代可能尚早,但跨越数十年时光的职业生涯无疑将越发少见,也会推动当前语境下“劳动”“退休”等概念的流变。

因此,以可持续代际合作为目标的老年法律制度改革的重点可能在于创造平等、开放的协商环境。平等协商的前提在于不同世代社会成员的平等参与,而协商的参与则建立在赋权增能的基础上。应当尊重老年人的主体地位,通过发展终身教育体系和创设支持性决策方案加强老年人在参与公共生活和决策过程中与其他世代社会成员交流、沟通和协商的能力;加强对社会公众的生命教育,支持发展代际共融项目,强化不同世代社会成员的交流与互信,消除针对老年生命阶段的刻板印象,创造平等与尊重的代际文化氛围。更重要的是,公平的制度安排往往建立在全面系统化地把握参与者之能力、资源和需求的基础上。这意

---

① See Takashi Araki, *Age Discrimination and Labour Law in Japan: An Alternative Approach to Age Discrimination Law in Most rapidly Changing Country*, in Ann Numhauser-Henning and Mia Rönnmar, eds., Age Discrimination and Labour Law, Comparative and Conceptual Perspectives in the EU and Beyond, Wolters Kluwer, 2015, p. 337 - 356.

味着应当深化老年学、老年医学和老年社会学方面的调查和研究，让决策参与者对于老年人的真实需求有更加真实的了解，根据不同的情形量体裁衣地制定权利保障方案。

本章小结

在现代化的过程中，“个体化”趋势使以家庭为中心的传统老龄化应对机制逐步解体，以劳动力市场和公共福利为中心的现代化机制却导向了消极的老龄化——老年人是依赖于社会结构的福利接受者。生理层面的老龄化使得年龄成为人力资本价值评价的负面要素，老年人的价值与潜力不受重视。以健康休闲定义的老年生活以及福利制度固化了关于老年生命阶段和老年人的刻板印象，而这种刻板印象又与人口老龄化、经济危机等社会现实相结合，导致了严重的世代对立和年龄歧视现象，老年人日益成为边缘化和受歧视的“他者”。不可避免的人口老龄化发展趋势又使得此种“倾斜”性质的权利保障逻辑越来越难以为继，老年人社会保障的体制机制亟须深层次的变革。另外，经济、社会的发展也为人们更好地规划自己的生命历程和积极地应对老龄化的影响提供了新的工具：多样化的金融工具让人们可以在整个生命历程内分配自己的财富，老年服务和老年器具行业的发展让人们可以应对机能减退带来的挑战，物理环境的适老化让更为健康、舒适和有意义的老年生活成为可能。新世纪之交，人们开始探讨积极老龄化的可能，规划积极老龄化的理想蓝图和行动方案。

许多已经步入老龄社会的发达国家，运用法律工具规范应对老龄化的各种社会机制的运行和发展，以构建更加适应老龄化社会和有助于实现积极老龄化的制度环境，形成了系统的老年法律实践。从制度内容和历史发展的角度来看，当代中国老年法律制度遵循相似的逻辑：人们基于理性和平等的社会交换规则，围绕职业生命历程形成了包括退休、养老保险、社会服务等在内的社会机制，为老年生命阶段的财产安全和生活服务进行规划和准备，同时通过推动多元化、社会化发展满足不同生命历程轨迹形成的不同需求，借由政府、市场、社会各司其职的协力合作构建平等和谐的代际合作秩序。具体而言，老年法律规范明确建立符合代际团结要求和企业用工规划的退休秩序，构建起企业、个人和国家责任共担的多层次的社会养老保障体系,为社会成员在老年生命阶段的财产安全提供集体安排和保障。此外,老年法律规范同样为代表公共属性的老龄事业和代表市场属性的老龄产业之发展提供制度框架,为相关主体提供行为指引和纠纷解决方案,推动生活照料、康养照护、居住环境、出行条件等老龄生活所需之产品的供给,保障个人能够在老龄化过程中公平而充分地享有适当的生活水准和良好的社会参与条件。

在人口深度老龄化的社会背景下,老年法律制度应当进一步强化不同世代间的交流与沟通,构建平等开放的协商环境,运用法治手段规范相关社会机制的运作,以创设以全生命历程的人权保障和积极老龄化为目标的,平等、高效、可持续的代际合作秩序。

结　论

本书的核心命题在于，历史和现实中关于老年人的各种法律现象可以通过“个体老龄化之应对”进行理解和阐释，即老年法律规范和法律实践实则以确认、维护和规范人类应对老龄化——一种不可避免的普遍命运为底层逻辑。老年法治体系的目标取决于人们所意欲实现的老龄化图景——既可能是子孙绕膝的天伦之乐，也可能是安逸闲散的退休康养，还有可能是延续毕生专注的事业甚至获得更好的职业成就。在21世纪的中国，理想的老龄化图景表现为个体层面的积极老龄化和国际层面的积极应对老龄化战略的统一。正如习近平总书记指出，“中国梦是中华民族的梦，也是每个中国人的梦”①。每个中国人都应当能够不分年龄地平等获得发展自我、奉献社会和梦想成真的机会。只有所有社会成员能够不分年龄地平等参与社会生活并在此过程中实现自我发展和贡献社会发展，社会主义现代化强国建设才能积极有效地应对人口老龄化带来的时代挑战并获得源源不断的动力。

一、积极应对人口老龄化的法治要义

人口老龄化是当下以及未来相当长的时期内我国发展和人权保障的基本国情。积极应对人口老龄化事关百姓民生福祉，事关国家长治久安，事关民族伟大复兴，对于全面建设社会主义现代化国家具有重要意义。从历史的角度来看，人们应对老龄化之负面影响的实践模式贯穿个体的大部分生命阶段，需要持续且稳定的社会合作。传统社会中关于生养死葬的代际契约固然有父母子女间的血缘纽带和长期共同生活所形成的强烈情感羁绊为基础，亦不免需要严厉甚至残

---

① 习近平：《中国梦是追求和平、追求幸福、奉献世界的梦》，载习近平：《论坚持推动构建人类命运共同体》，中央文献出版社2018年版，第85页。

酷的家庭等级秩序来保障。各国在现代化过程中建立起以福利主义为内核的老龄化社会合作机制,从一定程度上填补了家庭萎缩导致的养老困境,但又带来了群体污名化、代际矛盾激化以及社保体系负担等潜在社会问题。人类个体在自身老龄化和社会人口老龄化的过程中表现出跨越阶层、职业、地理因素的脆弱性。积极老龄化正是当前应对此种脆弱性的最新解决方案,需要充分发挥社会主义法治"固根本、稳预期、利长远"的保障作用,以构建既持续稳定又能够适应社会变迁和观念升级的社会合作机制。正如《国家积极应对人口老龄化中长期规划》提出,"强化应对人口老龄化的法治环境",发展和完善以每个人实现积极老龄化为核心的老年法治体系,是实施积极应对人口老龄化国家战略的关键举措。

在以积极老龄化为核心的老年法治体系中,作为重要法律主体的老年人不再是被动的"福利主义下的客体",而是能够主张和追求自身权利并在此过程中实现自身发展的"权利主体"。此种论断并非否认过去实践中老年人作为各类法律关系主体的身份以及享有法定权利的事实,而是强调老年人之为人的主体性。从人权法的角度来看,人的主体性既体现在具体的、现实的人与客观环境的互动情景,也彰显于主体间共识的形成过程之中。每个人在老龄化的过程中应不被物理空间、实践模式和社会制度隐含之刻板印象所定义,能够在平等自主的基础上与其他主体发生联系,进而维持或重塑受到老龄化过程影响的社会角色。消极老龄观指导下的老龄化实践往往以年龄为基准单方面将个体划入各种角色和身份而忽视主体自身的意愿和能力。与之相对应的是,积极老龄化蕴含着与残障权利、性别平权等特定群体权利实践相似的逻辑:物理空间应当被改造来适应人的身心状态和情感偏好,关乎特定群体的决策应当广泛吸纳群体代表的参与。因此,以积极老龄化为目标的法律与政策,重点在于构建支持个人追求和实现全生命历程全面发展的制度环境。就老龄化议题而言,此种个体发展具体表现为生理老龄化背景下的个体功能维系和潜能开发。比如,世界卫生组织提出的积极老龄化政策框架便强调要在个体"内在能力"因年龄增长而下降的情况下通过健康支撑体系和平等自主的社会参与维系认知、判断、行动、交流等身心功能,进而扭转老龄化本身的消极意义。同时,个体的发展总是离不开群体组织的力量。积极老龄化的法律与政策亦强调培育和发展作为社会参与载体的组织形式——家庭、朋辈互助、老龄社群的力量。而在整个社会层面,当下老龄法律与政策发展的重要目标便在于识别与消除制度内部的年龄歧视因素。为此,相关决策进程应当尽可能吸纳不同生命阶段、不同世代社会成员的共同参与,借由他们的经验和话语将代际共融和积极老龄化等抽象概念转化为受到广泛认同的具体实践方案。

相较于其他特定群体,积极老龄化视角下的老年和老年人是从动态的生命历程视角来构建的。正如残障权利运动要求挑战"健全人中心主义"架构,积极老龄观指导下的老龄化应对实践也要审慎对待以"就业年龄段人口"为基点的刻板印象和标签化趋势。必须明确的是,老年是人类生命历程的正常阶段,是人类个体维系生存与持续发展至客观现实的具体表现。积极老龄化政策框架实际上是以生命历程分析为依据构建起的目前技术条件下人类个体老龄化的理想模式。比如世界卫生组织关于健康老龄化的各项倡议明确提出"内在能力"随年龄所发生的变化深受前期生命阶段的生命体验所影响,老年公共卫生政策须着眼于整个生命历程和所有生命周期。类似地,促进老年人社会参与的政策亦需要关注老龄化过程的多样性和动态性,推出针对性的措施以满足个体在不同生命阶段的参与需求,构建"全龄友好"的物理空间、服务体系和文化环境。关于老年人劳动参与的研究显示,个体健康水平是老年人社会参与的重要影响因素,而养老保险参保情况、婚姻家庭背景和工作历史等"前老年期要素"亦扮演着重要角色。① 最后,生命历程的多样性意味着部分社会成员会在老龄化过程中遭遇特殊的困境与障碍。针对贫困老人、老年妇女、老年残障者、老年艾滋病患者等特殊困难老人采取特别措施,是积极老龄化政策的应有之义。从生命历程的动态性来看,无论我们如何强调老年期的潜力与价值,都不能否认随着"内在能力"的持续下降,个体会在人类生命的末期进入严重失能的状态。无论个体贡献或价值,我们都应该帮助迫近生命终点的人类同胞维护最后的人格与尊严,这也是人权保障原则的重要体现。

积极应对人口老龄化的老年法治体系发展的重点在于回应积极老龄观蕴含的发扬主体性和关注动态性的要求,针对社会生活中已经存在的老龄化应对机制进行规范、引导和保障。只有以动态的生命历程视角审视个人的老龄化过程,

---

① 参见徐茅娣:《老有所为——中国老年人口的劳动参与行为》,社会科学文献出版社·群学出版分社2022年版,第185~191页。

才能真正把握老龄化一般规律和不同生命历程下异质性的平衡,掌握使老年生命阶段变得“健康”和“积极”的法门。只有以积极、能动的态度审视生命历程的每个阶段,才能正确认识每个生命阶段的意义与价值。

二、全生命历程视角下的年龄概念

年龄是老年人身份的重要标签,亦是贯穿整个老年法治体系的重要线索。本书前文指出,目前年龄和老年常常被批评为建构的、充满争议和高度分化的概念。生命历程视角有助于我们更加深刻地认识“年龄”的法律意义,并以此串联老年法治中的人权与发展两大关键问题。前文提及,法律上的年龄——日历年龄事实上无法说明个体在生理、心理或社会处境方面的任何特征。[①] 我们或许可以确定个人的外貌、生理机能和心理状态确实会随着年龄增长而消极变化的趋势,但无法仅凭年龄做出关于个人个体能力、生活境遇和权利诉求的准确判断。年龄的概念类似于程序语言中的占位符,其意义由社会规范、生活事件等外在因素所赋予。比如,因为个人达到特定年龄而认定他丧失或部分丧失参加劳动的能力的判断实则缺乏科学的医学依据,当前关于退休的社会安排更多地出于提高企业效益和促进青年就业的社会目标之要求。[②] 许多调查研究发现,技能缺乏和态度消极是阻碍老年人使用数字技术成果的重要原因。而此种称为“技能鸿沟”或“知识鸿沟”的现象常常被解释为“缺乏技术历史”的结果。使用机会和学习资源的差异而非年龄才是中国老年人数字素养差异化特征的原因。

事实上,生命历程范式下的研究则明确将年龄视为“时间流逝”的标尺,关注社会结构和个人如何在“流逝的时间”中互动的过程。“生命历程理论关注的对象是个体生命历程与社会变迁的相互嵌入,理论目标在于以时间为线索,通过分析结构与能动、个体与社会之间的互动关系考察社会文化、社会结构、社会制度

---

① 我国已有许多学者对日历年龄定义的老年人主体作出批评。参见周利兵:《老年人标准的建构与对延迟退休的思考》,载《理论学习》2014 年第 5 期;刘利君编:《老年人权益的法律保障》,北京大学出版社 2013 年版,第 13 页;何燕华:《〈老年人权利公约〉理性构建研究》,法律出版社 2017 年版,第 26 页。

② 即使根据经济学领域的人力资本“倒 U 形”曲线,我们也无法得出 70 周岁的人丧失劳动能力的结论,因为人力资本回报率并不等于劳动能力(否则 20 ~ 30 岁的青年员工也会被认为是“不合格的劳动者”)。关于人力资本曲线的阐述可参见[美]理查德 · A. 波斯纳:《衰老与老龄》,周云译,中国政法大学出版社 2002 年版。

和社会变迁如何影响个体命运。”①由此,微观层面的个人生命体验与宏观层面的社会环境变迁借由年龄、队列等概念工具实现联动,从而为通过规范方案解决老龄化相关社会问题提供了更加科学系统的理论基础。

具体而言,生命历程视角下的老年法治要求使老年法律主体为处于老龄化过程中的每个社会成员,而非仅限于通常理解下属于“少数”的“弱势群体”。老年法研究应当结合关于老龄化机理的多学科成果,谨慎分辨老年法律问题的各方面影响因素,避免简单地将所有的差异和困境归咎于年龄。只有识别和清除老龄相关规范所蕴含的刻板印象隐喻,才能真正化解“年龄歧视”与“平等包容”、“权益保护”与“标签异化”、“个人发展”与“社会支持”之间的矛盾张力,为老龄友好型社会建设的系统工程构建良好的规范框架。而在具体老龄问题之解决方面,老年法研究应当充分关注多样各异的生命历程的分化路径,尤其是女性、残障者等特定群体的累积劣势,进而掌握具体的、现实的人类个体在老龄化过程中的不同境遇和差异化需要,为针对性的权利保障方案奠定扎实的数据和理论基础。

三、积极老龄化的权利表达

“老年人的权利保障”长期被视为老年法治理论发展的核心命题。一般而言,老年人的权利常常被解释为“普遍的基本人权标准”与“老年人特殊处境”之间的“差值”。典型的权利证成逻辑是,老年人由于身心条件、社会地位等方面的弱势和劣势而难以实际享有我国宪法所规定的公民基本权利,故而需要法律确认和保障其在老龄化过程中的特别需要。即使不考虑老年人概念本身的模糊和抽象属性,此种权利证成逻辑通常受到两个方面的挑战:一方面,老年人的弱势是否在老年群体内部足够普遍并与残障人、贫困人口等其他群体形成鲜明的差异;另一方面,扭转此种弱势的代价应当由谁来分担。对于前者而言,获得物质帮助、享有社会服务等典型的老年人权利似乎完全可以为贫困救济、残障服务方面的权利表达和制度体系所吸收。老年人所享有的“特殊权益”似乎仅仅表现为“免受年龄歧视”从而平等地参与社会生活的权利。对于后者而言,责任的公平分担不可避免地论及弱势和困境的来源。必须承认的是,个人在老龄生命阶段

① 江立华、袁校卫:《生命历程理论的知识传统与话语体系》,载《科学社会主义》2014年第3期。

所面临的困境,固然来源于不适老甚至隐含歧视的社会环境,但也深受个人选择和努力的影响。家庭、社会和国际对个人实现理想老龄化的责任,是否应当以个人履行老年生活规范方面的恰当义务为界限,依然是个悬而未决的问题。正如本书前文论及欧美国家“个人—社会”二元框架时所暗示的那样,既然老龄化是必然的人类命运,那么每个人自己应当成为“养老”的第一责任人。

生命历程理论范式带来的最重要的启示在于:衰老或死亡是所有生命的必然,但迈向衰老与死亡过程中的生命体验是可以通过人类的努力来改善的。借由更为积极的老龄化过程,“年龄增长”可以不再由病痛、失能、依赖和无价值等负面意象所定义。生命历程视角下的老年人是既受社会环境约束构建又在此过程中进行自我表达的能动主体,其能力与境遇是环境决定性与主体能动性的统一。一方面,个人追求和实现人权的过程同时受宏观的整体社会环境、中观的社会关系网络和微观的生命体验所形塑。每个人在特定生命历程阶段所能采取的行为、决策和所能获得的资源、服务受到当下社会环境和“生命历程的分化累积效应”的制约。另一方面,个人也能够在宏观背景下作出影响生命历程的能动选择,对老龄化过程的变化做出适应性的应对或者采取措施并扭转其负面影响。典型的例子是,因应人类机体伴随年龄增长而发生的运动机能和外貌的自然变化,人们可能通过减少户外活动降低机体受损的风险,也可能通过辅助器具来维持原有的活动等级。辅助器具、环境改造、健康服务所需的资源通常来自个人前期生命的积累和当下的社会交换过程。关于老年生命阶段的法律规范,可以被理解为就应对个人之老龄化的影响所达成的社会合作机制。每个社会成员应当在平等、自主的基础上参与社会合作,在整个生命历程中享有权利的同时承担一定的责任与义务。基于此种理解,各类针对老年社会成员的特惠待遇和特别保护规范并非完全出自“弱者救济”或“尊老敬老”的逻辑,而是所有社会成员共同享有的现实的或预期的权益。因此,老龄法治体系以及老年人权利保障应当重点关注两个方面的问题:一方面,老龄化应对之社会合作是否建立在尊重基本人权和促进社会融合的基础之上;另一方面,老龄化应对之社会合作是否能够适应社会发展的现实需要并且持续稳定地运作。

以老年经济保障为例,目前我国老年人经济安全的法律制度保障包括:养老保险、家庭赡养、退休退职等。就基本养老保险而言,个人在年老时能够获得养老保险给付和老年福利待遇。但此种待遇以个人参加养老保险并足额履行缴费义务为前提,并且隐含退出工作岗位甚至丧失劳动权利保障的条件。家庭赡养的前提是个人已经组建家庭并通过生育、收养等手段建立父母子女关系。而用人单位给付的退休退职待遇、商业投资收入则以自主协商的民商事法律关系为基础。可以说,作为老年法律制度体系重点的经济安全保障制度本身是对不同世代的社会成员之间的社会合作的确认与维护。因此,与老年人经济安全相关的权利保障不仅包含老年生命阶段所能获得的待遇与收入,也同样蕴含社会成员在“尚未年老”时平等地参与合作机制、承担缴费责任并获得回报预期的意义。如果“年轻人”的劳动权益得不到保障,那么长期不健康的生活方式和潜在的职业疾病无疑会对保障未来“老年人”的健康权利带来更严峻的挑战,进而产生难以负担的健康服务支出;如果无法享有正当家庭生活方面的权利,那么所谓的“受赡养权”便会成为无稽之谈。老龄化社会的法治应该破除“就老年人谈老年人”的观念,从整个生命历程的角度审视不同阶段的生命体验的人权影响,通过“视角前移”的预防性方案,提高人权保障体系的运行效率,同时实现处于不同生命历程阶段的社会成员之人权的统一。

因此,生命历程视角下的积极老龄化之“健康”、“参与”和“保障”的支柱不仅是对健康权(享有可达到的最高标准健康的权利)、社会参与权(参与政治、经济、文化与社会生活的权利)和社会保障权(享有适当生活水准的权利)的直接阐释,而且是借由推动个人的积极老龄化来推动所有人权保障的整体方案。普遍的个体老龄化(增龄过程)所带来的影响往往是消极的。比如,“内在能力”下降导致更高的疾病、失能风险和康复能力的减弱,随之而来的是社会排斥和孤立。综合来看,老龄化过程的消极影响会削弱人类个体应对风险的“韧性”并异化其支持网络,使人在生命历程的末期呈现出特殊的“脆弱性”和“依赖性”。积极老龄化的要旨便在于通过针对性的措施,平复或扭转老龄化的负面影响,以强化每个社会成员及其关系网络在老龄化过程中应对各种风险和挑战的“韧性”,进而构造所有人权的整体保障方案。

每个人都处于不断老龄化的过程中,人们在千百年的历史进程中形成了各种“养老”机制以应对衰老和老龄化之影响。同时,生命历程的多样分化也使得每个人对于老年生活方式和经济安全的期待、需求各不相同。如今,积极应对人口老龄化的战略方针要求我们构建适应老龄社会现实且支持实现积极老龄化的法治环境。因此,老年法治的重点便在于确认、规范与发展血缘家庭、消费市场、社会合作等应对老龄化的现有机制,以法治方式引导其向着保障人权和促进积极老龄化的方向发展。法律规范不仅要确保每个社会成员有机会获得满足基本权利需要的条件,还要采取措施支持社会成员在自愿和公平的前提下为自己老年生命阶段的生活方式作出公平、安全和可预期的预先规划。

四、年龄主流化的可行思路

在老年法治体系建设和老年法学术研究中吸纳生命历程视角,可以学习其他特定群体权利保障的经验,推动"年龄"要素在相关讨论中的"主流化"。比如,1995 年联合国第四次世界妇女大会通过的《北京宣言》和《行动纲领》提出"使性别观点在所有政策和方案中主流化"的观点,其明确倡导在处理提高妇女地位的机制问题时,各国政府和其他行动者应提倡一项积极鲜明的政策,将性别观点纳入所有政策和方案的主流,以便在作出决定以前分析对妇女和男子各有什么影响。1997 年联合国经济及社会理事会提出了关于性别主流化的一致定义,即"把性别问题纳入主流是一个过程,它对任何领域各个层面上的任何一个计划行动,包括立法、政策或项目计划对妇女和男人产生的影响进行分析。它是一个战略,把妇女和男人的关注、经历作为在政治、经济和社会各领域中设计、执行、跟踪、评估政策和项目计划的不可分割的一部分来考虑,以使妇女和男人能平等受益,不平等不再延续下去。它的最终目的是达到社会性别平等"。"性别主流化"已经被确定为促进性别平等和保障妇女人权的全球战略方针,而且得到国际社会的广泛认同与实践。

社会性别主流化的理念与经验之所以能对老年法的研究与实践有所助益,是因为其同样挑战以抽象指标为基准的群体划分和社会构建。性别平等的社会实践长期受到刻板印象、传统角色分工甚至歧视观念的困扰。男性和女性受限于缺乏充分依据的社会成见,难以获得平等的权利、义务、责任、机会、资源、待遇和评价。同理,福利导向的老年法之所以饱受批判,便是因为其蕴含年龄增长等于脆弱、失能的刻板偏见。识别和挑战基于年龄的刻板印象和角色定式,发现和满足所有社会成员对于实现积极老龄化的平等需要,是老年法研究的重要议题。另外,性别主流化强调它不是单纯的妇女问题、妇女组织的问题,亦非局限于某一部分人或某个具体领域的问题,而是全社会的问题。当前老年学、老年法学研究,特别是生命历程视角下的相关讨论也强调所谓人口老龄化浪潮的挑战不是老年人的问题。无论是积极应对人口老龄化的社会行动还是老年人的权利保障实践,都关乎其他年龄段社会成员的利益,需要不同世代社会成员的共同努力。

年龄主流化的老年法研究,需要在各个领域的法律制度分析中吸纳动态的"增龄"视角,即受到制度影响的个人正处于"老龄化过程"的过程之中。老年法研究者和相关决策人员应当认识到老龄化生命历程是不同因素交互作用的结果,需要审慎地分辨导向主体权利困境的各种脆弱性来源,避免以偏概全地将所有个人在老年生命阶段的脆弱和依赖归咎于老龄化过程本身,清除将年龄增长等同于走向失能、贫困的消极观念。具体而言,老年法研究应当分析和评估所有领域的法律制度对不同生命历程阶段个人生命体验和权利保障的影响,尝试通过法律的立、改、废、释消除其对处于边缘地位的年龄群体的权利的负面影响,使不同世代的社会成员得到平等的发展资源和机会。为了实现此目标,首要的学术努力在于开发数据收集和分析工具。联合国老年人享有所有人权问题独立专家在 2020 年的报告中提出,"全面、有意义和可靠的数据在增进对全球老龄化和年龄结构变化影响的认识方面发挥着关键作用"。在各类与人权、社会经济目标相关的信息统计中吸纳按年龄分列的数据信息,既有助于展现老龄化的个人追求和实现相应目标中的真实需要,也能反映老年人的潜力和价值,进而消除基于年龄的刻板印象和歧视假定。

另外,老年法治的决策与实践程序应当尽可能吸纳不同世代社会成员的充分参与,构建平等互信基础上的代际合作机制。法律、政策和计划制订过程应当整理、分析和展示年龄分列的统计资料,让不同年龄段的社会成员代表和社会组织参与并表达意见,了解各方利益诉求和实际感受。在相关法律与政策执行的过程中宣传不同生命阶段的社会成员受到的影响,引导人们接触和认可积极老龄化的观念。法律监督和评估过程则要继续收集和分析包含性别、年龄、残障状况等多维指标的数据信息和评估指标,把握交叉因素影响下老龄化过程的多样特质,为残障老年人、失独老人、贫困老人等特殊困难老年人的特别保障措施奠定理论基础。